GUNTER MAIER

Schadensersatz bei Tötung oder Verletzung der im Haushalt tätigen oder im Beruf oder Geschäft des Mannes mitarbeitenden Ehefrau

Schriften zum Bürgerlichen Recht

Band 31

Schadensersatz bei Tötung oder Verletzung der im Haushalt tätigen oder im Beruf oder Geschäft des Mannes mitarbeitenden Ehefrau

Von

Dr. Gunter Maier

DUNCKER & HUMBLOT / BERLIN

CIP-Kurztitelaufnahme der Deutschen Bibliothek

Maier, Gunter
Schadensersatz bei Tötung oder Verletzung der im Haushalt tätigen oder im Beruf oder Geschäft des Mannes mitarbeitenden Ehefrau. — 1. Aufl. — Berlin: Duncker und Humblot, 1976.
  (Schriften zum Bürgerlichen Recht; Bd. 31)
ISBN 3-428-03722-7

Alle Rechte vorbehalten
© 1976 Duncker & Humblot, Berlin 41
Gedruckt 1976 bei Buchdruckerei Bruno Luck, Berlin 65
Printed in Germany
ISBN 3 428 03722 7

Inhaltsverzeichnis

Einleitung 11
  I. Vorbemerkung ....
  II. Gang der Darstellung und Schwerpunkte der Arbeit 12
  III. Grundsätzliche einleitende Ausführungen 13
    1. Das Verhältnis der §§ 842 ff. zu den §§ 249 ff. BGB 13
    2. Die familienrechtlichen Grundlagen 15

1. Abschnitt

Die Schadensersatzansprüche bei Verletzung der im Haushalt tätigen Ehefrau.

A. Die Ansprüche der *Ehefrau* 18
  I. Die Begründung ihres Schadensersatzanspruchs durch die Rechtsprechung 18
    1. Der Standpunkt des Reichsgerichts 19
    2. Die Entwicklung der Rechtsprechung des Bundesgerichtshofs 19
  II. Das Urteil des Bundesgerichtshofs vom 25. 9. 1962 und der Beschluß des Großen Zivilsenats vom 9. 7. 1968 im Spiegel der Kritik 21
  III. Würdigung der zur Begründung des Schadensersatzanspruchs der verletzten Ehefrau in Rechtsprechung und Lehre vertretenen Auffassungen 25
  Einleitende Bemerkung zum Schadensbegriff
    1. Ist bereits die Beeinträchtigung der Arbeitsfähigkeit der verletzten Ehefrau, die vorübergehend oder dauernd in der Haushaltsführung behindert ist, ein Vermögensschaden? 27
      a) Abstrakte oder konkrete Erwerbsminderung? 27
      b) Die Beeinträchtigung des „Nutzungswerts der Arbeitskraft" als Vermögensschaden (Hagen)? 27
        aa) Die Rechtsansicht Hagens 28
        bb) Die Rechtsprechung des Bundesarbeitsgerichts 29
      c) Das Urteil des Bundesgerichtshofs vom 5. 5. 1970 31
      d) Versuch einer eigenen kritischen Würdigung 32
    2. Ist schon die Notwendigkeit der Einstellung einer Haushaltshilfe ein Schaden (i. S.v. § 843 Abs. 1 BGB oder i. S. eines Bedarfsschadens)? 36
      a) Die Rechtsauffassung Wilts' und Eißers 36
      b) Der Bedarfsschaden nach Mertens 37
      c) Der Ansatz Zeuners 38
      d) Die Rechtsprechung des RG und des BGH zur Schadensentstehung bei § 843 Abs. 1 BGB 38
      e) Die Kritik 40

3. Läßt sich der eigene Anspruch der verletzten Ehefrau auf Ersatz des gesamten, durch ihre Beeinträchtigung in der Haushaltsführung entstehenden Schadens mit dem normativen Schadensbegriff dogmatisch befriedigend begründen? 43
   a) Der Inhalt des normativen Schadensbegriffs — eine Leerformel? 43
   b) Die Entwicklung des normativen Schadensbegriffs in der Rechtsprechung 44
      aa) Der Nutzungsausfall bei Kraftfahrzeugen 44
      bb) Die Lohn- und Gehaltsfortzahlungsfälle — der Ansatz BGHZ 7, 30 ff. und die daran anknüpfende jüngere Rechtsprechung 45
      cc) Gesellschaftsrecht 47
      dd) Der Beschluß des Großen Zivilsenats vom 9. 7. 1968 .. 48
      ee) Das Urteil des BGH vom 5. 5. 1970 49
      ff) Die Kriterien 49
   c) Der normative Schadensbegriff — eine systemgerechte Rechtsfortbildung? 49
      aa) Die Differenztheorie als Grundsatz 50
      bb) Ersatz des objektiven Wertes i. V. m. einer wertenden Betrachtungsweise bei § 845 S. 1 und 2 BGB 50
      cc) Das Urteil des BGH vom 16. 2. 1971 51
      dd) Zusammenfassung 52
   d) Was leistet der normative Schadensbegriff? Vermag er es, einen eigenen Schadensersatzanspruch der verletzten Ehefrau auf Ersatz des gesamten Schadens zu begründen, der durch die Beeinträchtigung ihrer Haushaltstätigkeit entsteht? 53
      aa) Die Besonderheiten des Unterhaltsrechts 53
      bb) Die Schwierigkeiten der Differenzmethode bei den verschiedenen Fallgruppen 54
      cc) Zusammenfassung 56
4. Läßt sich der Schadensersatzanspruch der verletzten Ehefrau wegen Beeinträchtigung in der Haushaltsführung mit dem Institut der Schadensliquidation im Drittinteresse begründen? 57

B. Die Ansprüche des *Mannes* wegen Verletzung der im Haushalt tätigen Ehefrau 58
   I. Der Beschluß des Großen Zivilsenats vom 9. 7. 1968 zur Auslegung des § 845 BGB 59
   II. Die Prüfung der Rechtslage nach Wortlaut, systematischem Zusammenhang sowie Sinn und Zweck des § 845 BGB unter Berücksichtigung seiner Entstehungsgeschichte 60
      1. Das Problem der Subsumtion nach Inkrafttreten des Gleichberechtigungsgesetzes 60
         a) Leistung von Diensten? 61
         b) Im Hauswesen des Mannes? 62
      2. Das Verhältnis gesetzliche Unterhalts-/gesetzliche Dienstleistungspflichten 63
         a) Kontroverse Auffassungen in Rechtsprechung und Lehre 63
         b) Versuch einer eigenen Abgrenzung 64
            aa) Kongruente oder inkongruente Pflichtenkreise? 65

bb) Die Bedeutung der Systematik der §§ 844 Abs. 2, 845 BGB 66
cc) Bestätigung durch Sinn, Zweck und Entstehungsgeschichte 67
dd) Ergebnis 68
ee) Ergänzende Anmerkung zu BGH GSZ 50, 304 ff. 69
III. Zusammenfassung zu Teil B 69

2. Abschnitt
Die Schadensersatzansprüche des Mannes wegen Tötung der im Haushalt tätig gewesenen Ehefrau

A. Die Anspruchsgrundlage § 844 Abs. 2 BGB 70
B. Anspruchsgrundlage § 845 BGB? 71
   I. Die uneinheitliche Rechtsprechung bis zum Urteil BGHZ 51, 109 ff. 71
   II. Stellungnahme 72
   III. Wirkungen der gewandelten Rechtsprechung 73
   IV. Exkurs: Bleibt überhaupt noch ein Anwendungsbereich für § 845 BGB? 73

3. Abschnitt
Der Schadensersatzanspruch bei Verletzung oder Tötung der im Beruf oder Geschäft des Mannes mitarbeitenden Ehefrau

Der Gang der Untersuchung 76
A. Die gesetzliche Regelung der Ehegatten-Mitarbeit 76
B. Die Abgrenzung der möglichen Gestaltungsformen (Stufen) der Ehegatten-Mitarbeit 78
   I. Die Mitarbeit der Ehefrau kann zum Unterhalt der Familie erforderlich sein (Unterhaltsarbeit) 78
   II. Die Mitarbeit der Ehefrau kann üblich sein (Pflichtmitarbeit) .. 78
     1. Zum Begriff des „Üblichen" 78
     2. Das Verhältnis der zum Unterhalt erforderlichen Mitarbeit zur üblichen Mitarbeit 79
       a) Die Verpflichtung zur Mitarbeit kann allein auf § 1360 S. 2, 2. Halbs. BGB beruhen 80
       b) Die Verpflichtung zur Mitarbeit kann sich allein aus § 1356 Abs. 2 BGB ergeben 80
       c) Die Verpflichtung der Ehefrau zur Mitarbeit kann auf zweifacher Rechtsgrundlage beruhen 80
       d) Die Lösung der „Überlagerungsfälle" 81
         aa) Die gegensätzlichen Standpunkte in Rechtsprechung und Lehre 81
         bb) Stellungnahme 82
   III. Vertragliche Mitarbeit der Ehefrau 83
     1. Gesellschaftsverträge zwischen Ehegatten? 83
     2. Arbeitsverträge zwischen Ehegatten? — die Rechtsprechung des Bundesverfassungsgerichts hierzu 84
     3. Die Frage der Anerkennung „stillschweigend" geschlossener Gesellschafts- und Arbeitsverträge 84

    4. Das Verhältnis der vertraglichen zur üblichen Mitarbeit
       (Pflichtmitarbeit) der Ehefrau 86
       a) Das Problem 86
       b) Die Lösung der Überlagerungsfälle 86
  C. Die Schadensersatzansprüche bei den verschiedenen Gestaltungsformen (Stufen) der Mitarbeit der Ehefrau 87
    I. Die Schadensersatzansprüche wegen *Verletzung* der mitarbeitenden Ehefrau 88
       1. Fallgruppe: Die Mitarbeit der Ehefrau war zum Unterhalt der Familie erforderlich (Fenn: Unterhaltsarbeit), § 1360 S. 2 BGB 88
       2. Fallgruppe: Die Mitarbeit der Ehefrau war zwar zum Unterhalt der Familie nicht erforderlich, aber üblich (Pflichtmitarbeit), § 1356 Abs. 2 BGB 88
          a) Schadensersatzansprüche der Ehefrau? 88
          b) Schadensersatzansprüche des Ehemannes gem. § 845 BGB? 89
       3. Fallgruppe: Die Mitarbeit der Ehefrau geht über das Maß des „Üblichen" hinaus — Schadensersatzansprüche des Ehemannes gem. § 845 BGB bei Überlagerung gesetzlicher (= unterhaltsrechtlich gebotener oder üblicher) und vertraglicher Verpflichtung zur Mitarbeit? 90
    II. Die Schadensersatzansprüche bei *Tötung* der mitarbeitenden Ehefrau 91
       1. Fallgruppe: Die Mitarbeit war zum Unterhalt erforderlich .. 91
       2. Fallgruppe: Die Mitarbeit war üblich — Schadensersatzansprüche des Ehemannes gem. § 845 BGB? — BGHZ 59, 172 ff. 92
       3. Fallgruppe: Die Mitarbeit ging über das Maß des Üblichen hinaus — Schadensersatzansprüche des Ehemannes, wenn die vertraglich gestaltete Mitarbeit zugleich zum Unterhalt der Familie erforderlich oder üblich war? 94

4. Abschnitt
Die Schadensersatzansprüche der Kinder bei Verletzung oder Tötung der im Haushalt tätigen oder mitarbeitenden Mutter

  A. Die Schadensersatzansprüche der Kinder im Falle der Verletzung der Mutter 95
  B. Die Schadensersatzansprüche der Kinder im Falle der Tötung 95
    I. Die Schadensersatzansprüche wegen Tötung der im Haushalt tätig gewesenen Mutter 95
    II. Die Schadensersatzansprüche wegen Tötung der erwerbstätig gewesenen Mutter 96
    III. Der Umfang des Unterhaltsschadens der Kinder 96
    IV. Die Schadensersatzansprüche des nichtehelichen Kindes wegen Tötung der Mutter 97

5. Abschnitt
Konkurrenz der Schadensersatzansprüche des Ehemannes und der Kinder

  A. Die Fälle der Gläubigermehrheit 99

B. Das Problem: Ehemann und Kinder als Gesamtgläubiger oder Teilgläubiger? 99
   I. Die getötete Ehefrau war im Haushalt tätig 99
      1. Wandlung der Rechtsprechung: die Urteile des Bundesgerichtshofs vom 18. 5. 1965 und 14. 3. 1972 99
      2. Stellungnahme 101
   II. Die Mitarbeit der getöteten Ehefrau war zum Unterhalt der Familie erforderlich (§ 1360 S. 2 Halbs. 2 BGB) 103

6. Abschnitt
Die Höhe des Schadensersatzes bei Verletzung oder Tötung der Ehefrau

A. Vorbemerkung 105
B. Grundsätzliches zur Berechnung des Unterhaltsschadens 106
   I. Ersatz des tatsächlich geleisteten oder geschuldeten Unterhalts? 106
   II. Konkrete Berechnung oder objektivierende Bewertung? 107
   III. Kosten einer Ersatzkraft als „Anhaltspunkt" der Schadensberechnung — Einschränkungen aus dem Gesichtspunkt der Schadensminderungspflicht (§ 254 BGB)? 108
   IV. Kosten einer Ersatzkraft — Aufteilung nach Unterhaltsberechtigten? 110
   V. Mitwirkendes Verschulden — § 254 und § 846 BGB 110
   VI. Die Beweiserleichterung des § 287 ZPO, insbesondere hinsichtlich Höhe und Dauer des Unterhaltsschadens 110
C. Einzelne Bewertungsfaktoren 111
   I. „Vergleichbare" Ersatzkraft 111
   II. Arbeitszeit 112
   III. Brutto- oder Nettolohn? 113

7. Abschnitt
Die Vorteilsausgleichung bei Schadensersatzansprüchen wegen Verletzung oder Tötung der Ehefrau

A. Die Unterhaltsgewährung Dritter an die *verletzte* Ehefrau 115
   I. Hinweis auf den normativen Schadensbegriff 115
   II. § 843 Abs. 4 BGB — Ausdruck eines allgemeinen Rechtsgedankens 116
   III. § 843 Abs. 4 BGB — Anrechnung erfolgter (vollzogener, bereits erbrachter) Unterhaltsleistungen? 116
      1. Das Problem: Unterhalt „zu gewähren hat" 116
      2. Die kontroversen Rechtsansichten im Schrifttum, insbesondere der Zweck der Drittleistung in der neueren Lehre 117
      3. Stellungnahme 118
   IV. Das Regreßproblem 119
B. Die Vorteilsanrechnung bei Schadensersatzansprüchen wegen *Tötung* der Ehefrau 121
   I. Anrechnung von Unterhaltsleistungen Dritter? 121
   II. Anrechnung „ersparten" Unterhalts? — Die sog. „teilweise Vorteilsausgleichung" 122
      1. Das Problem 122

Inhaltsverzeichnis

2. Die Entscheidungen RGZ 152, 208 ff. und BGHZ 4, 123 ff.	122
3. Das Urteil des BGH vom 13. 7. 1971 — Abkehr von der bisherigen Rechtsprechung?	123
4. Kritische Bemerkungen zum Urteil des BGH vom 13. 7. 1971	124
III. Anrechnung anderer Vorteile?	126
C. Ausgewählte *Einzelfälle* zur Vorteilsausgleichung	128
I. Wiederverheiratung des Ehemannes	128
1. Entfällt der Schadensersatzanspruch des mittelbar geschädigten Ehemannes bei seiner Wiederverheiratung?	128
a) Das Urteil des 3. Senats vom 16. 2. 1970	128
b) Stellungnahme	129
2. Die Schadensersatzansprüche der Kinder bei Wiederverheiratung des Vaters	130
II. Die Versorgung der Kinder durch Pflegeeltern	131
III. Annahme von Unfallwaisen an Kindes Statt	131
1. Der Standpunkt des Bundesgerichtshofs (Urteil vom 22. 9. 1970)	131
2. Die Kritik	132
IV. Anrechnung der Erbschaft und Anrechnung privater Versicherungsleistung?	133

8. Abschnitt
Der Schadensersatz bei Verletzung oder Tötung der Ehefrau nach den Sondergesetzen der Gefährdungshaftung

A Die spezialgesetzlichen Grundlagen	135
I. Straßenverkehrsgesetz	135
II. Reichshaftpflichtgesetz	136
III. Atomgesetz	136
IV. Luftverkehrsgesetz	136
1. Die (Gefährdungs-)Haftung des Halters	136
2. Die Haftung des Luftfrachtführers	137
3. Die (Gefährdungs-)Haftung des Halters militärischer Luftfahrzeuge	137
B. Vergleichende Betrachtung	137
C. Die Erweiterung des Umfangs der Schadensersatzpflicht bei Verletzung oder Tötung der Ehefrau im Bereich der Gefährdungshaftung durch die neuere Rechtsprechung	138
I. Der Umfang des Schadensersatzes bei Verletzung der im Haushalt tätigen Ehefrau	138
II. Der Umfang des Schadensersatzes bei Tötung der im Haushalt tätig gewesenen Ehefrau	139
III. Der Umfang des Schadensersatzes im Falle der Mitarbeit der Ehefrau	139
IV. Die Begründung	140
D. Der Referentenentwurf zur Änderung und Ergänzung schadensersatzrechtlicher Vorschriften vom 16. 2. 1966	141
Ergebnisse	144
Schrifttum	147
Entscheidungsverzeichnis	152

Einleitung

I. Vorbemerkung

Die vorliegende Arbeit setzt einen zum Schadensersatz verpflichtenden Tatbestand voraus — sei es aus unerlaubter Handlung oder aus Gefährdungshaftung — und befaßt sich mit dem Inhalt und Umfang des Schadensersatzanspruchs.

Sie ist unter zwei Aspekten entstanden: Der erste ist vordergründig und praktischer Art: In der Bundesrepublik ereigneten sich im Jahre 1972 insgesamt 378 023 Straßenverkehrsunfälle mit Personenschaden, bei denen 18 735 Personen getötet und 527 375 verletzt wurden[1]. Die daraus resultierende Vielzahl von Schadensersatzprozessen gebietet übereinstimmende Maßstäbe und sichere Kriterien. Hierzu will diese Arbeit einen Beitrag leisten, indem sie den Umfang des Schadensersatzes bei Tötung oder Verletzung der im Haushalt tätig gewesenen und der mitarbeitenden Ehefrau zusammenfassend darstellen soll.

Der zweite Aspekt ist theoretischer Natur: Am 1. Juli 1973 sind es inzwischen 15 Jahre gewesen, seit das Gleichberechtigungsgesetz[2] in allen Teilen in Kraft getreten ist. Die Veränderungen des Familienrechts haben dazu geführt, der im Haushalt tätigen oder mitarbeitenden[3] Ehefrau im Falle der Verletzung einen eigenen Schadensersatzanspruch zuzusprechen[4]. Gleichwohl trifft man im Deliktsrecht auf eine Fülle von Fragen, die sich aus der Diskrepanz zwischen der Entwicklung des Familienrechts und den hieran noch nicht angepaßten Regeln des Deliktsrechts ergeben. So spricht Erik Jayme[5] mit Recht von einer Kluft, die bisher vom schuldrechtlichen Schrifttum kaum überbrückt wurde, in dem die familienrechtlichen Probleme nur als Randfragen erscheinen.

---

[1] Mitteilung des Statistischen Bundesamtes, wiedergegeben in NJW 1973 Heft 15 (IV).

[2] Gesetz über die Gleichberechtigung von Mann und Frau auf dem Gebiete des bürgerlichen Rechts vom 18. 6. 1957 (BGBl. I S. 609).

[3] — Soweit die Mitarbeit zum Familienunterhalt erforderlich war —.

[4] Vgl. BGHZ 38, 55 ff., Urt. v. 25. 9. 1962, und BGH GSZ 50, 304 ff., B. v. 9. 7. 1968.

[5] *Jayme*, Die Familie im Recht der unerlaubten Handlungen; S. 20.

II. Gang der Darstellung und Schwerpunkte der Arbeit

Die Arbeit befaßt sich in ihrem 1. Abschnitt mit dem Schadensersatzanspruch bei *Verletzung* der im Haushalt tätigen Ehefrau. Der Akzent liegt auf der rechtlichen Begründung dieses Anspruchs. So soll erörtert werden, ob sich der eigene Schadensersatzanspruch der verletzten Ehefrau auf Ersatz des ganzen, durch den Ausfall ihrer Haushaltsführung entstehenden Schadens als Beeinträchtigung des „Nutzungswerts der Arbeitskraft"[6] oder unter dem Gesichtspunkt des „Bedarfsschadens"[7] begründen läßt. Ein wesentlicher Teil dieses Abschnitts ist der Auseinandersetzung mit dem Beschluß des Großen Zivilsenats[8] vom 9. 7. 1968 und dem normativen Schadensbegriff gewidmet. Dabei gilt es, vorab dem als „Leerformel" kritisierten normativen Schadensbegriff Inhalt und Konturen zu geben. Anschließend wenden wir uns der Frage zu: Was leistet der normative Schadensbegriff für die Fallgruppe des Schadensersatzes bei Verletzung der Ehefrau?

Der 2. Abschnitt dieser Arbeit hat die Schadensersatzansprüche bei *Tötung* der im Haushalt tätig gewesenen Ehefrau zum Gegenstand. Hier ist zu prüfen, ob der Schadensersatzanspruch des Witwers ausschließlich aus § 844 Abs. 2 BGB oder — auch — aus § 845 BGB begründet ist. Es erhebt sich alsdann die Frage, ob denn überhaupt noch ein Anwendungsbereich für § 845 BGB verbleibt.

Im 3. Abschnitt, der sich mit den Schadensersatzansprüchen bei Verletzung oder Tötung der Ehefrau in den bedeutsamen Fällen der *Mitarbeit* befaßt, bedarf es eingangs der Differenzierung, inwieweit die Ehefrau unterhaltsrechtlich bzw. gesetzlich zur Mitarbeit verpflichtet war. In diesem Zusammenhang wird dem Verhältnis der zum Familienunterhalt erforderlichen zur üblichen Mitarbeit Aufmerksamkeit gewidmet und untersucht werden, inwieweit sich gesetzlich geschuldete und vertraglich ausgestaltete Ehegattenmitarbeit überschneiden oder „überlagern" können. Die Ergebnisse dieser Vorfragen spielen für das Deliktsrecht, das nur in den Fällen gesetzlich geschuldeter Mitarbeit Schadensersatzansprüche gewährt, eine wichtige Rolle. Hier entscheidet sich auch, ob die Anspruchsgrundlage des § 845 BGB — wie behauptet wird — unter Ehegatten nicht mehr Anwendung findet.

Nach einem 4. Abschnitt über die Schadensersatzansprüche der *Kinder* wendet sich die Arbeit der *Konkurrenz* der Schadensersatzansprüche des Ehemannes und der Kinder zu. Hier kommt es darauf an, ob Ehe-

---

[6] *Hagen,* Fort- oder Fehlentwicklung des Schadensbegriffs, JuS 1969, 61 ff.
[7] *Mertens,* Der Begriff des Vermögensschadens im Bürgerlichen Recht, Habil. 1967, S. 162 ff.
[8] BGH GSZ 50, 304 ff.

mann und Kinder Gesamtgläubiger oder ob ihre Schadensersatzansprüche als Teilforderungen zu qualifizieren sind. Hieran schließt sich ein 6. Abschnitt über die *Höhe* des Schadensersatzes an, wobei sich nach grundsätzlichen Ausführungen eine gewisse Beschränkung auf ausgewählte Bewertungsfaktoren als unvermeidbar erwies.

Ein weiterer Schwerpunkt der Arbeit ist der *Vorteilsausgleichung* gewidmet, insbesondere dem Zusammentreffen von Unterhalts- und Schadensersatzansprüchen und der Auslegung des § 843 Abs. 4 BGB. Findet diese Vorschrift auch dann Anwendung, wenn der Unterhaltspflichtige bereits geleistet hat? Wie ist der Regreß des vorleistenden Unterhaltspflichtigen gegen den Schädiger zu begründen? Sind Aufwendungen für den Unterhalt der Ehefrau, die nach ihrem Tode entfallen sind, auf den Schadensersatzanspruch des Mannes ganz oder lediglich teilweise anzurechnen? Vor allem: Ist die durch BGHZ 4, 123 ff. begründete Rechtsprechung über die Beschränkung der Vorteilsausgleichung („teilweise Vorteilsausgleichung") inzwischen überholt? Diesen Fragen schließen sich typische Einzelfälle zur Vorteilsausgleichung an.

Schließlich sollen die Schadensersatzansprüche bei Verletzung oder Tötung der Ehefrau im 8. und letzten Abschnitt nach den Sondergesetzen der *Gefährdungshaftung* dargestellt werden. Sie haben — wie im einzelnen zu zeigen sein wird — eine Erweiterung mittelbar erfahren.

III. Grundsätzliche einleitende Ausführungen

1. Das Verhältnis der §§ 842 ff. zu den §§ 249 ff. BGB

a) Auf den Umfang der Schadensersatzansprüche bei Personenschäden finden die allgemeinen Bestimmungen der §§ 249 ff. Anwendung. Daneben hat das BGB dem Umfang des Schadensersatzes bei Personenschäden die Sondervorschriften der §§ 842 ff. gewidmet. Nach § 842 BGB erstreckt sich die Verpflichtung zum Schadensersatz „... auf die Nachteile, welche die Handlung für den Erwerb oder das Fortkommen des Verletzten herbeiführt". Entgegen Wussow[9] geht die heute herrschende Auffassung dahin, daß § 842 keine Haftungsbegrenzung enthält. Die Vorschrift *stellt* vielmehr *klar*, daß auch Nachteile für Erwerb und Fortkommen als Vermögensschaden zu ersetzen sind[10].

---

[9] *Wussow*, Unfallhaftpflichtrecht, 5. Aufl., S. 368 ff.
[10] RGZ 141, 169 ff. (172), Urt. v. 15. 6. 1933; BGHZ 26, 69 ff. (77), Urt. v. 18. 11. 1957; 27, 137 ff. (142), Urt. v. 22. 4. 1958.

b) Nach dem Recht der unerlaubten Handlung kann grundsätzlich nur derjenige Schadensersatz verlangen, dessen Recht oder geschütztes Rechtsgut verletzt ist (§ 823 Abs. 1 BGB) oder dessen Schutz das Schutzgesetz bezweckt (§ 823 Abs. 2). Dieser Grundsatz erfährt in den §§ 844 und 845 BGB wichtige *Ausnahmen:* Nach § 844 Abs. 2 S. 1 BGB hat der Ersatzpflichtige einem Dritten, dem durch die Tötung des Unterhaltspflichtigen das Recht auf Unterhalt entzogen worden ist, insoweit Schadensersatz zu leisten, als der Getötete während der mutmaßlichen Dauer seines Lebens zur Gewährung des Unterhalts verpflichtet gewesen sein würde. Nach § 845 S. 1 BGB hat der Ersatzpflichtige einem Dritten, dem der Verletzte kraft Gesetzes zur Leistung von Diensten in dessen Hauswesen oder Gewerbe verpflichtet war, im Falle der Tötung oder Verletzung für die entgehenden Dienste Ersatz zu leisten. § 844 Abs. 2 BGB stellt insofern eine Ausnahme zu § 823 dar, als für einen reinen Vermögensschaden bestimmter mittelbar Geschädigter Schadensersatz gewährt wird[11]. Die Vorschrift beruht auf der Billigkeitserwägung[12], daß der lebensnotwendige Unterhalt der unterhaltsberechtigten Hinterbliebenen sichergestellt sein soll. Bei § 845 BGB ließ sich der Gesetzgeber von dem Gesichtspunkt leiten, daß durch die Entziehung dieser Dienste eine ähnliche Lücke in die Familie gerissen werde wie durch den Verlust der Tätigkeit unterhaltspflichtiger Familienmitglieder[13].

Aus dem Ausnahmecharakter[14] der §§ 844, 845 BGB ergibt sich die für die Rechtsanwendung beachtliche Folgerung: Eine entsprechende Anwendung dieser Vorschriften über den dort abschließend aufgeführten Personenkreis hinaus und auf andere als die dort bezeichneten Schäden ist ausgeschlossen. Dieser Gesichtspunkt war mit maßgebend bei der Entscheidung der Rechtsfrage, ob der Anspruch auf Ersatz des Unterhaltsschadens etwaige Unterhalts*rückstände* umfaßt. Die höchstrichterliche Rechtsprechung hat diese Frage unter Berufung auf den Wortlaut des § 844 Abs. 2 BGB und unter Hinweis auf den Ausnahmecharakter dieser Vorschrift jüngst verneint[15]. Ebensowenig läßt sich de lege lata eine Analogie zu Gunsten anderer mittelbar geschädigter Personen begründen, denen zwar kein „Recht auf Unterhalt" entzogen

---

[11] *Werner Wussow*, Ersatzansprüche bei Personenschaden, RNr. 64.
[12] BGH NJW 1973, 1076 f. (1076), Urt. vom 9. 3. 1973.
[13] Protokolle der Komm. f. d. 2. Lesung des Entwurfs des BGB, Bd. II, S. 631.
[14] BGHZ 7, 30 ff. (34), Urt. v. 19. 6. 1952, BGHZ NJW 1973, 1076 (1076), Urt. v. 9. 3. 1973: Der „Charakter als Ausnahmevorschrift erheischt daher zumindest, die enge Normfassung ernst zu nehmen".
[15] BGH NJW 1973, 1076 f. (1076), Urt. v. 9. 3. 1973; ebenso KG NJW 1970, 476, B. v. 31. 10. 1968.

worden ist, die der Verunglückte aber tatsächlich (freiwillig) unterhalten hatte[16].

c) Weiter ist für die Auslegung beachtlich, daß die Ansprüche aus den §§ 844, 845 BGB nicht als Unterhalts- oder Wertersatz-, sondern als *Schadensersatz*ansprüche[17] zu qualifizieren sind. Sie sind *selbständige,* in der Person der mittelbar geschädigten Dritten originär[18] entstandene Schadensersatzansprüche, die den Dritten nicht als übergegangene, sondern als eigene Ansprüche zustehen. Angesichts dessen erklärt es sich, daß die vom Gesetzgeber gewollte Anrechnung eines mitwirkenden Verschuldens des Verletzten in § 846 BGB besonders geregelt ist.

Die in jüngerer Zeit vielfach erörterten Fälle, in denen Dritte durch Schockwirkung, ausgelöst durch das Erlebnis oder die Benachrichtigung vom Unfall eines anderen, Schaden erleiden, unterscheiden sich von den Ansprüchen der mittelbar Geschädigten aus §§ 844, 845 BGB sehr wesentlich. Bei den sog. Schockschäden oder Fernwirkungsschäden Dritter hat sich die Erkenntnis weitgehend durchgesetzt, daß der „Dritte in einem der Rechtsgüter des § 823 Abs. 1 BGB betroffen"[19] und deshalb unmittelbar Geschädigter mit einem eigenen Anspruch aus §§ 823 Abs. 1 BGB ist"[20]. Denn auch eine psychisch vermittelte Gesundheitsbeschädigung ist ein unmittelbarer Eingriff in die Gesundheit des Dritten und erfüllt den Tatbestand des § 823 Abs. 1 BGB. Hingegen setzen die Ansprüche der mittelbar geschädigten Dritten in den Fällen der §§ 844, 845 BGB eine schaden- und haftungsbegründende Einwirkung auf den unmittelbar Verletzten voraus[21]. Der Dritte i. S. der §§ 844, 845 BGB ist nicht in einem der Rechtsgüter des § 823 Abs. 1 BGB verletzt. Sein Schaden ist ein reiner Vermögensschaden. Die rechtliche Problematik ist mithin — das sei der Klarheit halber bemerkt — eine sehr verschiedene.

2. Die familienrechtlichen Grundlagen

Die Tatbestände der §§ 844 Abs. 2 und 845 BGB knüpfen an Rechtsbegriffe des Familienrechts an: Ob die Getötete oder Verletzte kraft Gesetzes unterhaltspflichtig war oder unterhaltspflichtig werden konnte

---

[16] Vgl. BGH NJW 1969, 2007 f., Urt. v. 24. 6. 1969 (VI ZR 66/67), betr. Stiefkinder.
[17] Für § 845 BGB war die Frage lange Zeit streitig; vgl. hierzu unten 7. Abschnitt B II 2.
[18] *Werner Wussow,* Ersatzansprüche bei Personenschaden, RNr. 64.
[19] Genauer: „selbst verletzt".
[20] BGHZ 56, 163 ff. (168), Urt. v. 11. 5. 1971, m. Rezension *Deubner* JuS 1971, 622 ff. (625 bes. III 1); vgl. auch LG Frankfurt/M. NJW 1969, 2286 ff., Urt. v. 28. 3. 1969, m. Anm. *Berg* NJW 1970, 515 f. (515).
[21] BGH S. 168.

oder zu Diensten im Hauswesen oder Gewerbe gesetzlich verpflichtet war, bestimmt sich nach den familienrechtlichen Vorschriften. Diese haben sich durch die *Familienrechtsreform* grundlegend geändert:

Nach § 1356 Abs. 1 S. 1 BGB führt die Frau den Haushalt in eigener Verantwortung. Das Gleichberechtigungsgesetz vom 18. 6. 1957 hat das Entscheidungsrecht des Mannes (§ 1354 a. F.) ausdrücklich aufgehoben. Es hat die vormalige Aufgliederung in Unterhalt und ehelichen Aufwand aufgegeben und durch den Begriff des *Familienunterhalts* ersetzt (§ 1360 BGB), der sowohl den Unterhalt der Ehegatten als auch den der gemeinschaftlichen Kinder umfaßt[22]. An die Stelle der im wesentlichen einseitigen Unterhaltspflicht des Mannes ist die beider Ehegatten getreten. Indem diese nicht nur in eine gegenseitige Unterhaltspflicht der Ehegatten, sondern in eine Verpflichtung zur Aufbringung des gesamten Familienunterhalts umgestaltet worden ist, hat der Gesetzgeber den Gedanken der Familieneinheit[23] stärker betont. Im übrigen ist die Unhaltspflicht der Ehegatten strenger als die unter Verwandten und setzt die „Bedürftigkeit" nicht voraus (§§ 1601 ff., 1602 BGB). Die Ehefrau erfüllt ihre Verpflichtung, durch Arbeit zum Familienunterhalt beizutragen, im Regelfall durch Führung des Haushalts (§ 1360 S. 2, 1. Halbs. BGB). Durch die Wertung und Einbeziehung der *Haushaltsführung* als Beitrag zum Familienunterhalt hat das Gleichberechtigungsgesetz der Tätigkeit der Hausfrau die gebührende rechtliche Anerkennung gewährt.

Die *Mitarbeit* der Ehefrau ist im Bürgerlichen Gesetzbuch in zwei verschiedenen Vorschriften, den §§ 1360 S. 2, 2. Halbs. und 1356 Abs. 2 BGB, äußerlich getrennt und auch der Sache nach differenziert geregelt. Es bestimmt zunächst in § 1356 Abs. 1 S. 2 BGB, daß die Frau berechtigt ist, erwerbstätig zu sein, soweit dies mit ihren Pflichten in Ehe und Familie vereinbar ist. Einer Zustimmung des Mannes bedarf es dazu nicht (mehr), sein Kündigungsrecht ist ersatzlos entfallen (§ 1358 a. F.). Haftungsrechtlich[24] ist indes weniger von Interesse, ob die Ehefrau zur Mitarbeit berechtigt, vielmehr inwieweit sie dazu „verpflichtet" ist. Hierüber bestimmt § 1360 S. 2, 2. Halbs. BGB, daß sie zu einer Erwerbstätigkeit nur verpflichtet ist, soweit die Arbeitskraft des Mannes und die Einkünfte der Ehegatten zum Unterhalt der Familie nicht ausreichen und es den Verhältnissen der Ehegatten auch nicht entspricht, den Stamm ihrer Vermögen zu verwerten. Darüber hinaus ist jeder Ehegatte gemäß § 1356 Abs. 2 BGB verpflichtet, im Beruf oder Geschäft des anderen Ehegatten mitzuarbeiten, soweit dies nach den Verhältnissen, in denen die Ehegatten leben, üblich ist. Das Gleichberechtigungs-

---

[22] *Maßfeller-Reinicke*, Das Gleichberechtigungsgesetz, Erl. 1 zu § 1360 BGB.
[23] *Jayme* S. 73.
[24] Vgl. §§ 844, 845 BGB.

gesetz hat die Mitarbeitspflicht aus § 1356 Abs. 2, die ehedem einseitig der Frau oblag, zu einer beiderseitigen Verpflichtung beider Ehegatten modifiziert. Die Mitarbeitsverpflichtung aus § 1356 Abs. 2 BGB ist — und das ist das Besondere[25] an der Konzeption des Gesetzgebers — *nicht* im Unterhaltsrecht begründet. Ihre Wurzel ist die Verpflichtung zur ehelichen Lebensgemeinschaft (§ 1353 BGB).

Für die Mitarbeit lassen sich demnach drei Stufen unterscheiden:

Die Ehefrau ist zur Mitarbeit verpflichtet, soweit ihre Mitarbeit entweder

a) zum Familienunterhalt erforderlich (§ 1360 S. 2, 2. Halbs. BGB), oder
b) üblich (§ 1356 Abs. 2 BGB), oder
c) vertraglich vereinbart ist.

Soviel einleitend zu den familienrechtlichen Grundlagen. Einzelheiten bleiben dem 3. Abschnitt vorbehalten.

Die Familienrechtsreform[26] hat die schadensersatzrechtlichen Normen der §§ 842 ff. BGB dem Wortlaut nach nicht berührt. Gleichwohl entfalteten die Wandlungen des Familienrechts große Wirkungen auf die Entwicklung des Deliktsrechts, wie im einzelnen darzulegen sein wird. Prüfen wir, ob es der Rechtsprechung geglückt ist, die Bestimmungen über den Umfang des Schadensersatzanspruchs bei Verletzung oder Tötung der Ehefrau wenigstens in der Auslegung an das Gleichberechtigungsgesetz anzupassen[27].

---

[25] S. u. 3. Abschnitt B III 2 d, bb.
[26] *De lege ferenda:*
An der derzeit geltenden Fassung der §§ 1356, 1360 BGB bemängeln die Kritiker, der Gesetzgeber könne den Ehegatten das „Leitbild" der „Hausfrauenehe" nicht vorschreiben. Der von der Bundesregierung am 19. 5. 1971 beschlossene Entwurf eines Ersten Gesetzes zur Reform des Ehe- und Familienrechts sieht u. a. vor, § 1356 BGB dahin zu ändern, daß die Ehegatten die Haushaltsführung im gegenseitigen Einvernehmen regeln. § 1360 S. 2, 2. Halbs. BGB soll künftig entfallen und statt dessen bestimmt werden, daß ein Ehegatte, dem die Haushaltsführung überlassen worden ist, seine Verpflichtung, durch Arbeit zum Unterhalt der Familie beizutragen, in der Regel durch die Führung des Haushalts erfüllt. Die Mitarbeitspflicht gem. § 1356 Abs. 2 BGB sieht der Reformentwurf nicht mehr ausdrücklich vor, sie kann sich aber im Einzelfall aus der Pflicht zur ehelichen Lebensgemeinschaft ergeben. — Vgl. JA 1971, ZR S. 209 ff. (209), 1973, ZR S. 69/70, bes. 1973, ZR S. 193 ff. (197) m. w. N.
[27] *Hauß* LM Nr. 1 (a. E.) zu § 842 BGB.

1. Abschnitt

Die Schadensersatzansprüche bei Verletzung der im Haushalt tätigen Ehefrau

A. Die Ansprüche der Ehefrau

I. Die Begründung ihres Schadensersatzanspruchs durch die Rechtsprechung

Ausgangspunkt der Untersuchungen sei folgender typischer Sachverhalt[1]:

Eine Frau erleidet einen Verkehrsunfall, der die Amputation eines Unterschenkels erforderlich macht. Zur Führung des Haushalts bedarf sie daher ganztägig der Unterstützung einer Hausgehilfin. Der Ehemann der Verletzten verlangt von dem Beklagten S., der den Unfall schuldhaft verursacht hat, aus abgetretenem Recht, hilfsweise als eigener Schadensersatzanspruch, für einen Zeitraum von 15 Monaten Erstattung der Aufwendungen für die Beschäftigung einer Hausgehilfin. Ist der Anspruch des Mannes begründet? Kommt es darauf an, ob eine Haushaltshilfe tatsächlich eingestellt worden ist und wer von den beiden Ehegatten die Aufwendungen bestritten hat?

In seinem grundlegenden Urteil[2] vom 25. 9. 1962 hat der BGH der durch eine unerlaubte Handlung verletzten Ehefrau einen eigenen Schadensersatzanspruch wegen ihrer Beeinträchtigung in der Führung des Haushalts zugesprochen. Mit dieser Entscheidung korrespondiert der nicht minder bedeutsame Beschluß des Großen Zivilsenats des BGH[3] vom 9. 7. 1968: Danach ist der Ehemann nach dem Inkrafttreten des Gleichberechtigungsgesetzes nicht mehr berechtigt, von dem verantwortlichen Schädiger Schadensersatz nach § 845 BGB wegen Behinderung der verletzten Ehefrau in der Haushaltsführung zu verlangen. Die Tragweite dieser Entscheidungen und der Wandel der Rechtsprechung, der sich mit ihnen vollzogen hat, werden besonders deutlich, wenn man sich demgegenüber die frühere Rechtsprechung vergegenwärtigt:

---

[1] Nach BGHZ 38, 55 ff.
[2] BGHZ 38, 55 ff.
[3] BGH GSZ 50, 304 ff., Einzelheiten s. u. 1. Abschnitt B I.

A. Schadensersatzansprüche der Ehefrau

1. Der Standpunkt des Reichsgerichts

Das *Reichsgericht*[4] hat der verletzten Ehefrau einen eigenen Schadensersatzanspruch wegen Beeinträchtigung ihrer Haushaltstätigkeit in den meisten Fällen versagt. Der Ausfall ihrer Arbeitskraft und die Einstellung von Ersatzkräften bedeutete nach Auffassung des Reichsgerichts nur einen Schaden für den Ehemann, es sei denn, daß dadurch die Unterhaltsleistungen des Ehemannes vermindert wurden[5] und auf den Unterhalt der Ehefrau gleichsam beeinträchtigend zurückwirkten. Anders entschied das Reichsgericht, wenn die Ehegatten im Güterstand der allgemeinen Gütergemeinschaft lebten: Durch die Tätigkeit der Ehefrau werde dem Gesamtgut eine Ausgabe erspart, so daß bei Beeinträchtigung der Haushaltstätigkeit beide Ehegatten einen Schaden erlitten[6]. Hatte die Ehefrau die Kosten des ehelichen Haushalts allerdings aus den Einkünften ihres Vorbehaltsguts bestritten, dann — so entschied das Reichsgericht[7] — sei der eingetretene Schaden tatsächlich der Ehefrau und nicht ihrem Ehemann erwachsen.

Demgegenüber wurde in der Literatur[8] schon damals die Forderung erhoben, der verletzten Ehefrau einen eigenen Anspruch zu gewähren. Otto v. Gierke[9] bezeichnete die Rechtsprechung des Reichsgerichts als einen „argen Mißgriff" und forderte, der verletzten Ehefrau einen eigenen Anspruch wegen verminderter Erwerbsfähigkeit zu geben.

2. Die Entwicklung der Rechtsprechung des Bundesgerichtshofs

Vor diesem Hintergrund zeichnet sich das Urteil des *Bundesgerichtshofs vom 25. 9. 1962*[10] deutlich ab: Die durch eine unerlaubte Handlung körperlich verletzte Ehefrau hat einen eigenen Schadensersatzanspruch wegen ihrer Beeinträchtigung in der Führung des Haushalts. Diesen Schadensersatzanspruch hat der BGH wie folgt begründet:

(Es sei nicht zutreffend, daß) ... „die Frau, wenn sie durch eine körperliche Verletzung in der Haushaltsführung behindert wird, ... selbst keinen zu

---

[4] Einen Überblick über die Rechtsprechung des Reichsgerichts gibt *Kilian* AcP 169 (1969) Seite 443 ff., 448.
[5] RGZ 148, 68 ff. (70).
[6] RGZ 73, 309 ff. (311).
[7] RGZ 85, 81 ff. (82).
[8] Vgl. die Zusammenfassungen der älteren Literatur bei *Robert Mann* S. 59 u. *Kilian* AcP 169 (1969), 449.
[9] *Otto v. Gierke*, Deutsches Privatrecht, 3. Bd. Schuldrecht, 1917, S. 964 Fußnote 33.
[10] BGHZ 38, 55 ff.; die Entscheidung soll hier auszugsweise wiedergegeben werden, weil sich die folgende Untersuchung eingehend mit der Schadensbegründung des BGH auseinanderzusetzen hat.

1. Abschnitt: Verletzung der im Haushalt tätigen Ehefrau

Ersatzansprüchen führenden Schaden erleide. Eine solche Auffassung würde den gewandelten Charakter der Hausfrauentätigkeit übersehen. Die Frau gibt ihre Arbeitskraft nicht mehr mit der Heirat in der Form unentgeltlicher Dienste weg. Sie verwertet sie vielmehr, auch wenn sie lediglich den Haushalt im Umfang ihrer gesetzlichen Rechte und Pflichten führt, weiterhin selbst; zwar nicht... als bezahlte Berufsarbeit, wohl aber als ihren fortlaufenden Beitrag zum Familienunterhalt als der wirtschaftlichen Seite der von ihr eingegangenen Gemeinschaft..."[11].

Die den Haushalt führende Ehefrau wird mithin durch die ihr zugefügte Körperverletzung daran gehindert, ihre Arbeitskraft... als Gemeinschaftsbeitrag zu verwerten. Ihr Schadensersatzbegehren stellt deshalb nicht etwa das Verlangen nach Ausgleich einer abstrakten, ohne Bezug auf eine wirklich ausgeübte Tätigkeit bestehende Minderung der Arbeitskraft dar, wie er freilich nach bürgerlichem Recht nicht gewährt werden könnte. Ihre tatsächliche Arbeitsleistung weist lediglich die doppelte, aus dem Einsatz in der ehelichen Lebensgemeinschaft hervorgehende Besonderheit auf, daß sie weder gegen noch ohne Entgelt gewährt wird, sondern in dem korrespondierenden Recht auf Unterhalt ihre Anerkennung findet, und daß dieser Unterhalt sich nicht gemäß dem Ausfall an Arbeitsleistung verkürzt, weil der Verlust innerhalb der Familie ausgeglichen werden muß..."[12].

Beide Gesichtspunkte können nicht dazu führen, einen eigenen Ersatzanspruch der Frau zu verneinen... Es ist vielmehr die eheliche Lebensgemeinschaft, die bewirkt, daß die verletzte Ehefrau den wirtschaftlichen Nachteil, der sich aus ihrem verminderten Beitrag ergibt, nicht oder nicht allein zu tragen braucht.

Dieses gemeinschaftliche Auffangen der Verletzungsfolgen... hat den Charakter eines internen Ausgleichs, setzt also begrifflich einen zunächst der Frau entstandenen Vermögensschaden voraus. Soweit der Ausgleich nicht völlig gelingt oder aus Mitteln der Frau bewirkt wird, verbleibt es... bei diesem Schaden und damit dem unmittelbaren Ersatzanspruch der verletzten Frau gegen den Schädiger. Soweit der Mann die materiellen Bedürfnisse der Frau ungeachtet ihres verminderten Beitrags weiterhin befriedigt..., handelt es sich um einen Ausgleich des Schadens durch Unterhaltsgewährung. Darauf kann indessen der Schädiger die Frau nach § 843 Abs. 4 BGB nicht verweisen. Die verletzte Ehefrau kann ihn deshalb aus eigenem Recht auf Ersatz ihres ganzen, in der Verminderung ihrer häuslichen Arbeitsleistung bestehenden Schadens in Anspruch nehmen, gleichviel wie er von der ehelichen Lebensgemeinschaft aufgefangen wird. Dieser Schaden ist konkreter Natur..."[13].

Das Urteil des Bundesgerichtshofs vom 25. 9. 1962 muß notwendig im Zusammenhang mit dem *Beschluß des Großen Zivilsenats*[14] *vom 9. 7. 1968* gesehen werden. Dieser Beschluß erschöpft sich nicht nur in der Aussage[15], daß neben dem Anspruch der (im Haushalt tätig gewesenen) verletzten Ehefrau für einen Anspruch des Ehemannes aus § 845 BGB kein Platz mehr sei. Der Große Zivilsenat hat dem Urteil vom 25. 9. 1962

---

[11] BGHZ 38, 55 ff. (58).
[12] BGHZ 38, 55 ff. (58/59).
[13] BGHZ 38, 55 ff. (59/60).
[14] BGH GSZ 50, 304 ff. = NJW 1968, 1823 f.
[15] Wird erst unter B überprüft.

zugleich eine aufschlußreiche Begründung und höchstrichterliche Interpretation „nachgeschoben":

Er führt u. a. referierend aus, daß ein Schaden bereits im Wegfall der Arbeitskraft selbst gesehen worden sei. Dabei habe es keine Rolle gespielt, ob er zu Vermögensaufwendungen geführt habe, etwa durch Entlohnung einer Ersatzkraft, oder ob dies nicht der Fall gewesen sei... Der Schadensbegriff sei also schon damals — wie der Große Zivilsenat hervorhebt — „*normativ*" aufgefaßt worden![16] An anderer Stelle[17] spricht der BGH von der „*Subjektbezogenheit*" des Ersatzanspruchs (der verletzten Ehefrau), die zugleich ihre Rechtfertigung als Ausstrahlung des in der neueren Rechtsprechung entwickelten *normativen* Schadensbegriffs finde. Wie der Große Zivilsenat den „normativen Schadensbegriff" verstanden wissen will, erläutert der Beschluß gegen Ende der Gründe[18], wo es heißt: Inhaltlich gelte für den jetzigen Anspruch der Ehefrau der normative Schadensbegriff, wie er bereits für den früheren Mannesanspruch (§ 845 BGB) anerkannt gewesen sei und inzwischen in Abkehr von der reinen Differenzhypothese sich auch anderweit durchgesetzt habe, insbesondere beim Schadensersatzanspruch des verletzten Arbeitnehmers oder Gesellschafters trotz Lohnfortzahlung...

II. Das Urteil des Bundesgerichtshofs vom 25. 9. 1962 und der Beschluß des Großen Zivilsenats vom 9. 7. 1968 im Spiegel der Kritik

Die Auswertung der inzwischen erschienenen Literatur ergibt, daß die gewandelte Rechtsprechung des Bundesgerichtshofs zum Schadensersatzanspruch der verletzten Ehefrau von zahlreichen namhaften Autoren ablehnend aufgenommen worden ist. Dabei läßt sich feststellen, daß sich die Kritik nicht so sehr gegen das Ergebnis, sondern gegen die Begründung des Bundesgerichtshofs richtet. Allerdings sind sich die Kritiker ihrerseits in ihren Lösungsversuchen weitgehend uneinig. Ein Überblick über die Literatur bietet ein vielfältiges Bild:

1. Dem *Urteil BGHZ 38, 55 ff.* wird von mehreren Autoren vorgeworfen, es sei unklar und in der Begründung nicht überzeugend:

a) *Bydlinski*[19] bemängelt, in dem Urteil werde in recht gewundener Ausführung versucht, einen konkreten eigenen Schaden der Ehefrau damit zu begründen, daß diese nach neuem Familienrecht... durch ihre selbständige Tätigkeit im Haushalt zum Familienunterhalt beitrage. Durch diese neue rechtliche Deutung habe sich freilich an den wirtschaftlichen Realitäten nichts

---
[16] BGH GSZ 50, 304 ff. (305).
[17] BGH GSZ 50, 304 ff. (306).
[18] BGH GSZ S. 306.
[19] *Bydlinski*, Probleme der Schadensverursachung..., S. 52, Fußn. 119.

geändert, so daß sich daraus Folgerungen für die Frage des konkreten Vermögensschadens schlechthin nicht ergeben könnten. Im Anschluß an eine Urteilsanmerkung von *Eißer*[20] vertreten *Bydlinski*[21], Weychardt[22] und Robert Mann[23] die Auffassung, die Entscheidung des BGH sei unklar. Es sei ihr nicht gelungen, einen eigenen konkreten Schaden der Ehefrau zu begründen.

b) *Werner Wussow*[24] tadelt die Rechtsprechung des BGH aus einem anderen Grund: Der Anspruch der Ehefrau sei in BGH 38, 55 als Anspruch für die Beeinträchtigung des Fortkommens im Sinne des § 842 angesprochen worden. Dagegen habe der BGH in einer späteren Entscheidung[25] den gleichen Anspruch auf § 843 (vermehrte Bedürfnisse) gestützt. Wussow mißbilligt, daß der hier bestehende Widerspruch bis heute noch nicht aufgeklärt worden sei. Zu dieser Frage bemerkt *Jayme*[26], seines Erachtens lasse sich der Anspruch der Ehefrau sowohl auf § 843 Abs. 1 BGB (Verminderung der Erwerbsfähigkeit) als auch auf § 842 BGB (Nachteile für den Erwerb) stützen. Es gehe bei dem Anspruch der verletzten Ehefrau... um eine abstrakte Berechnung des „konkret" eingetretenen Schadens.

c) Zu dem Urteil des BGH in Band 38, S. 55 ff. hat auch *Wilts* kritisch Stellung genommen[27]. Er untersucht die Frage, ob sich das Ergebnis des BGH nicht auf einem einfacheren und zugleich umfassenderen Wege begründen lasse. Wilts faßt die Einstellung einer Hilfskraft — ebenso wie *Eißer*[28] als vermehrtes Bedürfnis der Ehefrau i. S. des § 843 Abs. 1 BGB auf. Diese Bewertung sei aus zwei Gründen geboten: Erstens vermeide sie konstruktive Schwierigkeiten, denn der Hinweis des BGH auf § 843 Abs. 4 BGB sei der Hinweis auf eine Bestimmung, bei der es sich im wesentlichen um eine gesetzliche Teilregelung der Vorteilsausgleichung handle; derartige Grundsätze könnten immer nur die Frage beantworten, ob auf einen ohne Vorteilsanrechnung zu bejahenden Schaden Vorteile anzurechnen sind. Sie seien jedoch nicht geeignet, einen Schaden rechtlich zu begründen[29]. Zweitens versage die Begründung des Urteils BGHZ 38, 55 ff. auch dann, wenn weder die Ehefrau noch der Ehemann Aufwendungen für Hilfskräfte machen, deren Einstellung im Hinblick auf den unfallbedingten Gesundheitszustand der Ehefrau aber erforderlich sei[30]. Sei die Beschäftigung einer Haushaltshilfe aber ein unfallbedingtes vermehrtes Bedürfnis der Ehefrau, so komme es nicht darauf an, ob sie oder ihr Ehemann dieses Bedürfnis in Höhe der jeweiligen Klageforderung bereits befriedigt haben... Damit entfalle die Notwendigkeit, mit anfechtbaren Konstruktionen Vermögensminderungen des Ehemannes als Schaden der Ehefrau zu behandeln. Auf diesem Wege lasse sich ein Schadensersatzanspruch vor allem auch in denjenigen Fällen zwanglos begründen, in denen es die wirtschaftlichen Verhältnisse den Ehegatten

---

[20] *Eißer*, JZ 1963, 220 f. (221).
[21] *Bydlinski*, Probleme der Schadensverursachung..., S. 52, Fußn. 119.
[22] Diss. *Weychardt*, 1965, S. 121.
[23] Diss. *R. Mann*, 1965, Seite 75 f.
[24] *Werner Wussow*, NJW 1970, 1393 ff., 1393.
[25] BGH VersR 1968, 194 = LM Nr. 58 zu § 1542 RVO, Urt. v. 19. 12. 1967.
[26] *Jayme* S. 78, Fußn. 109.
[27] *Wilts*, VersR 1963, 305 ff.; *Wilts*, NJW 1963, 2156 ff..
[28] *Eißer* Jz 1963, 220 f. (221).
[29] *Wilts*, NJW 1963, 2156 ff., 2157 1. Sp. a. A.
[30] *Wilts*, VersR 1963, 305 ff., 305.

unmöglich machen, für den Schädiger bei der Bezahlung von Hilfskräften in Vorlage zu treten[31]. Dies gelte auch, wenn der Schädiger nur aus Gefährdung hafte[32]. Im Anschluß an Wilts begründet R. Mann den Anspruch der verletzten Ehefrau ebenfalls über den Mehrbedarfsanspruch i. S. des § 843 Abs. 1 BGB.

Die Ausführungen von Wilts sind von *Mertens* 1967 weiterentwickelt worden. In seiner umfassenden Habilitationsschrift „Der Begriff des Vermögensschadens im Bürgerlichen Recht" behandelt er unter dem Gesichtspunkt des Bedarfsschadens u. a. den Fall, daß die Arbeitskraft einer Ehefrau geschmälert ist und darum Aufwendungen für eine Hausgehilfin entstehen[33]. Er verselbständigt diesen Bedarfsschaden als — so Mertens — dritte Kategorie des Vermögensschadens. Unter dem Begriff „Bedarfsschaden" versteht er die Belastung des Vermögens mit einer Verbindlichkeit, der kein äquivalenter Gegenwert gegenübersteht, oder mit einem tatsächlichen Aufwandszwang (Bedarf)[34].

Demgegenüber hält *Kilian*[35] „den Umweg über Bedürfnismehrung" für weder überzeugend noch nötig.

2. Gegen die Rechtsprechung des Bundesgerichtshofs zum Schadensersatz wegen Behinderung der verletzten Ehefrau in der Haushaltsführung, namentlich gegen ihre Rechtfertigung mit dem *„normativen Schadensbegriff"*[36], haben sich namentlich Esser, Hagen, Fenn und Rother kritisch ausgesprochen:

Esser[37] hält daran fest, daß der Schadensbegriff ein faktischer und seine Durchdringung nur von einem „natürlichen Schadensverständnis" (Mertens) her möglich sei. Zur normativen Schadensauffassung bemerkt Esser, damit würden aus dem Blickwinkel der Vorteilsausgleichung und über die Frage, wer für den Schaden letztlich verantwortlich sei, Wertungen in den Schadensbegriff hineingetragen, die diesem durchaus fremd seien.

Hagen[38] wendet sich ebenfalls gegen den normativen Schadensbegriff, weil er kaum mehr als eine Leerformel sei[39], weil er als solcher keine Aussagekraft besitze und erst ad hoc durch rechtliche Wertungen mit Inhalt erfüllt werden müsse[40]. Hagen tritt sodann mit einem anderen eigenständigen Lösungsvorschlag hervor und meint, dieselben Ergebnisse (wie die des Großen Zivilsenats) ließen sich auf dem Boden anerkannter Auslegungsmethoden begründen, wenn man sich entschließe, den durch ein Rechtsverhältnis ver-

---

[31] *Wilts*, VersR 1963, 306.
[32] *Wilts*, VersR S. 307 a. E.
[33] *Mertens* S. 163 Fußn. 71.
[34] *Mertens* S. 162.
[35] *Kilian* AcP 169 (1969) S. 443 ff., 456/457. An anderer Stelle (S. 454) führt Kilian aus, in BGHZ 38, 55 habe der VI. Senat die unentgeltliche Haushaltstätigkeit unzutreffend als „Schaden konkreter Natur" gewertet.
[36] BGH GSZ NJW 1968, 1823 f. (Beschl. v. 9. 7. 1968).
[37] *Esser*, Schuldrecht, Bd. 1, 4. Aufl. 1970, S. 270.
[38] *Hagen*, Fort- oder Fehlentwicklung des Schadensbegriffs? = Rezension JuS 1969, 61 ff.
[39] Habilitation Hagen, 1970, S. 196.
[40] *Hagen* JuS 1969, 61 ff. (u. Habilitation S. 193 ff.).

gegenständlichten Nutzungswert der Arbeitskraft schadensrechtlich als Vermögensgut anzuerkennen... Bei dieser Lösung behalte das Schadensrecht klarere dogmatische Konturen.

Auch *Fenn*[41] mißbilligt die Rechtsprechung des Großen Zivilsenats, der mit seinem Hinweis auf den „normativen Schadensbegriff" und durch die Parallelen zum „Schadensersatzanspruch des verletzten Arbeitnehmers oder Gesellschafters trotz Lohnfortzahlung" nicht zur Aufhellung beigetragen habe. Im übrigen nimmt Fenn auf die Ausführungen Hagens Bezug.

Schließlich meint *Rother*[42] (unter Berufung auf *Hattenhauer*[43]), der normative Schadensbegriff beruhe letztlich auf dem unerlaubten Schluß vom Sollen zum Sein, wonach dann, wenn der Geschädigte nach Meinung des Gerichts etwas vom Schädiger erhalten „solle", bei ihm auch „ein Schaden vorhanden sein müsse".

3. Der Überblick über die Literatur zum Schadensersatzanspruch bei Verletzung einer nichtberufstätigen Ehefrau wäre unvollständig, wenn er drei sehr charakteristische Lösungsversuche aus der Zeit unmittelbar vor der Entscheidung BGHZ 38, 55 ff. v. 25. 9. 1962 außer acht lassen würde:

a) Gustav *Boehmer*[44] hat sich in einem Aufsatz vom Jahre 1960 mit großem Nachdruck dafür ausgesprochen, daß derjenige Ehegatte zur Geltendmachung des Gesamtschadens berechtigt sein müsse, in dessen Person sich der schädigende Tatbestand verwirklicht.

Boehmer lehnt die Anwendung des § 845 BGB und somit einen Schadensersatzanspruch des Ehemannes ab[45]. Der in erster Linie durch Beeinträchtigung der Familienunterhaltsmittel Geschädigte sei die verletzte Ehegatte selbst... Nur diese Lösung werde der aus dem Gleichberechtigungsgesetz folgenden Erkenntnis gerecht, daß der eheliche Haushalt und das gemeinsame eheliche Erwerbsgeschäft Sitz und Quelle des gemeinsamen Familienunterhalts sei. Daher sei derjenige Ehegatte zur Geltendmachung allen der ehelichen Lebenshaltung zugefügten Schadens legitimiert, in dessen Person sich die für diesen Schaden kausale Verletzung vollzogen habe. Diese Lösung allein entspreche dem richtig verstandenen Wesen der Ehe...

b) *Eißer*[46] meint, wenn die verletzte Ehefrau aus ihren Mitteln den Aufwand für Beschaffung einer Ersatzkraft bezahle, so könne sie vom Schädiger Ersatz wegen Vermehrung ihrer Bedürfnisse nach § 843 BGB beanspruchen[47]. Schwieriger sei es, wenn der Ehemann für eine Ersatzkraft sorge: Schadensersatzberechtigt sei nur die verletzte Ehefrau... Allerdings sei richtig, daß der Vermögensschaden wegen Ausfalls oder Schmälerung der Arbeit den Ehemann treffe, der die Hausangestellte als Ersatzkraft bezahle... Damit liege der Fall vor, daß Schadensersatzberechtigung und tatsächlich eingetretener Schaden auseinanderfallen. Als Lösung komme Schadensliquidation im

---

[41] Habilitation *Fenn* 1970, S. 542.
[42] *Rother*, JZ 1971, 659 ff. (660 l. Sp).
[43] *Hattenhauer*, Die Kritik des Zivilurteils, S. 94.
[44] *Boehmer*, FamRZ 1960, 173 ff. (177, 178).
[45] Einzelheiten zu § 845 s. u. 1. Abschnitt B I und II.
[46] *Eißer*, FamRZ 1961, 49 ff., vgl. auch FamRZ 1959, 177 ff. (182).
[47] *Eißer*, FamRZ 1961, 49 ff. (50).

Drittinteresse[48] in Betracht. Es habe eine Schadensverlagerung von der in ihrer Arbeitskraft verletzten Ehefrau auf den Ehemann stattgefunden, der den Schaden deswegen erlitten habe, weil er die Aushilfskraft eingestellt habe und habe bezahlen müssen.

Auch wenn der Ehemann für eine Aushilfskraft nichts aufzuwenden habe, sondern selbst in verstärktem Umfang Hausarbeit an Stelle seiner Frau leiste oder seine Kinder dafür heranziehe, ändere sich an der geschilderten Rechtslage nichts: Die verletzte Ehefrau könne nach § 843 BGB Ersatz verlangen[49].

c) Schließlich hat *Klingsporn*[50] zu der Vielzahl der Lösungsversuche eine weitere beachtenswerte Begründung beigetragen: Er verweist auf § 843 Abs. 4 BGB, der auf der Erwägung beruhe, daß es unbillig wäre, dem näher am Schaden stehenden Schädiger die Leistung des Unterhaltspflichtigen zugute kommen zu lassen. Entsprechendes müsse gelten, wenn die Aufhebung oder Minderung der Erwerbsfähigkeit des Verletzten ... dazu führe, daß einem Dritten, dem der Verletzte bisher unterhaltspflichtig war, das Recht auf Unterhalt entzogen wird. Der Wegfall einer dem Verletzten obliegenden Unterhaltspflicht ... dürfe den Schädiger ebensowenig entlasten wie nach § 843 Abs. 4 das Bestehen eines Unterhaltsanspruchs des Verletzten gegen einen Dritten[51]. Es dürfe dem Schädiger nicht gestattet sein sich darauf zu berufen, daß der verletzte Ehegatte infolge Aufhebung oder Minderung seiner Erwerbsfähigkeit nicht oder nicht mehr im bisherigen Umfang verpflichtet sei, durch seine Mitarbeit zum Unterhalt der Familie beizutragen. Der Schädiger sei vielmehr dem verletzten Ehegatten ... zum Ersatz des gesamten Schadens verpflichtet, den dieser sowie die Personen, denen er unterhaltspflichtig ist ..., durch die Schmälerung ihres Unterhalts erleiden[52].

III. Würdigung der zur Begründung des Schadensersatzanspruchs der verletzten Ehefrau in Rechtsprechung und Lehre vertretenen Auffassungen

Die Auswertung der Literatur hat gezeigt, daß es große Schwierigkeiten bereitet, den Schadensersatzanspruch der verletzten Ehefrau wegen Beeinträchtigung in ihrer Haushaltstätigkeit zu begründen. Zahlreiche und sehr unterschiedliche Begründungen sind veröffentlicht worden. Nachdem auch der Beschluß des Großen Zivilsenats (gestützt auf den „normativen Schadensbegriff") nicht unwidersprochen geblieben ist, soll untersucht werden, mit welcher dieser Begründungen der *eigene* Scha-

---

[48] *Eißer*, S. 51 a. A.
[49] *Eißer* S. 52.
[50] *Klingsporn*, FamRZ 1961, S. 54 ff.
[51] *Klingsporn* S. 57.
[52] *Klingsporn* S. 57 a. E.
Gegen Klingsporn: *Figert* MDR 1962, 621 ff. (622), *Wilts* NJW 1963, 2156 ff. (2157 aA) und *Mann* S. 72/73. Die Kritiker führen nahezu übereinstimmend aus, § 843 Abs. 4 BGB sei nicht geeignet, einen Schaden zu begründen.
Zur Schadensentstehung und Vorteilsausgleichung s. u. 1. Abschnitt A III 3 c, cc.

denersersatzanspruch der verletzten Ehefrau auf Ersatz des *ganzen,* durch die Verminderung ihrer häuslichen Arbeitsleistung entstehenden Schadens dogmatisch befriedigend zu erklären ist.

Folgende Fragen sollen erörtert werden — sie bestimmen zugleich den Weg und die Reihenfolge dieser Untersuchung:

1. Ist bereits die Beeinträchtigung der Arbeitsfähigkeit der verletzten Ehefrau, die vorübergehend oder dauernd in der Haushaltsführung behindert ist, ein Vermögensschaden?
2. Ist schon die Notwendigkeit der Einstellung einer Haushaltshilfe ein Schaden (i. S. von § 843 Abs. 1 BGB bzw. i. S. eines „Bedarfsschadens")?
3. Was leistet der normative Schadensbegriff? Welchen Inhalt gibt die Rechtsprechung dem normativen Schadensbegriff? Vermag er einen *eigenen* Anspruch der verletzten Ehefrau, die wegen ihrer Verletzung den Haushalt nicht versorgen kann, auf Ersatz des *gesamten* Schadens zu begründen,
    a) wenn eine Ersatzkraft eingestellt und von der Ehefrau aus eigenen Mitteln entlohnt wird,
    b) wenn eine Ersatzkraft eingestellt und vom Ehemann der Verletzten bezahlt wird,
    c) wenn von der Einstellung einer Ersatzkraft abgesehen wird und der Ehemann oder die Kinder für die verletzte Ehefrau „einspringen"?

Dem normativen Schadensbegriff soll besondere Aufmerksamkeit geschenkt werden, zumal sich der Große Zivilsenat in seinem Beschluß[53] vom 9. 7. 1968 auf ihn gestützt hat. Namentlich: Bedurfte es überhaupt des normativen Schadensbegriffs oder hätten die Ergebnisse der Rechtsprechung BGHZ 38, 55 und BGH GSZ 50, 304 dogmatisch befriedigender unter dem Gesichtspunkt der Beeinträchtigung der Arbeitsfähigkeit oder des Bedarfsschadens erzielt werden können?

4. Läßt sich der Schadensersatzanspruch der verletzten Ehefrau wegen Beeinträchtigung in der Haushaltsführung mit dem Institut der Schadensliquidation im Drittinteresse begründen?

Einleitende Bemerkungen zum Schadensbegriff:

Der Schadensbegriff ist gerade in jüngerer Zeit wiederum Gegenstand grundlegender Untersuchungen[54] geworden. Es ist hier freilich nicht der Ort, alle Schadenstheorien in ihren Einzelheiten wiederzugeben. Zum Begriff des Schadens soll hier, wo es um den Schadensersatz bei Verletzung oder Tötung der Ehefrau geht, einleitend lediglich soviel gesagt werden: Das Bürgerliche Gesetzbuch (§ 249 BGB) steht grundsätzlich auf dem Boden der auf Friedrich Mommsen[55] zurückgehenden Differenz-

---

[53] BGHZ 50, 304 ff.

[54] Vgl. u. a. *D. W. Weychardt,* Wandlungen des Schadensbegriffes in der Rechtsprechung, Diss. 1965; *Marschall v. Bieberstein,* Reflexschäden und Reflexrechte, Habil. 1967; *H.J. Mertens,* der Begriff des Vermögensschadens im bürgerlichen Recht, Habil. 1967.

[55] *Friedrich Mommsen,* Zur Lehre von dem Interesse, Beiträge zum Obligationenrecht II, 1855, S. 3.

theorie. Der Schaden ist das Interesse des Verletzten an der Unversehrtheit seines Gesamtvermögens. Er stellt sich dar als die Differenz zwischen der wirklichen Vermögenslage, wie sie sich infolge des schadensstiftenden Ereignisses tatsächlich gestaltete, und der hypothetischen, wie sie ohne das die Ersatzpflicht begründende Ereignis bestehen würde[56].

1. Ist bereits die Beeinträchtigung der Arbeitsfähigkeit der verletzten Ehefrau, die vorübergehend oder dauernd in der Haushaltsführung behindert ist, ein Vermögensschaden?

a) Abstrakte oder konkrete Erwerbsminderung?

Das BGB erstreckt die Verpflichtung zum Schadensersatz wegen einer gegen die Person gerichteten unerlaubten Handlung in § 842 BGB auf „die Nachteile, welche die Handlung für den Erwerb oder das Fortkommen des Verletzten" herbeiführt. In § 843 Abs. 1 BGB bestimmt es, daß dem Verletzten durch Entrichtung einer Geldrente Schadensersatz zu leisten ist, wenn „die Erwerbsfähigkeit des Verletzten" infolge einer Verletzung des Körpers oder der Gesundheit aufgehoben oder gemindert wird.

Die Beeinträchtigung der Erwerbs- oder Arbeitsunfähigkeit als solche wird von der herrschenden Meinung in der Rechtsprechung und im juristischen Schrifttum nicht als Vermögensschaden angesehen. Aufhebung oder Minderung der Erwerbsfähigkeit verpflichten nach bürgerlichem Recht nur dann zum Schadensersatz, soweit *tatsächlich* Schaden entstanden ist. Im Einzelfall muß daher geprüft werden, wieweit der Verletzte von seiner Erwerbsfähigkeit (ohne die Verletzung) Gebrauch gemacht hätte und infolge der Verletzung einen Einnahmeausfall erleidet. Der Rentenbetrag ist also (anders als im Sozialversicherungsrecht) nicht abstrakt, sondern konkret nach der tatsächlichen Erwerbsminderung zu ermitteln[57].

b) Die Beeinträchtigung des „Nutzungswerts der Arbeitskraft" als Vermögensschaden (Hagen)?

Gegen die zitierte herrschende Meinung haben sich in der Literatur[58] vor allem Bydlinski und Hagen ausgesprochen. Ihre Ausführungen schei-

---

[56] Vgl. u. a. *Larenz*, Schuldrecht Allg. Teil, § 29 I a S. 338.
[57] *Palandt-Thomas*, 33. Aufl., § 843 Anm. 2, mwN; vgl. bes. BGHZ 7, 30 ff. (48), Urt. v. 19. 6. 1952.
[58] *Bydlinski*, Probleme der Schadensverursachung..., S. 50—54 (51); *Hagen* JuS 1969, 61 ff. (66 ff.) und Habilitation „Die Drittschadensliquidation..." S. 193—196; *Stöcker* RdA 1966, 121 ff. (bes. S. 122—124); ohne nähere Begründung haben sich angeschlossen: *Jayme* S. 79 Fußn. 111, *Fenn* S. 542 a. A.

nen durch die Rechtsprechung des Bundesarbeitsgerichts[59] neuerdings bestätigt zu werden:

aa) Die Rechtsansicht Hagens

Hagen[60] geht davon aus, daß die Arbeitskraft im allgemeinen das hauptsächliche wirtschaftliche Potential des einzelnen sei: Nach dem Kriterium des wirtschaftlich Wertvollen bestehe kein wesentlicher Unterschied darin, ob die Arbeitskraft eines Menschen oder einer Sache genutzt werde. Beide Nutzungswerte seien weitgehend austauschbar und im allgemeinen nur gegen Geld zu erlangen. Bedenken, ob die Arbeitskraft zum gegenständlichen Potential gehöre oder ob sie nicht etwa als Eigenschaft der Person von dieser völlig unlösbar und deshalb ausschließlich dem personalen Bereich zuzuordnen sei, sind nach Ansicht Hagens überwindbar: Denn nicht die Arbeitskraft selbst sei als Vermögensgut anzusehen, sondern der „*Nutzungswert der Arbeitskraft*", soweit er durch ein Rechtsverhältnis aktiviert und vergegenständlicht worden ist[61]. Die Beeinträchtigung dieses Vermögensguts sei ein Vermögensschaden. Daher sei der Rückgriff der neueren Rechtsprechung auf einen normativen Schadensbegriff entbehrlich[62].

Diese Gedankengänge sind m. E. durchaus nicht neu und entspringen einem rein wirtschaftlichen Denken: Die Arbeitskraft der Ehefrau wird „abstrakt kommerzialisiert"[63]. Hagen hat sich darauf berufen[64], daß schon das Reichsgericht vereinzelt in sehr frühen Entscheidungen „in der Verringerung der Erwerbsfähigkeit als solcher" einen Vermögensschaden der verletzten Ehefrau gesehen habe. Es trifft jedoch nicht zu, wenn Hagen behauptet[65], „die bisher wohl deutlichste Anerkennung der Einsatzfähigkeit als Vermögenswert" finde sich in dem Urteil BGHZ 38, 55: Dort heißt es zwar mißverständlich im Zusammenhang mit der Auslegung des § 842 BGB, diese Vorschrift sei „auf alle wirtschaftlichen Beeinträchtigungen anwendbar, die der Mangel der vollen Einsatzfähigkeit mit sich bringt"[66]. An anderer Stelle aber formuliert der BGH in

---

[59] BAG BB 1970, 1050 f., Urt. v. 24. 4. 1970.
[60] *Hagen* „Die Drittschadensliquidation...", bes. S. 193, 194.
[61] *Hagen,* „Die Drittschadensliquidation..." S. 195 und JuS 1969, 61 ff. (68 l. Sp.); vgl. auch *Stöcker* RdA 1966, 121 ff. (124 l. Sp.).
[62] *Hagen,* „Die Drittschadensliquidation..." S. 196; ebenso *Jayme* S. 79 Fußn. 111 — bedauerlicherweise werden die Ausführungen Hagens von Jayme ungenau wiedergegeben; Hagen will nicht „die Arbeitskraft als Vermögensgut anerkennen", sondern ihren „durch ein Rechtsverhältnis vergegenständlichten Nutzungswert" (!), vgl. Hagen JuS 1969, 61 ff. (69 r. Sp.).
[63] Eine Formulierung von *Berg,* JABl. 1970, ZR S. 39 ff. (39 a. E.).
[64] *Hagen* JuS 1969, 61 ff. (66/67) mwN.
[65] *Hagen* JuS 1969, 61 ff. (67 l. Sp.).
[66] BGHZ 38, 55 ff. (59), Urt. v. 25. 9. 1962.

derselben Entscheidung deutlicher: (Wenn die verletzte Ehefrau gehindert sei, ihre Arbeitskraft zu verwerten, so stelle ihr Schadensersatzbegehren) nicht etwa das Verlangen nach Ausgleich einer „abstrakten, ohne Bezug auf eine wirklich ausgeübte Tätigkeit bestehende Minderung der Arbeitskraft dar, wie er freilich nach bürgerlichem Recht nicht gewährt werden könnte"[67]. Im folgenden spricht der BGH von den Besonderheiten, die ihre „tatsächliche Arbeitsleistung" aufweise.

bb) Die Rechtsprechung des Bundesarbeitsgerichts

Inzwischen hat sich jedoch das Bundesarbeitsgericht die Auffassung zu eigen gemacht, daß die Nutzung der Arbeitskraft als Vermögenswert und ihr Entzug als Schaden anzusehen sei. Eine ähnliche Entscheidung hatte schon zuvor das Landesarbeitsgericht Frankfurt a. M. gefällt. Alle Fälle befassen sich mit Folgen des Vertragsbruchs:

In der Entscheidung[68] des *Bundesarbeitsgerichts vom 24. 4. 1970* hatte eine Arbeitgeberin ihrem Filialleiter in Hamburg wegen vertragswidrigen Verhaltens fristlos gekündigt. Bis zur Neubesetzung der Filialleiterstelle hatte die Arbeitgeberin leitende Angestellte in die verwaiste Filiale nach Hamburg entsenden müssen. Das BAG entschied, der durch die vorzeitige Auflösung des Arbeitsverhältnisses entstandene Schaden bestehe nicht nur in Unkosten wie Fahrtkosten und Spesen, sondern auch darin, daß die Arbeitgeberin „die Arbeitskraft ihrer nach Hamburg gereisten Angestellten nicht in der Weise nutzen" konnte, wie sie es ohne diese Reisen hätte tun können. Das sei ein materieller Schaden. Man müsse davon ausgehen, daß ein Unternehmer die Arbeitskraft seiner Angestellten unmittelbar oder mittelbar gewinnbringend nutze; sie habe deshalb für ihn Vermögenswert. Das BAG hat dann auf die Rechtsprechung des BGH zum normativen Schadensbegriff verwiesen und ausgeführt, die Arbeitgeberin sei geschädigt einerlei, ob die Arbeit der nach Hamburg entsandten Angestellten von anderen übernommen, ob sie von den Angestellten selbst später nachgeholt worden oder ob sie liegengeblieben sei. Der Wert der Arbeitskraft liege in dem entsprechenden anteiligen Gehalt.

Auch im Falle des *Landesarbeitsgerichts Frankfurt a. M.*[69] hatte ein Arbeitgeber (Arzt) einen vertragsbrüchigen Arbeitnehmer (eine Arzthelferin) fristlos entlassen. Das LAG meinte, es seien die Rechtsgrundsätze des BGH entsprechend anzuwenden, wonach bei einem Verkehrsunfall für den vorübergehenden Verlust der Gebrauchsfähigkeit eines

---
[67] BGH S. 58/59.
[68] BAG BB 1970, 1050 f., Urt. v. 24. 4. 1970.
[69] LAG Frankfurt a. M. BB 1967, 162, Urt. v. 5. 7. 1966 (rechtskräftig); mit ablehnender Anmerkung *Trinkner* BB 1967, 162/163.

Kraftfahrzeugs grundsätzlich auch dann eine Entschädigung zu leisten sei, wenn sich der Geschädigte einen Ersatzwagen nicht beschafft hatte[70]. Dies bedeute, daß ein Arbeitgeber, dem die Arbeitskraft eines Arbeitnehmers unberechtigterweise entzogen werde, den daraus entstehenden Schaden auch dann ersetzt verlangen könne, wenn er keine Ersatzkraft eingestellt hatte.

Kurze Zeit nach dieser Entscheidung des LAG Frankfurt hatte das *Bundesarbeitsgericht*[71] am *24. 8. 1967* einen anderen Fall zu entscheiden, in dem ebenfalls eine Arzthelferin ohne wichtigen Grund fristlos gekündigt hatte und ihr Ausfall von ihrem Arbeitgeber, einem Facharzt, durch vermehrten Arbeitseinsatz wettgemacht werden mußte. In der Begründung dieses Urteils heißt es zwar zunächst, ... der zusätzliche Aufwand eigener Arbeitskraft als solcher sei noch kein Vermögenswert, wenn ... durch die zusätzliche Arbeit keine anderweitigen Einnahmen entgehen. (Eine tatsächliche Einkommensminderung war auch nicht eingetreten). Das BAG führt dann aber u. a. aus, es sei in hohem Maße unbillig, wenn sich die beklagte Arzthelferin darauf berufen könne, infolge der besonderen Anstrengungen des Arztes sei die drohende wirtschaftliche Einbuße vermieden bzw. wettgemacht worden ...[72]. Der Eintritt eines Schadens setze nicht wesensnotwendig voraus, daß der Geschädigte bei Betrachtung seiner *gesamten* Vermögenslage ... im Ergebnis schlechter stehen müsse, als er sonst stehen würde[72a].

---

[70] Gegen die entsprechende Heranziehung der Rechtsprechung zum Ersatz von Mietwagenkosten ohne Anmietung eines Wagens auf den Ausfall vertraglich geschuldeter Arbeitsleistungen hat sich BAG NJW 1968, 221 (222) ausgesprochen. Auch BGH NJW 1970, 1411 ff. (1412) trägt Bedenken, den Gebrauchswert eines Kraftwagens und den Gebrauchswert der Arbeitskraft gleichzustellen.

A. A. *Werner Wussow* (Die Rechtslage sei „ähnlich") und *Berg*: Wenn der Nutzungswert einer Sache (Kfz) heute abstrakt berechnet werde, so müsse dies „erst recht" vom Nutzungswert der Arbeitskraft eines Menschen gelten. (?) s. *Werner Wussow* NJW 1970, 1393 ff. (1394 l. Sp. a. A.) und *Berg* JABl. 1970, ZR S. 39 ff. (40 a. A.).

[71] BAG NJW 1968, 221 ff. = AP Nr. 7 zu § 249 BGB, ablehnend *Stoll* JuS 1968, 504 ff. (511 r. Sp. a. E.), kritisch auch *Larenz*, Anmerkung AP 7⁴ ff. zu § 249 BGB: Larenz hält die vom BAG angewandte Methode der Schadensberechnung für widersprüchlich. Das Gericht hätte seiner Meinung nach fragen müssen, um wieviel das Einkommen des Facharztes in der fraglichen Zeit zurückgegangen wäre, wenn er die zusätzliche Tätigkeit unterlassen und seine Praxis dementsprechend eingeschränkt hätte (AP Bl. 5 R).

[72] Vgl. dazu die Entscheidung des Reichsgerichts in der Zeitschrift für Bergrecht Bd. 56 (1915) S. 274 zu § 148 Allgemeines Berggesetz: „Mit dem Versiegen der Quelle war das Grundstück für jeden Besitzer um den Betrag der Aufwendungen entwertet, die zum Zwecke anderen Wassers gemacht werden mußten, und auch insoweit lag daher ein Grundstücksschaden vor. Daß der Kläger sich das nötige Ersatzwasser teilweise mittels eigener Arbeitskraft geholt hat, kommt für die Ersatzpflicht der Beklagten nicht in Betracht."

[72a] BAG S. 222 r. Sp. Mitte.

A. Schadensersatzansprüche der Ehefrau

c) *Das Urteil des Bundesgerichtshofs vom 5. 5. 1970*

Die beispielhaft wiedergegebene arbeitsgerichtliche Rechtsprechung macht deutlich, daß die Auffassung von Hagen darin weitgehend ihre Bestätigung gefunden hat. Diese Auffassung steht indessen in einem auffallenden Widerspruch zur Rechtsprechung des *Bundesgerichtshofs*, auf dessen *Urteil*[73] vom 5. 5. 1970 m. E. mit besonderem Nachdruck hinzuweisen ist:

Der Kläger, ein Unternehmer, hatte einen Unfall erlitten und machte Verdienstausfall geltend, obwohl Umsatz und Gewinn seines Unternehmens seit dem Unfall etwa gleichgeblieben waren. Er sah seinen Erwerbsschaden darin, daß er Umsatz und Gewinn nicht mehr habe steigern können und berechnete den Schaden nach dem Gehalt, das er hätte ausgeben müssen, wenn er einen Diplom-Chemiker gleichsam als Ersatz für die Beeinträchtigung seiner Arbeitskraft eingestellt hätte. Die Klage hatte keinen Erfolg. Der BGH begründete zunächst, daß sich der Kläger nicht auf die Lehre vom normativen Schaden stützen könne. Danach führt er aus[74], es sei daran festzuhalten, daß der Verlust der abstrakten Fähigkeit zum Erwerb dem Verletzten nicht schon einen Anspruch auf Rente gem. § 842, 843 BGB bzw. § 11 StVG gewähre. Der VI. Zivilsenat unternimmt es, den Großen Zivilsenat zu interpretieren, um nicht zu sagen: zu korrigieren. In dem Beschluß des GSZ vom 9. 7. 1968 hatte die mißglückte Formulierung[75] Eingang gefunden, das frühere Urteil BGH 38, 55 habe einen Schaden (der verletzten Ehefrau) „bereits im Wegfall der Arbeitskraft selbst gesehen". Der BGH stellt jetzt klärend fest[76], daß dieses Urteil sehr wohl auf die „tatsächliche Arbeitsleistung" (der verletzten Ehefrau) abgestellt und nicht etwa den Ausgleich einer abstrakten (ohne Bezug auf eine wirklich ausgeübte Tätigkeit bestehende) Minderung der Erwerbsfähigkeit gewährt habe. Die Entscheidung hebt dann deutlich hervor, es entstehe dem in seiner Arbeitsfähigkeit Geschädigten ein Vermögensschaden erst dann, wenn sich der Ausfall oder die Beeinträchtigung der Erwerbsfähigkeit konkret und sichtbar ausgewirkt habe... Die Beweiserleichterungen des § 252 BGB und des § 287 ZPO[77] änderten nichts daran, daß eine völlig abstrakte Berechnung des Erwerbsschadens, nämlich ohne jede Berücksichtigung der

---
[73] BGHZ 54, 45 ff. (VI. ZR 212/68).
[74] BGHZ 54, 45 ff. (52).
[75] BGH GSZ 50, 304 ff. (305 Mitte).
[76] BGHZ 54, 45 ff. (51).
[77] Zu den Vorschriften § 252 BGB und § 287 ZPO sowie zu der Frage, nach welcher Methode sich beurteilen läßt, ob die erforderliche Wahrscheinlichkeit für den Gewinnentgang oder den sonstigen Schaden besteht, vgl. *Weitnauer*, AP Nr. 1⁴ zu § 252 BGB (= Anm. zum Urteil des BAG v. 14. 9. 1967 — 5 AZR 101/66) m. w. N. Vgl. auch BGH 29, 393 ff. (399), wonach § 252 Satz 2 BGB nur eine weitere Ausgestaltung des § 287 ZPO sei.

tatsächlichen Entwicklung des Unternehmens... nicht zulässig sei. Erläuternd fügt der BGH hinzu[78], es gehe nicht um die Frage, ob die Kosten für eine Ersatzkraft „Anhaltspunkt" für die schätzungsweise Bewertung ausgefallener Arbeitskraft sein können. In dem zu entscheidenden Falle geht es vielmehr um die vorgeordnete Frage, ob das Bestehen eines Schadens „überhaupt — nicht nur der Höhe nach —" durch bloße Bezugnahme auf das Gehalt einer Ersatzkraft dargetan werden könne. Das verneint der Senat[79].

d) Versuch einer eigenen kritischen Würdigung

aa) Ein Vergleich der Rechtsprechung des BAG einerseits und des BGH andererseits läßt m. E. prinzipielle Unterschiede bei der Ermittlung des Schadens zutage treten[80]:

Während das BAG bereits in der *Beeinträchtigung der genutzten Arbeitskraft* den zu ersetzenden Schaden erblickt und von den *Auswirkungen auf die Vermögenslage insgesamt* absieht[81], hat der BGH in der vorstehenden Entscheidung vom 5. 5. 1970 gerade den gegenteiligen Standpunkt vertreten, indem er ohne derartige konkrete und sichtbare Auswirkungen (sei es als Verlust bisheriger Einnahmen, sei es als entgangener Gewinn) einen zu ersetzenden Vermögensschaden verneint hat. Es liegt auf der Hand, daß die Frage, welche dieser Auffassungen die zutreffende ist, auch für unsere Ausgangsfrage eine bestimmende Rolle spielt, worin der Schaden einer Ehefrau besteht, die durch eine unerlaubte Handlung verletzt und an der Führung des Haushalts vorübergehend oder auf Dauer verhindert ist. Vom Standpunkt des BAG würde mit der Beeinträchtigung ihrer Arbeitskraft der Schaden gegeben sein, so daß im übrigen belanglos wäre, ob ihr Arbeitsausfall durch Mehrleistungen der übrigen Familienmitglieder intern aufgefangen worden oder eine Aushilfskraft eingestellt worden ist, ob die Aushilfe zum Zwecke der Pflege für die Ehefrau oder zum Zwecke der Haushaltsführung für alle Familienmitglieder eingestellt worden ist und ob die Kosten der Aushilfskraft vom Ehemann oder von der Ehefrau selbst bestritten worden sind; ein normativer Schadensbegriff brauchte nicht bemüht zu werden. Vom Standpunkt des BGH hingegen sind zusätzliche Überlegungen erforderlich, damit schadenskompensierende Leistungen Dritter außer Ansatz bleiben und eine Vermögenseinbuße der verletzten Ehefrau bejaht werden kann.

---

[78] BGHZ 54, 45 ff. (54).
[79] BGHZ 54, 45 ff. (54), Urt. v. 5. 5. 1970, und BGH VersR 1970, 41, Urt. v. 21. 10. 1969.
[80] Die Entscheidungen des BAG BB 1970, 1050 f. und BGHZ 54, 45 ff. differieren auch, was das Verständnis des normativen Schadensbegriffs anbelangt.
[81] BAG NJW 1968, 221 ff. (222 r. Sp. Mitte).

bb) Entgegen der Auffassung Hagens und der Rechtsprechung des BAG wird man die Frage, ob bereits die Beeinträchtigung des Nutzungswertes der Arbeitskraft einen Vermögensschaden darstellt, nach geltendem Recht *verneinen* müssen. Bei Abwägung des Für und Wider ist jener Rechtsauffassung ein berechtigter Kern allerdings nicht abzusprechen:

Zu ihren Gunsten scheinen vor allem *praktische* Gesichtspunkte zu sprechen: Häufig ist der Verletzte nicht in der Lage, überhaupt — geschweige denn sofort — eine gleichwertige qualifizierte Ersatzkraft auf dem Arbeitsmarkt zu gewinnen. Der Wert der genutzten Arbeitskraft wäre in jedem Falle der zu ersetzende Mindestschaden. Der Verletzte wäre ferner der Schwierigkeiten enthoben, im einzelnen dartun zu müssen, inwieweit ihm insgesamt tatsächlich ein Schaden entstanden sei. Es mag Fälle geben, in denen der Nachweis des tatsächlichen Schadens mit so vielen Unsicherheitsfaktoren belastet ist, daß dem Verletzten ein erhebliches Prozeßkostenrisiko auferlegt wird. Es ist auch denkbar, daß die Ermittlung des tatsächlichen Schadens, an dem sich trotz § 287 ZPO unter den Parteien sehr viel Streit entzünden kann, für die lange Dauer vieler Haftpflichtprozesse mit verantwortlich ist. Möglicherweise könnte eine außergerichtliche Schadensregulierung öfter gelingen, wenn man sich „an Durchschnittswerten orientieren"[82] könnte.

Andererseits gibt es aber doch eine ansehnliche Anzahl von Fällen, in denen sich die Methode, den Wert der genutzten Arbeitskraft als solchen zu ersetzen, keineswegs als praktikabler erweisen würde: Nach welchen Kriterien ist die Arbeitskraft zu bemessen? Wie ist etwa die Arbeitskraft eines Geschäftsinhabers oder einer Geschäftsinhaberin zu bemessen? Hat man sich am Gehalt eines kaufmännischen Angestellten, eines kaufmännischen Direktors zu orientieren? Die Bemessung der Arbeitskraft würde etwa bei Selbständigen kaum praktikabler sein als der herkömmliche Nachweis des tatsächlichen Schadens.

In nicht geringe Schwierigkeiten geraten die Vertreter der Lehre, die den zu ersetzenden Schaden bereits in der Beeinträchtigung der genutzten Arbeitskraft sehen, auch bei der Frage, ob ihre Methode dazu zwinge, die einmal festgesetzte Rente ohne Rücksicht auf spätere Ereignisse unter allen Umständen fortzuzahlen. Bydlinski verneint die Frage, weil der Wert der Erwerbsfähigkeit durch Rentenbeträge ausgedrückt werde, die nur „auf bestimmte Zeitabschnitte" oder „Zeiteinheiten"[83] bezogen seien. Mit dem geltenden *Verfahrensrecht* ist diese Begründung schwerlich vereinbar, denn nach § 323 ZPO ist es Sache des Verurteilten, bei wesentlicher Veränderung der Verhältnisse Abänderungsklage zu erheben.

---
[82] *Bydlinski* S. 52.
[83] *Bydlinski* S. 53/54.

Darüber hinaus bestehen grundsätzliche Bedenken, die genutzte Arbeitskraft als Vermögensgut und ihre Beeinträchtigung als Vermögensschaden anzuerkennen: Ist die Arbeitskraft denn überhaupt ein Vermögensrecht oder ist sie lediglich als ein reines Personenrecht aufzufassen? Könnte sie etwa als „sonstiges Recht" i. S. v. § 823 Abs. 1 BGB angesehen werden, was vom RG[84] verneint worden ist? Ließe sich der Schutz der Arbeitskraft mit Hilfe des allgemeinen Persönlichkeitsrechts verwirklichen? Alle Fragen resultieren aus dem stark *personenrechtlichen* Einschlag des „Potentials Arbeitskraft".

Die Frage ist, ob dieser personenrechtliche Einschlag der Arbeitskraft überwunden werden kann und diese als Vermögensgut zu betrachten ist, sobald über sie verfügt ist, sobald sie einem anderen zur Nutzung zur Verfügung gestellt ist. Wenn auch Hagen[85] und das BAG[86] nicht von der Arbeitskraft, sondern von der Zauberformel der „genutzten" Arbeitskraft ausgehen, so bleibt doch fraglich, ob damit in allen Fällen eine Lösung[87] gefunden ist.

Gegen die Rechtsauffassung Hagens und des BAG spricht vor allem, daß sie mit dem BGB nicht in Einklang zu bringen ist. Es gilt zu erkennen, daß diese Auffassung zwangsläufig zu einer *objektiven* Schadensberechnung führt, wie sie von Bydlinski[88] in Anlehnung an das österreichische Recht im Falle der verletzten Ehefrau befürwortet wird. Nicht anders ist auch das oben zitierte Urteil des BAG[89] v. 24. 8. 1967 zu interpretieren, wonach der Eintritt eines Schadens nicht wesensnotwendig voraussetze, daß der Geschädigte bei Betrachtung seiner ge-

---

[84] Vgl. RG 64, 155 ff. (156/157) Urt. v. 4. 10. 1906; 58, 24 ff. (29) Urt. v. 27. 2. 1904.

[85] *Hagen* JuS 1969, 61 ff. (68 l. Sp.) und „Die Drittschadensliquidation..." S. 195.

[86] BAG BB 1970, 1050 f., Urt. v. 24. 4. 1970.

[87] Erleidet derjenige etwa keinen Schaden, der seine Arbeitskraft (zum Zeitpunkt der Verletzung) nicht genutzt hatte? Etwa ein Handwerker, der im Augenblick eine einjährige Tageschule besucht, um die Meisterprüfung abzulegen? Oder welche Nutzung der Arbeitskraft wäre im Falle des BAG der Arbeitgeberin entgangen, wenn dem vertragsbrüchigen Filialleiter wenige Tage vor dem allgemeinen Betriebsurlaub fristlos gekündigt worden wäre? Wie steht es, wenn die verletzte Ehefrau ein Kleinkind zu betreuen hat und erst nach einigen Jahren eine Arbeitstätigkeit aufzunehmen oder wiederaufzunehmen beabsichtigt? Eine Betrachtungsweise, die — wie *Hagen* — die Beeinträchtigung des Nutzungswerts der Arbeitskraft („soweit er durch ein Rechtsverhältnis aktiviert und vergegenständlicht worden ist") ohne Einschränkungen als Vermögensschaden bewertet, erscheint als zu starr, zu objektiv und zu wenig individuell ausgeformt. Ich halte es — um eine Parallele zu ziehen — für bezeichnend, daß auch die Rechtsprechung zum Ersatz fiktiver Mietwagenkosten bei unfallbeschädigten Kraftfahrzeugen um einen subjektiven bzw. individuellen Einschlag (Nutzungswille und Nutzungsmöglichkeit) nicht herumkommt.

[88] *Bydlinski* S. 51.

[89] BAG NJW 1968, 221 ff. (222 r. Sp. Mitte).

samten Vermögenslage... schlechter stehen müsse. Hier wird auf die *Gesamtvermögenslage* nicht mehr abgestellt, ein Ergebnis, das sich vom Standpunkt der Differenztheorie[90] nicht halten läßt.

Auch hat der BGH[91] mit Recht hervorgehoben, daß Arbeitskraft und Erwerbsfähigkeit Eigenschaften der Person sind, die mit den Rechtsgütern der körperlichen Unversehrtheit und der Gesundheit verbunden sind. Nach § 823 BGB löst die Verletzung dieser Rechtsgüter für sich allein noch keine vermögensrechtliche Ersatzpflicht aus. Zu ersetzen ist vielmehr der *„daraus entstehende"* Schaden (§ 823 Abs. 1 BGB).

Daß die Beeinträchtigung der Arbeitskraft und der Erwerbsfähigkeit schon für sich allein zu Schadensersatz verpflichte, läßt sich auch nicht aus *§ 842 BGB* entnehmen. Diese Vorschrift bezweckt, wie ihr Wortlaut erkennen läßt, die Schadensersatzpflicht aus § 249 BGB auf die Nachteile für den Erwerb und das Fortkommen zu erstrecken[92]. In jüngeren Entscheidungen[93] findet sich stereotyp die Formel, § 842 „stelle nur klar", daß auch Nachteile für Erwerb oder Fortkommen als Vermögensschaden zu ersetzen sind. Wenn Wussow[94] darauf hinweist, daß sich die gleichen Ansprüche auch aus § 252 Satz 1 BGB ergeben, so läßt das erkennen, daß auch Wussow erst dann einen Vermögensschaden annimmt, wenn sich der Ausfall oder die Beeinträchtigung der Erwerbsfähigkeit auf das Vermögen ausgewirkt hat. Diese Auffassung ist bereits in den *Protokollen* zu § 842 BGB zum Ausdruck gekommen, wo es u. a. heißt[95]: Der Entwurf betrachte... „die nachteiligen Folgen" (!) der Verletzung für den Erwerb oder das Fortkommen... als einen Vermögensschaden.

cc) *Zusammenfassend* wird man sagen müssen, daß die Rechtsauffassung, wonach bereits die Beeinträchtigung des Nutzungswerts der Arbeitskraft einen Vermögensschaden darstelle und es auf einen negativen Niederschlag im Vermögen überhaupt nicht ankomme, mit dem geltenden Schadensersatzrecht nicht vereinbar ist. Ob ein Bedürfnis besteht, jener Rechtsauffassung rechtspolitisch das Wort zu reden,

---

[90] Freilich ließe sich einwenden, daß das BGB in einigen Fällen den Schaden objektiv berechnet wissen will. Beispielsweise ist in § 845 BGB Ersatz zu leisten „für die entgehenden Dienste" (RGZ 152, 208 ff., 213: Zu ersetzen ist nicht der Vermögensschaden, sondern der Wert der Dienste...). Die objektive Berechnungsweise bleibt im BGB jedoch auf Ausnahmefälle beschränkt; vgl. dazu unten 1. Abschnitt III 3 c, aa) und bb).

[91] BGHZ 54, 45 ff. (50).

[92] RGZ 141, 169 ff. (172) Urt. v. 15. 6. 1933.

[93] BGHZ 27, 137 ff. (142) Urt. v. 22. 4. 1958; BGHZ 26, 69 ff. (77) Urt. v. 18. 11. 1957; zustimmend *Chomse* NJW 1958, 533 ff. (534).

[94] *Werner Wussow,* Ersatzansprüche bei Personenschaden, S. 2 (Tz. 4).

[95] Prot. der Kommission für die 2. Lesung des Entwurfs des BGB, Bd. II, Recht der Schuldverhältnisse, 1898, S. 635 ff. (636).

kann füglich bezweifelt werden[96]. Nach alledem kann der Auffassung Hagens, daß bereits die Beeinträchtigung der Arbeitsfähigkeit der den Haushalt führenden Ehefrau ein Schaden sei und der normative Schadensbegriff schon aus diesem Grunde entbehrlich sei, nicht gefolgt werden.

2. Ist schon die Notwendigkeit der Einstellung einer Haushaltshilfe ein Schaden (i. S. v. § 843 Abs. 1 BGB oder i. S. eines Bedarfsschadens)?

In der Einleitung dieses Abschnitts[97] haben wir die Frage gestellt, ob die Rechtsprechung den normativen Schadensbegriff möglicherweise deshalb nicht hätte bemühen müssen, weil die Ergebnisse der Entscheidungen BGHZ 38, 55 und BGH GSZ 50, 304 dogmatisch befriedigender unter Anwendung des § 843 Abs. 1 BGB (vermehrte Bedürfnisse) bzw. unter dem Gesichtspunkt des Bedarfsschadens erzielt werden könnten. Dieser Frage soll im folgenden nachgegangen werden.

a) Die Rechtsauffassung Wilts und Eißers

Es ist oben bereits angedeutet worden[96], daß nicht wenige Autoren an der Entscheidung BGHZ 38, 55 Kritik geübt und einen anderen Lösungsweg vorgeschlagen haben. Diese Autoren befürworten, die Kosten der Haushaltshilfe einer unfallverletzten Ehefrau unter den Begriff „Vermehrung der Bedürfnisse" i. S. v. § 843 Abs. 1 BGB zu subsumieren, um einen eigenen Anspruch der Ehefrau auch dann zu begründen, wenn derartige Aufwendungen zwar erforderlich, aber bei Inanspruchnahme des Schädigers noch nicht entstanden sind. Diese Rechtsansicht, die am ausführlichsten von *Wilts*[99] und *Eißer*[100] begründet worden ist, hat inzwischen weiter an Boden gewonnen: Sie wird von Figert, Göppinger, Robert Mann und vor allem von Mertens vertreten[101]; die Oberlandesgerichte Düsseldorf und Stuttgart[102] haben ebenso entschieden.

---

[96] Vgl. oben 1. Abschnitt Fußn. 87.
[97] S. o. 1. Abschnitt A III (vor 1).
[98] S. o. 1. Abschnitt A II 1 c.
[99] *Wilts*, VersR 1963, 305 ff., und NJW 1963, 2156 ff.
[100] *Eißer*, JZ 1963, 220 f. (= Anm. zu BGHZ 38, 55 ff.); vgl. auch *Eißer* FamRZ 1961, 49 ff. (50, 52).
[101] *Figert* MDR 1962, 621 ff. (623 a. A.); *Göppinger* JR 1964, 425 f. (= Anm. zu BGHZ 38, 55 ff.); Diss. *Mann*, 1965, S. 77 ff.; Habil. *Mertens*, 1967, S. 162 ff., bes. S. 163 Fußn. 71.
[102] OLG Düsseldorf MDR 1955, 358, Urt. v. 3. 3. 1955, und OLG Stuttgart FamRZ 1964, 267, Urt. v. 21. 11. 1963. In seinem Urteil vom 5. 10. 1961 hatte

Die Anwendung des § 843 Abs. 1 BGB wird auf folgende Weise begründet: Wenn infolge einer Verletzung eine „Vermehrung der Bedürfnisse" des Verletzten eintrete, so sei dabei nicht nur an Pflegemittel für den körperlich Verletzten selbst zu denken. Zweck aller Bestimmungen des Schadensersatzes sei ja nach § 249 Satz 1 BGB die Herstellung des Zustandes, der ohne das schädigende Ereignis bestehen würde. Ohne den Unfall wäre die Frau in der Lage gewesen, den Haushalt selbst zu besorgen; jetzt sei sie dazu nur in der Lage, wenn sie Hilfspersonal beschäftigen könne. Ihre Bedürfnisse hätten sich also vermehrt[103]. Diese Ansicht habe seit Inkrafttreten des Gleichberechtigungsgrundsatzes ein weiteres Argument für sich: Sei die Tätigkeit beider Ehegatten (scil. als Beitrag zum Familienunterhalt) heute funktionell gleichzubewerten, so könne bei unfallbedingtem Ausfall dieser Tätigkeiten auch haftpflichtrechtlich kein Unterschied gemacht werden. Stelle es ein vermehrtes Bedürfnis dar, wenn der berufstätige Ehemann zur Fortsetzung seiner Erwerbstätigkeit trotz körperlicher Schädigung Hilfskräfte benötige, so sei nicht ersichtlich, weshalb für die verletzte Ehefrau etwas anderes gelten solle, wenn sie ihren... Unterhaltsbeitrag infolge des Unfalls nur noch mit Unterstützung einer Haushaltshilfe erbringen könne[104].

b) Der Bedarfsschaden nach Mertens

Ergänzend sei auf die Habilitationsschrift *Mertens'* hingewiesen (Der Begriff des Vermögensschadens im Bürgerlichen Recht", 1967), wo die Notwendigkeit der in ihrer Arbeitskraft beeinträchtigten Ehefrau, Mittel für eine *Hilfskraft* aufzuwenden, unter dem Gesichtspunkt des Bedarfsschadens erfaßt[105] und auf diese Weise in einen größeren Zusammenhang gestellt wird. Mertens unterscheidet vier Erscheinungsformen des Vermögensschadens[106]:

(1) Vermögensgutsbeeinträchtigung
(2) Vermögensfunktionsstörung
(3) Belastung des Vermögens
(4) Minderbestand an Geld oder geldwerten Gütern.

Die Belastung des Vermögens (3) mit einer Verbindlichkeit, der kein äquivalenter Gegenwert gegenübersteht, oder mit einem tatsächlichen Aufwandszwang definiert Mertens als *„Bedarf"*[107]. Hierbei handle es

---

das OLG Stuttgart einer unfallverletzten Ehefrau einen Anspruch auf Ersatz von Aufwendungen für eine Hausgehilfin gem. § 843 BGB zwar zugesprochen, aber noch dahingestellt sein lassen, ob diese Kosten unter „verminderte Erwerbsfähigkeit" oder unter „vermehrte Bedürfnisse" fallen (VersR 1963, 73 ff., 74 r. Sp.).

[103] *Eißer* JZ 1963, 220 f. (221); in seiner früheren Abhandlung FamRZ 1961, 49 ff. (50) hatte Eißer noch streng unterschieden, ob die Ehefrau eine Ersatzkraft aus eigenen Mitteln bezahlt hatte oder nicht.
[104] *Wilts* VersR 1963, 305 ff. (305 a. E. 306).
[105] *Mertens* S. 163 Fußn. 71.
[106] *Mertens* S. 162.
[107] *Mertens* S. 162 a. E.

sich um eine Verkürzung der Mittel, die das Subjekt zur Erreichung eines von ihm zu wählenden Zwecks einsetzen könne..., und zwar durch die „tatsächliche Notwendigkeit, Ausgaben zu einem nicht freiwillig gewählten Vermögensziel zu erbringen, dem das Subjekt Genüge leisten müsse., um sich seinen status quo zu erhalten, seine berechtigten Interessen zu wahren oder um seinen rechtlichen Verpflichtungen gegenüber Dritten oder gegenüber dem Schädiger (§ 254 BGB) nachzukommen". Der Begriff des Bedarfs gehe über die Spiegelung sonstiger Vermögensbeeinträchtigungen insofern hinaus (scil: und finde insofern seine Rechtfertigung), als er auch die Notwendigkeit zur Wiederherstellung von ausschließlich persönlichen Vermögensgütern und von Nichtvermögensgütern und die Notwendigkeit zur Aufwendung von Mitteln zum Zwecke der Abwehr weiterer Schadensfolgen an Vermögens- oder Nichtvermögensgütern umfasse...[108]. Vor allem entstehe ein Bedarfsschaden aus Gesundheitsbeeinträchtigungen und habe insoweit in § 843 Abs. 1 BGB ausdrücklich Anerkennung gefunden[109].

c) Der Ansatz Zeuners

Verwandte Gedankengänge finden sich schon bei *Zeuner*[110]: Ein in Geld zu ersetzender Schaden entstehe in Fällen der Gebrauchsbeeinträchtigung nicht erst mit den tatsächlichen Aufwendungen, er liege vielmehr bereits darin, daß die Aufwendungen überhaupt erforderlich werden, wie an § 843 BGB deutlich werde[111].

d) Die Rechtsprechung des RG und des BGH zur Schadensentstehung bei § 843 Abs. 1 BGB

Es mag dahingestellt bleiben, ob die Ausformung eines Bedarfsschadens zu einer selbständigen Kategorie des Vermögensschadens not-

---

[108] *Mertens* S. 163.
[109] *Mertens* S. 163 Fußn. 71.
[110] *Zeuner*, Schadensbegriff und Ersatz von Vermögensschäden, AcP 163 (1963) S. 380 ff. (395).
[111] *Zeuner* befaßt sich mit den Fällen der Gebrauchsbeeinträchtigung eines Pkw, wenn der Berechtigte von der Miete eines Ersatzwagens abgesehen hat. Zeuner meint, die Sparsamkeit und Zurückhaltung des Verletzten, der sich — vielleicht mit erheblichen Mühen und Unbequemlichkeiten — ohne Beschaffung einer anderweitigen Gebrauchsmöglichkeit behilft, dürfe nicht dem Schädiger zugute kommen. Wenn der Geschädigte von der Miete eines Ersatzwagens absehe, so sei diese Entscheidung grundsätzlich „eine private Disposition zu Gunsten des eigenen Vermögens". ... Auch könne man den Geschädigten nicht auf eine „zweckgebundene Verwendung" der Mittel festlegen (S. 396) ... Wie der Geschädigte über den Bedarf disponiert, sei „allein seine eigene Angelegenheit", die nicht mehr zu der Frage des Schadensverlaufs gehöre (AcP 163, 380 ff., 397).

A. Schadensersatzansprüche der Ehefrau

wendig und sachdienlich ist[112]. Richtig (und im Rahmen dieser Abhandlung bedeutsam) ist, daß die Rechtsprechung der Vorschrift des § 843 Abs. 1 BGB („Vermehrung der Bedürfnisse") eine besondere Auslegung gegeben hat: Ein Vermögensschaden i. S. des § 843 BGB liege schon dann vor, wenn eine Vermehrung der Bedürfnisse *eingetreten* sei, die eine sachgemäße Befriedigung verlange, nicht erst dann, wenn die vermehrten Bedürfnisse *befriedigt* worden sind[113].

Das Reichsgericht meint, eine andere Gesetzesauslegung würde den zahlungssäumigen Schädiger in nicht zu rechtfertigender Weise begünstigen und sei vom Standpunkt einer geordneten Rechtspflege aus nicht erträglich[114]. Es hat auch die Entstehungsgeschichte des § 843 BGB für seinen Standpunkt in Anspruch genommen[115]: In der Tat hatte die Kommission für die zweite Lesung[116] einen ursprünglichen Formulierungsantrag, daß die Heilungskosten auf Verlangen vorzuschießen seien, als entbehrlich gestrichen. Sie war der Meinung, ein eigentlicher Vorschuß komme nicht in Frage, weil der Schaden, welcher die Aufwendung notwendig mache, bereits entstanden sei und der Verletzte dafür entschädigt werden solle, daß er die Aufwendung „machen müsse", nicht dafür, daß er sie „gemacht habe". Daß er den Anspruch auf die Heilungskosten nicht erst erheben könne, wenn er die Kosten

---

[112] *Mertens* selbst räumt ein, daß sich jeder Vermögensschaden in der Form des Vermögensbedarfs ausdrücken lasse, wenn man das Gewicht auf den Gesichtspunkt legt, daß der Geschädigte Mittel aufwenden müsse, um seine beeinträchtigte Vermögenslage wiederherzustellen (S. 163).
Gegen eine allgemeine Gleichsetzung von „Schaden" und „hervorgerufenem Bedarf" wenden sich *Larenz*, Der Vermögensbegriff im Schadensersatzrecht, in Festschrift für *H. C. Nipperdey* zum 70. Geburtstag Bd. I 1965 S. 489 ff. (504) und *Bötticher* VersR 1966, 301 ff. (303 ff.):
Nach Auffassung von *Larenz* handelt es sich, wenn das Gesetz in § 843 BGB ... auch ... die Vermehrung der Bedürfnisse als einen in Geld zu ersetzenden Schaden ansieht, um einen „klar begrenzten *Sondertatbestand*". *Bötticher* wendet sich mit ausführlicher Begründung gegen die Zeunerschen Thesen: Bedarf sei im Grunde nur eine Umschreibung für den Umfang des Anspruchs (S. 303 r. Sp.). Auch habe der Gesetzgeber bei § 843 nicht an einmalige isoliert auftretende Bedürfnisse, sondern an dauernde, wiederkehrende Bedürfnisse gedacht (S. 304 l. Sp.). Die Auffassung Zeuners steht auch mit § 249 S. 2 BGB in Konflikt (S. 305 r. Sp.) und schließlich gebe auch die „Bedarfsentscheidung", wie sie von Zeuner verstanden werde, zu Bedenken Anlaß (S. 306 r. Sp.).
[113] Vgl. RGZ 142, 291 ff. (295), Urt. v. 20. 11. 1933; RGZ 148, 68 ff. (70/71), Urt. v. 23. 5. 1935; RGZ 151, 298 ff. (300), Urt. v. 11. 6. 1936.
[114] RGZ 148, 68 ff. (71), 151, 298 ff. (304). Das o. g. Argument hat der BGH übernommen und ausgeführt, daß der Schädiger nicht dadurch von der Verpflichtung zum Ersatz notwendiger Heilungskosten befreit werden soll, daß er durch Hinausschieben der Erfüllung eines gesetzlichen Anspruchs den Verletzten außerstande gesetzt hat, sich notwendige Heil- oder Stärkungsmittel zu kaufen (BGH VersR 1958, 176 f., 177 a. A., Urt. v. 29. 10. 1957).
[115] RGZ 151, 298 ff. (302/303).
[116] Protokolle der Kommission für die 2. Lesung des Entwurfs des Bürgerlichen Gesetzbuchs, Bd. II S. 628/629.

bezahlt habe, ergebe sich auch aus der Fassung § 219 Abs. 1 (jetzt: § 249 Satz 2 BGB), wo von dem „erforderlichen"[117] Geldbetrag die Rede sei:

Die Rechtsprechung des Reichsgerichts hat der Bundesgerichtshof[118] inzwischen fortgesetzt: Der Anspruch wegen vermehrter Bedürfnisse sei *von anderer Art* als der Anspruch auf Ersatz der Erwerbsschäden. Der Schadensersatzanspruch des Verletzten wegen Vermehrung seiner Bedürfnisse entstehe unmittelbar mit dem schädigenden Ereignis und werde in Bestand und Höhe *nicht* davon beeinflußt, ob zu seiner Befriedigung Geld ausgegeben worden ist[119].

e) Die Kritik

Auf dem Boden dieser Rechtsprechung zu § 843 Abs. 1 BGB könnten Schwierigkeiten ausgeräumt werden, die deswegen entstehen, weil ein konkreter Schaden der verletzten Ehefrau wegen Ausfalls ihrer Haushaltstätigkeit vom Standpunkt der Differenzhypothese zweifelhaft sein kann. Bei Anwendung des § 843 Abs. 1 wäre für die Höhe der Entschädigung möglicherweise ein objektiver Maßstab gewonnen und der verletzten Ehefrau auch dann ein Ersatzanspruch zuzuprechen, wenn aus subjektiven Gründen von der Einstellung einer Ersatzkraft abgesehen wurde. Dies setzt indessen voraus, daß die Kosten der Haushaltshilfe, deren eine unfallverletzte Ehefrau zur Haushaltsführung als gesetzlich geschuldete Unterhaltsverpflichtung bedarf, unter dem Begriff der „Vermehrung ihrer Bedürfnisse" i. S. v. § 843 Abs. 1 BGB subsumiert werden können. Hiergegen bestehen m. E. — entgegen Eißer und Wilts — Bedenken:

---

[117] Das Urteil des BGH vom 29. 10. 1957 stützt sich ebenfalls auf § 249 S. 2 BGB. Der BGH entschied, der Verletzte könne die Kosten ärztlich verordneter Stärkungsmittel für die Vergangenheit auch dann ersetzt verlangen, wenn er sie sich aus Mangel an eigenen Mitteln nicht beschaffen konnte (BGH VersR 1958, 176 f., 176 r. Sp. a. E.), abl. *Bötticher* VersR 1966, 301 ff., 304 a. E.

[118] BGHZ 54, 45 ff. (48), Urt. v. 5. 5. 1970, unter Hinweis auf das Urteil des BGH vom 20. 5. 1958 (LM Nr. 20 zu § 1542 RVO, bes. Bl. 3).

[119] Gegen die ständige Rspr. abl. *Werner Wussow*, Ersatzansprüche bei Personenschaden, S. 46 Tz 108: *Wussow* hält die Auffassung der Rechtsprechung für unberechtigt. Sei die Heilung auch ohne die Befriedigung der vermehrten Bedürfnisse gut verlaufen, so sei seines Erachtens die Nichtbefriedigung der vermehrten Bedürfnisse in der Vergangenheit kein Schaden. In RGZ 151, 298 ff. (299) hatte die Revision das Argument vorgetragen, es stelle ein starkes Beweisanzeichen (!) gegen die Notwendigkeit der Aufwendungen dar, wenn für Mehrbedürfnisse Aufwendungen tatsächlich nicht gemacht worden waren. Das RG hielt die auf Verletzung des § 287 ZPO gestützte Revisionsrüge nach Lage des Falles unter Berufung auf die Gutachten Sachverständiger für unbegründet.

aa) Als „vermehrte Bedürfnisse" sind in der bisherigen Rechtsprechung u. a. angesehen worden[120]: Vor allem der ständige Bedarf an Pflege, Aufwand an Heilungskosten (welcher nicht nur vorübergehend ist), ständige ärztliche Kontrolle, dauernde Betreuung durch eine Krankenschwester, regelmäßiger Bedarf an Stärkungsmitteln, regelmäßig wiederkehrende Kurkosten, bei einem erforderlichen Arbeitsplatzwechsel auch die Beschaffung einer Wohnung am künftigen Arbeitsort. Entscheidend ist: Es muß sich um vermehrte Bedürfnisse handeln zur Beseitigung oder Linderung der trotz Heilung verbliebenen gesundheitlichen und körperlichen Beeinträchtigungen[121]. Es muß sich um Folgeschäden handeln, die in Zukunft mit einer gewissen Regelmäßigkeit zu erwarten sind und sich deshalb zu einer Verrentung eignen, d. h. um dauernde, wiederkehrende Bedürfnisse[122]. Die Kosten einer Haushaltshilfe könnten demnach als vermehrte Bedürfnisse angesehen werden, wenn eine unfallverletzte Ehefrau auf längere Dauer (z. B. für mehrere Monate) nicht imstande ist, den Haushalt zu führen. Es kann aber durchaus auch anders liegen, etwa wenn die Verletzte nach vier Wochen genesen ist und ihren häulichen Arbeiten wie früher nachgehen kann, so daß sie einer Haushaltshilfe nicht mehr bedarf.

bb) Bei der Subsumtion bereitet der Wortlaut des § 843 Abs. 1 BGB auch unter einem anderen Aspekt Schwierigkeiten: Die Vorschrift spricht von einer Vermehrung „seiner" Bedürfnisse, d. h. der Bedürfnisse „des Verletzten". Soweit ein Unfall Pflege und andere ständige Kosten notwendig macht, wird man ohne Bedenken von vermehrten Bedürfnissen der verletzten Ehefrau sprechen können. Soweit die Ehefrau nicht mehr imstande ist, den Haushalt zu führen, liegen die Dinge jedoch anders: Die Ehefrau ist nicht mehr in der Lage, ihren Beitrag zum „Familienunterhalt", dem unterhaltsrechtlichen Substrat der gesamten (!) Familie, zu erbringen (§ 1360 BGB). Da aus dem Familienunterhalt sowohl die persönlichen Bedürfnisse der Ehegatten wie auch der Lebensbedarf der unterhaltsberechtigten Kinder bestritten wird, so wird man sagen müssen, daß die Bedürfnisse sämtlicher Familienmitglieder und nicht allein die Bedürfnisse der verletzten Ehefrau unbefriedigt bleiben, wenn ihr Beitrag zum Familienunterhalt infolge ihrer Verletzung verkürzt wird.

---

[120] *Werner Wussow*, Ersatzansprüche bei Personenschaden, S. 45 f. RNR. 107 m. w. N.

[121] BGHZ 54, 45 ff. (48), Urt. v. 5. 5. 1970.

[122] *Bötticher*, VersR 1966, 301 ff. (304). Vgl. auch RGZ 151, 298 ff. (301), Urt. v. 11. 6. 1936: Bei der Heilung handelt es sich um einen nur zeitweiligen und vorübergehenden, bei den vermehrten Bedürfnissen um einen voraussichtlich dauernden Zustand.

cc) Darüber hinaus sind es vor allem *systematische* Gründe, die der Auffassung von Eißer und Wilts entgegenstehen. Das Gesetz beschreibt in § 842 BGB den Umfang des deliktischen Schadensersatzanspruchs. Es stellt klar[123], daß die Verpflichtung zum Schadensersatz, deren Inhalt sich allgemein aus den §§ 249 ff. BGB ergibt, auch Nachteile für Erwerb und Fortkommen umfaßt. Nachdem das Gesetz in § 842 BGB den Umfang der Schadensersatzpflicht geregelt hat, bestimmt es in § 843 Abs. 1 bis 3 BGB, in welcher Art und Weise[124] bei Personenschaden Schadensersatz zu leisten ist, d. h. die Form der Schadensersatzleistung.

Während nach Gemeinem Recht richterliches Ermessen darüber entschied, ob die Entschädigung als Rente oder als Kapitalabfindung gezahlt werden sollte, sind die Verfasser des BGB grundsätzlich dem Rentensystem gefolgt[125]. Nach der Systematik des Gesetzes ist § 843 Abs. 1 BGB an sich keine Norm, die den Umfang des Schadensersatzanspruchs erweitert. § 843 Abs. 1 BGB setzt vielmehr den Umfang des Schadensersatzanspruchs (§§ 823, 249, 842 BGB) als bestehend voraus und erfaßt daraus diejenigen Schäden, die sich zu einer Verrentung eignen, nämlich: Aufhebung oder Minderung der Erwerbsfähigkeit oder Vermehrung der Bedürfnisse des Verletzten. Infolgedessen erscheint es systematisch als zweifelhaft, einen Anspruch der verletzten Ehefrau wegen Beeinträchtigung ihrer Haushaltstätigkeit „mit der Vermehrung ihrer Bedürfnisse nach § 843 Abs. 1"[126] oder „über den Mehrbedarfsanspruch i. S. § 843 Abs. 1 BGB"[127] zu begründen. § 843 Abs. 1 BGB ist m. E. weder eine selbständige Anspruchsgrundlage noch eine Norm, mit deren extensiver Interpretation sich der Umfang der deliktischen Schadensersatzpflicht über die §§ 249, 842 BGB hinaus erweitern läßt[128].

dd) *Zusammenfassend* wird man deshalb feststellen müssen, daß der Rechtsauffassung von Eißer und Wilts bei wörtlicher und insbesondere bei systematischer Interpretation des § 843 Abs. 1 BGB nicht gefolgt werden kann. Damit ist zugleich die eingangs gestellte Frage[128a],

---

[123] S. o. 1. Abschnitt A III 1 d, bb (a. E.).

[124] *Larenz*, Schuldrecht, Bes. Teil, § 75 I S. 514; ebenso: Motive zu dem Entwurf eines Bürgerlichen Gesetzbuches für das Dt. Reich, Bd. II Recht der Schuldverhältnisse, 1888, Seite 784 (zu E I § 724).

[125] Motive a.a.O. S. 784.

[126] *Eißer*, JZ 1963, 220 ff. (221).

[127] Diss. *Mann*, S. 77.

[128] Auch *Esser* spricht im Zusammenhang mit § 843 Abs. 1 bis 3 BGB von der „Form" des Schadensersatzes (*Esser*, Schuldrecht, Bd. 2, 4. Aufl. 1971, S. 453 oben). Mit der Frage, ob der Verlust oder die Minderung der Fähigkeit einer Ehefrau, Hausarbeiten zu verrichten, dem Erwerbsschaden oder den vermehrten Bedürfnissen zuzurechnen ist, befaßt sich die nach Abschluß des

ob die Ergebnisse der Rechtsprechung BGHZ 38, 55 und BGH GSZ 50, 304 dogmatisch befriedigender bei Anwendung des § 843 Abs. 1 BGB (vermehrte Bedürfnisse) hätten erzielt werden können, zu verneinen[128a]

3. Läßt sich der eigene Anspruch der verletzten Ehefrau auf Ersatz des gesamten, durch ihre Beeinträchtigung in der Haushaltsführung entstehenden Schadens mit dem normativen Schadensbegriff dogmatisch befriedigend begründen?

a) Der Inhalt des normativen Schadensbegriffs — eine Leerformel?

Die bisherige Feststellung, daß weder die Anerkennung des Nutzungswerts der Arbeitskraft noch die Lehre vom Bedarfsschaden den Schadensersatzanspruch der verletzten, in der Haushaltsführung beeinträchtigten Ehefrau zweifelsfrei zu begründen vermögen, soll nun nicht dazu verleiten, der Begründung des Großen Zivilsenats unkritisch das Wort zu reden, der sich in seinem Beschluß[129] vom 9. 7. 1968 auf den normativen[130] Schadensbegriff berufen hat. Auf die ablehnenden Äußerungen von Esser, Hagen, Fenn und Rother zum normativen

---

Manuskripts veröffentlichte Entscheidung des Bundesgerichtshofs vom 24. 10. 1973. Sie führt aus, die Frage hänge davon ab, ob diese Arbeitsleistung dem Beitrag der Ehefrau zum Familienunterhalt (§ 1360 BGB) oder nur der Befriedigung ihrer eigenen persönlichen Bedürfnisse diene. Bei der Hausarbeit stelle nicht schon die Betätigung der Arbeitskraft als solche, sondern die für andere in Erfüllung einer gesetzlich geschuldeten Unterhaltsverpflichtung geleistete Haushaltstätigkeit eine der Erwerbstätigkeit ... vergleichbare, wirtschaftlich ins Gewicht fallende Arbeitsleistung und damit einen Erwerbsschaden dar ... Dagegen stelle die Haushaltstätigkeit der Frau ..., die nur ihren eigenen Bedürfnissen und damit nicht als Erwerbsquelle diene, keine der Erwerbstätigkeit vergleichbare Arbeitsleistung dar ... Somit gehöre — so der BGH — die Haushaltstätigkeit einer Ehefrau in schadensrechtlicher Hinsicht teilweise in die Gruppe Erwerbsschaden, teilweise in die Gruppe vermehrte Bedürfnisse. Die Meinung, wonach Schadensersatzansprüche wegen Beeinträchtigung der Fähigkeit zur Hausarbeit stets nur als vermehrte Bedürfnisse i. S. der 2. Alternative des § 843 Abs. 1 BGB anzusehen sind, lehnt der BGH ab. So BGH NJW 1974, 41 ff. (42). — Nach der in dieser Arbeit vertretenen Auffassung regelt § 843 Abs. 1 bis 3 BGB indes nicht den Umfang, sondern die Art und Weise (die Form) der Schadensersatzleistung bei Personenschaden. Es ist daher zu begrüßen, daß die inzwischen ergangene Entscheidung des *Bundesgerichtshofs vom 7. 5. 1974* auf den Erwerbsschaden abstellt, indem sie ausführt, bei Verletzung des mit der Haushaltsführung betrauten Ehegatten liege ein Schaden vor, der sich seinem Wesen nach vom Fall der Vereitelung einer eigentlichen Erwerbstätigkeit nicht unterscheide (BGH NJW 1974, 1651 ff., 1652).

[128a] S. o. 1. Abschnitt A III 2 (a. A.).
[129] BGH GSZ 50, 304 ff.
[130] Vgl. *Neuner*, AcP 133 (1931) S. 277 ff., 290 und 306/307.

Schadensbegriff ist bereits oben[131] hingewiesen worden. Die provozierenden Fragestellungen „*Fort- oder Fehlentwicklung des Schadensbegriffs?*"[132] und „*Abkehr von der Differenzhypothese?*" umreißen schlagwortartig das Rechtsproblem. Es sind Grundfragen des Schadensrechts berührt. Indes hat es den Anschein, als habe der normative Schadensbegriff zu nicht wenigen Mißverständnissen und zu nicht geringer Rechtsunsicherheit[133] geführt: So meint Lieb[134], der normative Schadensbegriff stelle nichts anderes dar als die Ermächtigung des Richters, sich von den mit dem traditionellen Schadensbegriff verbundenen Schranken zu lösen und im Einzelfall den Eintritt eines Schadens mehr oder weniger aus Billigkeitsgesichtspunkten anzuerkennen. Diese Situation, die feste Konturen bedauerlicherweise sehr vermissen läßt, hat zu den Fragen[135] Anlaß gegeben: Welchen Inhalt gibt die Rechtsprechung dem normativen Schadensbegriff? Was leistet der normative Schadensbegriff? Hier: Vermag er einen *eigenen* Schadensersatzanspruch der verletzten Ehefrau auf Ersatz des *gesamten*, durch die Beeinträchtigung ihrer Haushaltstätigkeit entstehenden Schadens auch dann zu begründen, wenn eine Ersatzkraft aus Mitteln des Ehemannes bezahlt oder von der Einstellung einer Ersatzkraft völlig abgesehen wird?

b) Die Entwicklung des normativen Schadensbegriffs in der Rechtsprechung

In der Literatur[136] werden folgende Etappen der Rechtsprechung genannt, in denen sich die Hinwendung zu einem normativen Schadensbegriff vollzogen habe: Die Gewährung von Schadensersatz für den Nutzungsentgang bei Kraftfahrzeugen, die Entscheidungen zur Lohnfortzahlung und zur Fortzahlung einer gewinnunabhängigen Tätigkeitsvergütung an den verletzten Gesellschafter einer Personengesellschaft. Von den maßgebenden Entscheidungen seien in gedrängter Kürze aufgeführt:

aa) Der Nutzungsausfall bei Kraftfahrzeugen

Nach der Rechtsprechung des BGH[137] hat der Ersatzpflichtige für den vorübergehenden Verlust der Gebrauchsmöglichkeit eines Kraftwagens Entschädigung auch dann zu leisten, wenn sich der Geschädigte wäh-

---

[131] Vgl. 1. Abschnitt A II 2.
[132] *Hagen*, JuS 1969, 61 ff. (61).
[133] Auf die Diskrepanz zwischen der Rechtsprechung des Bundesarbeitsgerichts (Urt. v. 24. 4. 1970) und der Rechtsprechung des Bundesgerichtshofs (Urt. v. 5. 5. 1970) ist schon oben aufmerksam gemacht worden (1. Abschn. Fußn. 80).
[134] *Lieb*, JABl. 1971, ZR S. 173 f. (173 unten) = JZ 1971, 358 ff.
[135] S. o. 1. Abschnitt A III (vor 1).
[136] *Hagen*, JuS 1969, 61 ff. (61—63), *Kilian*, AcP 169 (1969), 443 ff. (453).

rend der Reparaturzeit einen Ersatzwagen *nicht* beschafft hat. Denn — so führt der BGH in seinem Urteil[138] vom 2. 12. 1966 u. a. aus — die Berechtigung einer Ersatzforderung für die Beeinträchtigung eines einzelnen Vermögensgutes brauche nicht davon abhängig zu sein, daß eine das „Gesamtvermögen" erfassende Differenzrechnung eine ziffernmäßige Minderung dieses Vermögens im Zeitpunkt der letzten mündlichen Verhandlung ergebe. Die Bedeutung jener Entscheidung liege gerade darin, daß sie... die sog. Differenztheorie eingeschränkt habe, wenn sich bei der Beeinträchtigung eines einzelnen Vermögensgutes das Maß der Wertminderung nach objektiven, im Verkehr anerkannten Maßstäben schätzen lasse[139]. Allerdings begrenzt der BGH[139a] seine Rechtsprechung auf den Ausgleich einer „fühlbaren" Nutzungsbeeinträchtigung: Es sei nämlich sachgerecht und trage zudem der Subjektbezogenheit des Schadens und seines Ausgleichs Rechnung, daß die Entschädigung dem betroffenen Eigentümer nur dann gebühre, wenn er seinen Wagen in der unfallbedingten Ausfallzeit benutzen wollte und hierzu auch in der Lage war (Nutzungs*wille* und Nutzungs*möglichkeit*)[140]. Einen weiteren Akzent hat der BGH mit seinem Urteil vom 17. 3. 1970 gesetzt[140a]: Dem Geschädigten ist es nicht verwehrt, den Nutzungsausfall auch dann pauschaliert zu berechnen, wenn er konkret einen (billigeren) Ersatzwagen benutzt hat. In dieser Entscheidung hat der BGH die

---

[137] In der Begründung weichen der 3. und 6. Zivilsenat des BGH teilweise voneinander ab: Der 3. Senat argumentiert, der Schädiger müsse den Geschädigten wirtschaftlich so stellen, wie er ohne den Unfall gestanden hätte. Es komme deshalb darauf an, ob die Nutzungsmöglichkeit eines Pkw ein wirtschaftlicher Vorteil sei. Der Senat bejaht das, weil die erheblichen Kosten für die Haltung eines Wagens nur aufgewendet werden, um ihn jederzeit nutzen zu können. Der Verkehr betrachte deshalb die jederzeitige Nutzungsmöglichkeit als Vorteil, dessen Entziehung ein Schaden sei, auch wenn kein Ersatzwagen gemietet wird (= BGHZ 40, 345 ff. (349), Urt. v. 30. 9. 1963). — Der 6. Senat meint, Voraussetzung der Kommerzialisierung sei (um einer uferlosen Kommerzialisierung entgegenzutreten) ein anerkannter Maßstab der geldlichen Bewertung. Wo ein solcher Maßstab fehle, könne in der zeitweiligen Gebrauchskarenz als solcher noch kein selbständiger „wirtschaftlicher Schaden" erblickt werden (= BGHZ 45, 212 ff. [215], Urt. v. 15. 4. 1966 mit kritischer Anm. *Stoll*, JuS 1968, 504 ff.).
[138] BGH JZ 1967, 360 ff. (360 a. E.) mit krit. Anm. *Steindorff*, JZ 1967, 361 ff.
[139] Der Ersatz des Nutzungsausfalls bei Kraftfahrzeugen läßt sich indes mit der Differenztheorie in Einklang bringen, wenn man zum Vermögen den Wert der Nutzungsmöglichkeit hinzurechnet.
[139a] BGH 45, 212 ff. (219), Urt. v. 15.4.1966 und BGH NJW 1966, 589 = VersR 1966, 192, Urt. v. 13. 12. 1965; vgl. dazu das abl. Rechtsgutachten von *Bötticher* im VersR 1966, 301 ff.
[140] Die Rechtsprechung, wonach der Ersatzpflichtige für den vorübergehenden Verlust der Gebrauchsfähigkeit eines Kraftfahrzeuges keine Entschädigung zu leisten brauche, wenn der Geschädigte den Wagen in der Reparaturzeit nicht hätte nutzen können, hat der BGH am 7. 6. 1968 dahin ergänzt, daß dies auch dann gelte, wenn der Geschädigte aus „unfallabhängigen" Gründen an der Nutzung gehindert war (BGH NJW 1968, 1778 ff. mit Anm. *Martens*).
[140a] BGHZ NJW 1970, 1120 ff.

Grundsätze über die Nichtanrechnung von Drittleistungen[141] auf die Ersatzansprüche wegen Nutzungsausfalls übertragen und damit die Frage verneint, ob es dem Schädiger zugute komme, wenn der Geschädigte einen Ersatzwagen benutzt hatte, den ihm ein Dritter (sein Arbeitgeber) unentgeltlich zur Verfügung gestellt hatte.

bb) Die Lohn- und Gehaltfortzahlungsfälle — der Ansatz BGHZ 7, 30 ff. und die daran anknüpfende jüngere Rechtsprechung

Die Rechtsprechung zum normativen Schadensbegriff hat sich noch deutlicher in den Lohn- und Gehaltfortzahlungsfällen entwickelt: Hier ergibt sich die Schwierigkeit, einen Schaden des Verletzten im Sinne einer Gesamtvermögensdifferenz festzustellen. Man könnte meinen, daß die Verpflichtung oder Leistung des Arbeitgebers den Eintritt eines Schadens beim Verletzten verhindere.

Im „*Wachpolizistenfall*"[142] BGHZ 7, 30 ff. hatte das Berufungsgericht zunächst angenommen, für die Dauer der Dienstunfähigkeit habe den verunglückten Wachpolizisten ein Gehaltsanspruch zugestanden, so daß ihnen insoweit kein Schaden entstanden sei[143]. Der BGH widersprach dieser Auffassung und führte aus, diese „rein begrifflich und einseitig" durch die Verneinung eines gegebenen Schadens... orientierte Auffassung gehe an einer wirklichkeitsgemäßen Betrachtung vorbei. Wenn rein begrifflich die ... Körperverletzung i. V. m. ... der Dienstunfähigkeit ... unter den angeführten Voraussetzungen noch keinen Schaden im bürgerlichrechtlichen Sinne ergebe, so sei ein solcher doch *unter dem Gesichtspunkt der Vorteilsausgleichung* zu bejahen. Das Urteil hebt den *Zusammenhang* zwischen der Frage *der Schadensentstehung und der Vorteilsausgleichung* hervor, die nicht begrifflich gesondert betrachtet werden könnten[144]. Außerdem stützt sich die Entscheidung auf § 616 Abs. 2 BGB[145] sowie auf die Fälle gesetzlichen Forderungsübergangs[146], wo sich das Fortbestehen von Ersatzansprüchen als gewollt ergebe[147].

---

[141] BGHZ 21, 112 ff. (117) = NJW 1956, 1473 ff., Urt. v. 22. 6. 1956.

[142] BGHZ 7, 30 ff., Urt. des III. ZS vom 19. 6. 1952.

[143] BGHZ S. 48.

[144] BGHZ S. 48/49.

[145] Der BGH argumentiert mit der Entstehungsgeschichte, der Bedeutung und dem sozialversicherungsrechtlichen Zweck des § 616 Abs. 2 BGB, der im Zusammenhang mit § 189 RVO die Krankenkasse entlasten, nicht aber bei unerlaubter Handlung den Schadensstifter besser stellen solle, als er sonst dastünde (BGHZ 7, 30 ff., 47/48). Später hat der BGH auf § 616 Abs. 2 BGB nicht mehr entscheidend abgestellt (vgl. BGH NJW 1963, 1051 f., [1052], Urt. v. 5. 2. 1963).

[146] § 1542 RVO — vgl. BGHZ 7, 30 ff. (50).

[147] BGH S. 51 oben.

Diese Rechtsprechung hat der BGH in seinen Entscheidungen BGHZ 9, 179 ff., 10, 107 ff. und 21, 112 ff. fortgesetzt[148]. Zur Begründung zieht das Urteil *Band 21 Seite 112 ff.* zusätzlich die Vorschrift des § 843 Abs. 4 BGB als Niederschlag eines allgemeinen Rechtsgedankens heran[148a]. Die in dieser Bestimmung enthaltene gesetzliche Wertung zeige, daß in gewissen Fällen auch dann Schadensersatz zu leisten sei, wenn die konkrete wirtschaftliche Lage des Betroffenen im Ergebnis nicht nachteilig verändert worden sei, weil gewisse Leistungen ihrer Natur nach nicht dem Schädiger zugute kommen sollen. Einige Zeit später formuliert der BGH[149], es sei nicht gesagt worden, daß die Lohnfortzahlung als Tatsache ignoriert werden müsse, sondern nur, daß sie aus Rechtsgründen *im Verhältnis zum Schädiger nicht die Wirkung* haben dürfe, den von ihm *angerichteten Schaden zu tilgen*. In einem weiteren Urteil[150] vom 27. 4. 1965 führt der Bundesgerichtshof aus, die Anerkennung eines Schadens trotz Gehaltsfortzahlung bedeute den Übergang zu einer am Gesetzeszweck orientierten, *wertenden Betrachtungsweise*. Damit ist die sich vollziehende Rechtsentwicklung deutlich gezeichnet.

cc) Gesellschaftsrecht

Im Gesellschaftsrecht ist auf die Entscheidung vom 5. 2. 1963 hinzuweisen. Dort hat der BGH[151] den Grundsatz der Entscheidungen Bd. 7 und 21, daß die Weiterzahlung von Lohn oder Gehalt an den körperlich verletzten und arbeitsunfähig gewordenen Arbeitnehmer die Schadensersatzpflicht des verantwortlichen Schädigers nicht berühre, auch auf den Fall übertragen, daß der Komplementär einer KG durch Körperverletzung außerstande gesetzt wird, seine Tätigkeit auszuüben. Diesem Komplementär stand nach dem Gesellschaftsvertrag als geschäftsführendem Gesellschafter ein von Gewinn und Verlust unabhängiges Gehalt zu (echte Tätigkeitsvergütung). Den tragenden Grund dieser Entscheidung hat der BGH jetzt nicht mehr (wie noch in Bd. 7 und 21) in dem

---

[148] BGH GSZ 9, 179 ff. (191), B. v. 30. 3. 1953; BGHZ 10, 107 ff., (110), Urt. v. 17. 6. 1953: Es ist allein Sache der Arbeitgeberin, ob sie eine freiwillige Zuwendung von monatlich DM 40,— vereinbarungsgemäß auch dann zahlt, wenn der Verlust vom Schädiger in vollem Umfange auszugleichen ist und ausgeglichen wird. Diese Vereinbarungen zwischen dem Geschädigten und der Arbeitgeberin können grundsätzlich den Schädiger nicht begünstigen (a.a.O. S. 110); BGHZ 21, 112 ff., Urt. v. 22. 6. 1956; vgl. die ausführliche Darstellung der Rechtsprechung bei *Erman-Küchenhoff*, 5. Aufl., 1. Bd., § 616 RNr. 79, 80.

[148a] BGHZ 21, 112 ff. (116, 117).

[149] BGH NJW 1964, 2007 ff. (2008 1. Sp. unten), Urt. v. 30. 6. 1964 des VI. ZS.

[150] BGH NJW 1965, 1430 ff. (1431 1. Sp.), Urt. des VI. ZS vom 27. 4. 1965.

[151] BGH NJW 1963, 1051 f. (1052), Urt. des VI. ZS vom 5. 2. 1963, zustimmend *Ganßmüller* NJW 1963, 1446 f.

spezifischen Fürsorgecharakter der Lohn- bzw. Gehaltfortzahlungspflicht gesehen: Daß nach der (in § 843 Abs. 4 BGB enthaltenen) gesetzlichen Wertung auf den Schaden keine Leistungen anderer anzurechnen seien, die ihrer Natur nach dem Schädiger nicht zugute kommen sollen, sei nicht notwendig daran geknüpft, daß diese Leistungen sozialfürsorgerischer Art seien. Auch sonstige Leistungen müßten außer Betracht bleiben, wenn nach dem Sinn und Zweck der Ersatzpflicht die Anrechnung für den Geschädigten unzumutbar wäre und den Schädiger unbillig begünstigen würde[152].

Zur weiteren Konkretisierung sei abschließend auf die Entscheidungen vom 9. 7. 1968 und 5. 5. 1970 hingewiesen, die erkennen lassen, in welchem Sinne der BGH den normativen Schadensbegriff verstanden wissen will.

dd) Der Beschluß des Großen Zivilsenats vom 9. 7 1968

In seinem *Beschluß*[153] *vom 9. 7. 1968* zum Ersatz bei Verletzung der Ehefrau deutet der Große Zivilsenat an einer Stelle an: Inhaltlich gelte für den Anspruch der verletzten Ehefrau der *normative* Schadensbegriff, wie er bereits für den früheren Mannesanspruch (§ 845 BGB) anerkannt gewesen sei und inzwischen in Abkehr von der reinen Differenzhypothese sich auch anderweit durchgesetzt habe, insbesondere beim Schadensersatzanspruch des verletzten Arbeitnehmers oder Gesellschafters trotz Lohnfortzahlung. Den Hinweis des Großen Senats auf § 845 BGB wird man m. E. als einen Hinweis auf die Entscheidung BGHZ 4, 123 ff. (129)[154] vom 3. 12. 1951 interpretieren können, in welcher der Anspruch aus § 845 BGB als „Schadensersatzanspruch besonderer Art" qualifiziert worden ist. Seine Eigenart — so führte der BGH dort aus — ergebe sich bereits daraus, daß der Dienstberechtigte nicht seinen *gesamten* durch Wegfall des Getöteten entstandenen Schaden ersetzt verlangen könne, sondern nur den *Wert* der Dienste. Seine Eigenart werde bestätigt durch die in § 845 Satz 2 angeordnete entsprechende Anwendung der § 843 Abs. 4 BGB; deshalb komme es *nicht* darauf an, ob die Dienste nunmehr durch einen anderen Dienstverpflichteten geleistet werden oder ob der Dienstberechtigte eine bezahlte Hilfskraft nehme, und der Anspruch aus § 845 bestehe auch dann, wenn der Dienstberechtigte die Dienste nunmehr selbst verrichte[155].

---

[152] BGH S. 1052, das Urteil verweist auf die Entscheidung des OLG Karlsruhe VersR 1958, 67, Urt. v. 2. 10. 1957.

[153] BGH GSZ 50, 304 ff. (306 a. E.).

[154] Daher verbiete sich auch eine Anrechnung sämtlicher mit dem Schadensereignis zusammenhängender Vermögensersparnisse (BGH a.a.O.).

[155] BGHZ 4, 123 ff. (129, 130).

A. Schadensersatzansprüche der Ehefrau

ee) Das Urteil des BGH vom 5. 5. 1970

Zu einer erneuten Abgrenzung des normativen Schadensbegriffs sah sich der BGH[156] in seinem *Urteil vom 5. 5. 1970* veranlaßt, auf dessen deutlich zurückhaltende Ausführung[157] zum normativen Schadensbegriff hier mit besonderem Nachdruck hinzuweisen ist: Das Urteil nimmt auf den Substanz- und Nutzungswert eines Kraftwagens und den Wohnwert eines Hauses Bezug und stellt fest, ihr Substanz- und Nutzungswert lasse sich „nach objektiven Maßstäben bewerten". Dagegen lasse sich die Arbeitsfähigkeit eines Unternehmers (wegen des erheblichen Unternehmerrisikos) nach der Verkehrsauffassung nicht objektiv nach dem Maß der Arbeitskraft festsetzen; auf die Lehre vom normativen Schaden könne sich der Kläger „schon deshalb nicht" stützen. Diese versuche vor allem, die bei einer Schadensberechnung nach der Differenzmethode bei der Beteiligung eines *Dritten* (Vorteilsanrechnung, Drittschadensliquidation) auftauchenden Schwierigkeiten zu lösen (!). Der BGH fährt dann sinngemäß fort, wegen der Leistungen eines Dritten (z. B. des Arbeitgebers oder des Ehemannes) könne der Schaden im Sinne der Differenztheorie gleich Null sein. Nur der Satz, daß dies nicht richtig ist, weil es nicht so sehr auf den rechnerischen Schaden ankommt, vielmehr dessen „normativer" Charakter stärker zu betonen ist, sei der Kern der Entscheidungen BGHZ 50, 304, 306 und BGHZ 51, 109, 111!

ff) Die Kriterien

Die Voraussetzungen, unter denen der BGH den Schaden *normativ* bestimmen will, sind demnach diese:
1. Leistungen eines *Dritten* an den durch eine unerlaubte Handlung Geschädigten, die aufgrund wertender Betrachtungsweise dem Schädiger nicht zugute kommen dürfen — und:
2. Der Wert des verletzten Vermögensguts muß sich nach der Verkehrsauffassung *objektiv* ermitteln lassen, d. h. es müssen sich im Verkehr anerkannte objektive Maßstäbe gebildet haben.

c) Der normative Schadensbegriff — eine systemgerechte Rechtsfortbildung?

Der Große Zivilsenat des BGH hat sich den Vorwurf[158] gefallen lassen müssen, er bleibe den Nachweis schuldig, daß der von ihm gewählte Weg über den normativen Schadensbegriff eine systemgerechte Rechtsfortbildung sei. Im Gegensatz zu Hagen bin ich jedoch der Auffassung,

---
[156] BGHZ 54, 45 ff. (50/51).
[157] Vgl. demgegenüber BAG BB 1970, 1050/1051, Urt. v. 24. 4. 1970.
[158] *Hagen*, JuS 1969, 61 ff. (S. 64 unter cc).

daß dieser Nachweis erbracht werden kann. Denn im BGB finden sich sehr wohl Ansatzpunkte für verschiedene Methoden der Schadensberechnung:

aa) Die Differenztheorie als Grundsatz

Gewiß wird man den Schaden in der Mehrzahl der Fälle nach wie vor nach der *Differenztheorie* zu berechnen haben, insbesondere dann, wenn sich der Umfang der Schadensersatzpflicht aus § 249 BGB ergibt. Wer eines der in § 823 Abs. 1 genannten Rechtsgüter verletzt, ist zum Ersatz „des daraus entstehenden Schadens" gemäß § 249 BGB verpflichtet. Mithin sind die Auswirkungen der Rechtsgutsverletzung auf das *Gesamt*vermögen zu prüfen, d. h. der Schaden ergibt sich aus einem Vergleich der wirklichen und der ohne das Schadensereignis bestehenden hypothetischen Vermögenslage.

bb) Ersatz des objektiven Wertes i. V. m. mit einer wertenden Betrachtungsweise bei § 845 S. 1 und 2 BGB

Indessen gibt es durchaus Fälle, in denen das Gesetz den Umfang der Schadensersatzpflicht in anderer Weise bestimmt. Das BGB und andere Gesetze knüpfen nämlich in bestimmten Fällen[159] an den objektiven Wert an, den das verletzte Rechtsgut hat. Zur exemplarischen Erörterung möge die Vorschrift des *§ 845 Satz 1 BGB* dienen: Dort formuliert das Gesetz nicht etwa, wie man in Anlehnung an § 823 vermuten könnte: Im Falle der Tötung, der Verletzung ... ist der Schädiger dem Dritten „zum Ersatz des durch die entgehenden Dienste entstehenden Schadens verpflichtet". Statt dessen lautet die Vorschrift: ... hat der Ersatzpflichtige ... dem Dritten „für die entgehenden Dienste ... Ersatz zu leisten". Dieser Wortlaut läßt erkennen, daß das Gesetz in § 845 in jedem Falle einen Schadensersatzanspruch (gerichtet auf den Wert der Dienste) gewährt, d. h. unabhängig und losgelöst von den Vermögenszu- und -abflüssen, die durch das Schadensereignis ausgelöst werden. Die Schadensberechnung geschieht infolgedessen nicht in der Weise, daß die Auswirkungen einer Rechtsgutverletzung auf die Ebene des Vermögens sozusagen projiziert werden. Vielmehr vollzieht sich die Schadensberechnung, indem das Blickfeld gleichsam verengt und auf ein bestimmtes verletztes Rechtsgut, ein konkretes einzelnes Objekt gerichtet und fixiert wird. Der Wert dieses Gutes wird ersetzt, wobei das Spektrum

---

[159] Die Ansatzpunkte für einen objektiven Schadensbegriff im geltenden Recht untersucht *Weychardt* S. 34/35. Als Beispiele für eine objektive Schadensberechnung nennt er: §§ 430, 658, 659 BGB, § 26 BSchG, § 19 OrderlagerscheinVO. Eine gewisse Objektivierung zeige sich auch in den §§ 288, 557, 597 BGB. Ergänzend sei auf die §§ 430 HGB, 124 b, (133 e) GewO hingewiesen.

des Vermögens in seiner Gesamtheit mit seinen u. U. vielfältigen, durch das Schadensereignis ausgelösten Zu- und Abflüssen außer Betracht bleibt. Diese Methode der Schadensberechnung geht — weil sie keine Rücksicht auf das *Gesamt*vermögen nimmt — zergliedernd, analytisch vor. Sie könnte — da ein konkretes Einzelinteresse (hier: der Wert der Dienste) und nicht allgemein das Vermögensinteresse ersetzt wird — etwa als „isolierte Schadensberechnung" charakterisiert werden.

Bestimmt man den Schaden — ausgehend von der Differenzmethode — indem man die Auswirkungen des Schadensereignisses auf das Gesamtvermögen ermittelt, so haben indes bestimmte Vermögenszu- oder -abflüsse außer Betracht zu bleiben. So z. B. wenn die gesetzliche Wertung des § 843 Abs. 4 BGB[160] eingreift. Wenn bei der Schadensberechnung die Auswirkungen der Rechtsgutverletzung auf das Gesamtvermögen ermittelt werden, ist von Unterhaltsleistungen Dritter abzusehen. Ebenso — und dies bekräftigt *§ 845 Satz 2 BGB*, wo die entsprechende Anwendung des § 843 Abs. 4 ausdrücklich angeordnet ist — kann die *wertende* Betrachtungsweise dann eingreifen, wenn das Gesetz den Schaden in *objektivierter* Weise bemißt. Letzterem entspricht die normative Schadensberechnung, als deren Kriterien oben[161] festgestellt wurden:

a) Leistungen eines Dritten an den Geschädigten, die aufgrund wertender Betrachtungsweise dem Schädiger nicht zugute kommen dürfen;
b) Der Wert des verletzten Vermögensguts muß sich objektiv ermitteln lassen.

Entgegen Hagen[162] ist nicht einzusehen, weshalb dieses methodische Vorgehen nicht auf dem Boden des BGB stünde.

cc) Das Urteil des BGH vom 16. 2. 1971

Beachtung verdient das Argument der Kritiker, § 843 Abs. 4 BGB enthalte im wesentlichen nichts anderes als eine gesetzliche Teilregelung über die Vorteilsausgleichung. Derartige Grundsätze könnten immer nur die Frage beantworten, ob auf einen ohne Vorteilsanrechnung zu bejahenden Schaden Vorteile anzurechnen sind. Sie seien jedoch ungeeignet, einen Schaden rechtlich zu begründen[163]. Demgegenüber hat der Bundesgerichtshof bereits in BGHZ 7, 30 ff.[164] ausgeführt, durch die

---

[160] Bei § 843 Abs. 4 BGB handelt es sich um eine spezielle Ausprägung eines allgemeinen Rechtsgrundsatzes: Leistung Dritter, die nach ihrem Sinn und Zweck nur den Verletzten, nicht auch den Schädiger begünstigen sollen, müssen außer Ansatz bleiben. Vgl. *Kollhosser* ZHR 129, 121 ff. (124).
[161] S. o. 1. Abschnitt A III 3 b, ff.
[162] *Hagen*, JuS 1969, 61 ff. (64).
[163] So bereits *Wilts*, NJW 1963, 2156 ff. (2157 a. A.) gegen BGHZ 38, 55 ff.
[164] Urt. v. 19. 6. 1952, S. 49.

„allerdings am Anfang stehende Frage der Entstehung eines Schadens" dürfe der Blick für die weitere Frage des Schadensausgleichs und der Berechnung des wirklich entstandenen Schadens nicht versperrt werden. Beide Fragen stünden „in unlöslichem Zusammenhang, sie können nicht gesondert betrachtet werden". Der BGH hat diese Rechtsprechung mittlerweile in einem *Urteil*[165] *vom 16. 2. 1971* fortgeführt: Auf die Unterscheidung Nichtentstehung eines Schadens oder Anrechnung eines Vorteils auf einen entstandenen Schaden komme es im Ergebnis nicht an. Der Senat weist darauf hin, daß die Abgrenzung zwischen Vermögensvorteilen... und bloßen Schadensberechnungsfaktoren durchaus nicht eindeutig und zudem nach formalen Gesichtspunkten kaum möglich sei. Die Entscheidung hebt hervor, in jedem Falle „treffe der im Bereich der Vorteilsausgleichung im eigentlichen Sinne entwickelte Grundsatz auch hier zu", daß die mit dem Schadensereignis verbundenen günstigen Umstände nur dann einzusetzen sind, wenn die Anrechnung dem Zweck des Schadensersatzes entspricht und den Schädiger nicht unbillig entlastet[166]. Was Ehmann[167] für den Problemkreis der Lohnfortzahlung festgestellt hat, gilt ebenso für Unterhaltsleistungen Dritter: Der Behauptung, bei der „Schadens*entstehung*" sei nach der Differenzmethode zu verfahren und auf Wertungen zu verzichten", hat sich der Bundesgerichtshof mittels des normativen Schadensbegriffs entzogen, was letztlich bedeutet: Bei Unterhaltsleistungen Dritter an die verletzte Ehefrau bestimmt sich sowohl *bei* als auch *nach* Entstehung des Schadens nach der in § 843 Abs. 4 BGB zum Ausdruck kommenden Wertung, ob die Unterhaltsleistungen den Schaden bzw. den Schadensersatzanspruch beeinflussen[168].

dd) Zusammenfassung

Dem Recht der unerlaubten Handlungen liegt die Differenzmethode nicht als einzige Methode der Schadensberechnung zugrunde, wie § 845 BGB erkennen läßt. Die normative Schadensberechnung bleibt indes auf diejenigen Fälle beschränkt, in denen Leistungen Dritter an den Verletzten kraft besonderer Wertung außer Ansatz bleiben. Das Problem der Anrechnung oder Nichtanrechnung von Drittleistungen ist letztlich ein Problem der Vorteilsausgleichung[169]. Es bleibt zu wünschen, daß die Fallgruppen, in denen derartige Wertungen eingreifen, von der

---

[165] BGH NJW 1971, 836 ff. (837), betr. Fahrschulwagen: Nach Sachlage hatte der Geschädigte den Erwerbsausfall bis zum Zeitpunkt der Urteilsfällung nachgeholt.
[166] BGH S. 838.
[167] *Ehmann* S. 275 ff. (277) und S. 271 Fußn. 76.
[168] *Ehmann* S. 277, a) a. E.
[169] *Ehmann* S. 315.

A. Schadensersatzansprüche der Ehefrau

Rechtsprechung klar herausgearbeitet werden. Alsdann würden auch die Bedenken, wonach der normative Schadensbegriff zu wenig Aussagekraft[170] besitze und nichts weiter als eine Leerformel sei, ausgeräumt.

Es steht nunmehr die Frage offen, ob und weshalb die Differenzmethode bei der Ermittlung des Schadens einer verletzten (in der Haushaltsführung beeinträchtigten) Ehefrau zu Schwierigkeiten führt. Damit ist zugleich die eingangs aufgeworfene Frage angeschnitten:

d) Was leistet der normative Schadensbegriff? Vermag er es, den eigenen Schadensersatzanspruch der verletzten Ehefrau auf Ersatz des gesamten Schadens zu begründen, der durch die Beeinträchtigung ihrer Haushaltstätigkeit entsteht?

aa) Besonderheiten des Unterhaltsrechts

Die Schwierigkeiten dieser Schadensberechnung liegen in den Besonderheiten des *Unterhaltsrechts* begründet: Die Ehegatten sind — wie wir einleitend[171] gesehen haben — nach § 1360 Satz 1 BGB einander verpflichtet, ... die Familie angemessen zu unterhalten. Durch die Führung des Haushalts erfüllt die Ehefrau ihre Verpflichtung, durch Arbeit zum Unterhalt der Familie beizutragen (§ 1360 Satz 2 BGB). Die Unterhaltsverpflichtung der Ehegatten unterscheidet sich inhaltlich von der Unterhaltsverpflichtung unter Verwandten: Einmal ist ihre Bedürftigkeit[172] keine Voraussetzung des Unterhaltsanspruchs unter den Ehegatten. Zum anderen geht die Unterhaltsverpflichtung eines Ehegatten nicht nur auf Gewährung des Lebensbedarfs des unterhaltsberechtigten Ehegatten; sie ist vielmehr darauf gerichtet, einen Beitrag zum „Familienunterhalt" zu leisten, der den Unterhalt beider Ehegatten sowie der gemeinschaftlichen Kinder und sonstige Haushaltskosten umfaßt. Die Ehegatten sind auch nicht verpflichtet, rechnerisch gleich hohe Beiträge beizusteuern[173]. Nach der Vorstellung des Gesetzgebers soll die ganze Familie gleichsam aus einem „Fonds" leben, der von beiden Ehegatten aufzubringen und zu speisen ist[174].

Wird die Ehefrau also verletzt und eine Zeitlang oder auf Dauer in ihrer Haushaltstätigkeit beeinträchtigt, so bedeutet dies: Sie ist nicht mehr in der Lage, ihren Beitrag zum Familienunterhalt im bisherigen Umfang zu erbringen. Ein Charakteristikum des Unterhaltsrechts be-

---

[170] *Hagen*, JuS 1969, 61 ff. (69). Ihm ist insoweit zuzustimmen, als er ausführt, der normative Schadensbegriff müsse jeweils erst ad hoc durch rechtliche Wertungen mit Inhalt erfüllt werden (Habil. *Hagen* S. 196).
[171] Einleitung III 2.
[172] *Dölle*, Familienrecht, Bd. I § 36 A II 1 a, S. 428.
[173] *Beitzke* § 11 IV 2 a Seite 52.
[174] *Dölle* S. 428.

steht nun in den Wirkungen auf die Unterhaltsverpflichtung des Ehemannes, die sich nicht etwa ebenfalls verkürzt, sondern — im Gegenteil — erhöht. BGHZ 38, 55 ff. stellt zutreffend fest, die eheliche Lebensgemeinschaft bewirke, daß die verletzte Ehefrau den wirtschaftlichen Nachteil ... nicht oder nicht allein zu tragen brauche. Die Entscheidung spricht zutreffend von einem gemeinsamen Auffangen der Verletzungsfolgen und von einem internen Ausgleich innerhalb der Familie[175]. M. a. W.: Die gegenseitige Verpflichtung der Ehegatten, ihren Beitrag zum Familienunterhalt zu leisten, ist keine synallagmatische! Der Ehegatte des Verletzten wird nicht etwa — wie man es im Recht der gegenseitigen Verträge erwarten würde — von seiner eigenen Leistung ganz oder teilweise frei, sondern im Gegenteil umsomehr verpflichtet[176].

Diese unterhaltsrechtlichen Gegebenheiten machen es schwierig, einen Schaden (i. S. einer Vermögensdifferenz) der verletzten und in der Haushaltsführung beeinträchtigten Ehefrau zu begründen:

bb) Die Schwierigkeiten der Differenzmethode bei den verschiedenen Fallgruppen:

(1) Nach der Differenzmethode tritt ein Schaden der Ehefrau nur dann ein, wenn die in ihrer Haushaltstätigkeit behinderte *Ehefrau* eine Ersatzkraft eingestellt und diese aus eigenen und zur freien Verfügung stehenden Mitteln entlohnt hat. Nicht selten ist der Sachverhalt jedoch so gelagert, daß die Hilfskraft von dem Ehemann angestellt und auch von ihm bezahlt wird. Man stelle sich vor, daß die Ehefrau unmittelbar nach einem Unfall stationär behandelt werden muß und deshalb schon aus tätsächlichen Gründen nicht imstande ist, für den Ausfall ihrer Haushaltstätigkeit eine Ersatzkraft zu bestellen (im einzelnen unter [2]).

(2) Wird die Haushaltshilfe vom *Ehemann* eingestellt und werden ihre Kosten von ihm getragen, so läßt sich eine Vermögensdifferenz und damit ein rechnerischer Schaden der Ehefrau nicht feststellen. Nach BGH 38, 55 ff.[177] handelt es sich dabei um einen internen Ausgleich, der begrifflich einen zunächst der Frau entstandenen Schaden voraussetze. Dieser Begründung ist entgegengehalten worden[178], sie erinnere an eine petitio principii. Wesentlich ist indessen, daß der Ehemann durch Einstellung und Bezahlung der Ersatzkraft nichts anderes als die ihm ob-

---

[175] BGHZ 38, 55 ff. (59), Urt. v. 25. 9. 1962.

[176] Im Ergebnis ebenso: *Eißer*, JZ 1963, 220 f. (221): „Der Unterhaltsanspruch der körperlich verletzten Ehefrau wird nicht etwa um den Ausfall an Arbeitsleistung gekürzt, sondern um ihren Mehrbedarf vergrößert". Von dieser Formulierung möchte ich absehen, weil die „Bedürftigkeit" eben keine Voraussetzung des Unterhaltsanspruchs nicht getrennt lebender Ehegatten darstellt.

[177] BGH 38, 55 ff. (59).

[178] *Eißer*, JZ 1963, 220 ff. (221), ebenso Diss. *Mann*, 1965, S. 76 a. A.

A. Schadensersatzansprüche der Ehefrau

liegende Unterhaltspflicht erfüllt. Hierauf kann der Schädiger die Ehefrau nach § 843 Abs. 4 BGB nicht verweisen[179]. Es trifft daher zu, wenn der Große Zivilsenat ausführt[180], der Schaden sei schon damals normativ aufgefaßt worden. Der normative Schadensbegriff macht die unpraktikable frühere Rechtsprechung des Reichsgerichts[181] demnach entbehrlich, wonach der Ehefrau erst dann ein Schaden entstehe, wenn sich die Unterhaltsleistungen des Ehemannes wegen der Kosten einer Ersatzkraft vermindert und auf den Unterhalt der Ehefrau „zurückgewirkt" hatten.

(3) Es ist auch denkbar, daß die Eheleute von der Einstellung einer Ersatzkraft gänzlich *abgesehen* haben. Möglicherweise wurde der Ausfall der Haushaltstätigkeit der Ehefrau innerhalb der Familie aufgefangen und von dem Ehemann oder den Kindern selbst übernommen. Dieses „Einspringen" für die verletzte Ehefrau ist rechtlich ebenfalls als Gewährung von Unterhalt zu qualifizieren. Denn über die Art der Unterhaltsleistung unter Ehegatten bestimmt § 1360 a Abs. 2 Satz 1 BGB nur, daß der Unterhalt in der Weise zu leisten ist, die durch die eheliche Lebensgemeinschaft geboten ist, d. h. in erster Linie in natura[182]. Infolgedessen greift hier ebenfalls § 843 Abs. 4 BGB ein. Der Schadensersatzanspruch der Ehefrau wird nicht dadurch ausgeschlossen, daß ein anderer Unterhalt zu gewähren hat. Bei der Schadensberechnung bleiben die Unterhaltsleistungen der Familienmitglieder außer Betracht. Also ist ein Schadensersatzanspruch der verletzten Ehefrau wegen Beeinträchtigung der Haushaltstätigkeit in diesem Falle wiederum nur normativ zu begründen. Unter rein rechnerischen Gesichtspunkten wäre ein Schaden überhaupt nicht feststellbar. Auch das Argument, daß überobligatorische Anstrengungen[183] zur Schadensminderung nicht angerechnet werden dürfen, verfängt schwerlich: erstens obliegt die Schadensminderungspflicht dem Geschädigten, also der Ehefrau, wohingegen die zusätzlichen Anstrengungen zum Ausgleich des Schadens von den übrigen Familienmitgliedern erbracht werden, die von den Verletzungsfolgen erst in zweiter Linie beeinträchtigt sind; zweitens ist fraglich, ob es sich überhaupt um „überobligatorische" Anstrengungen handelt, wenn ein Ehemann für seine verletzte Ehefrau vorübergehend Haushaltsarbeiten verrichtet, denn seine Unterhaltsverpflichtung wird durch den Ausfall der Ehefrau nicht etwa — wie wir gesehen haben — synallagmatisch verkürzt, sondern eher vergrößert.

---

[179] BGHZ 38, 55 ff. (60).
[180] BGH GSZ 50, 304 ff. (305 Mitte).
[181] RGZ 148, 68 ff., 70, Urt. v. 23. 5. 1935.
[182] *Dölle*, Familienrecht, Bd. 1 § 36 A II 4 a (S. 434).
[183] Vgl. dazu die „Fahrschulwagen"-Entscheidung BGH NJW 1971, 836 ff., Urt. v. 16. 2. 1971.

cc) Zusammenfassung

Es sind durchaus weitere Fallvarianten möglich, in denen die Schadensberechnung nach der Differenzmethode zu Schwierigkeiten führt: Vielleicht haben die Ehegatten eine notwendige Ersatzkraft einstellen wollen, aber erst nach einiger Zeit eine geeignete Person gefunden. Oder die Ehegatten haben nur für einen Teil der Hausarbeiten (z. B. zur Pflege der Wohnung) eine Ersatzkraft eingestellt, während andere Tätigkeiten (z. B. Betreuung der Kinder) von Verwandten übernommen wurden. Wenn eingangs die Frage gestellt wurde, was der normative Schadensbegriff leiste, so wird man nunmehr zusammenfassend sagen können: Der normative Schadensbegriff vermag einen Schadensersatzanspruch der verletzten, in der Haushaltsführung beeinträchtigten Ehefrau auch dann befriedigend zu begründen, wenn Leistungen unterhaltspflichtiger Dritter den Schaden vermindern oder aufheben. Die verletzte Ehefrau kann den Schädiger deshalb aus eigenem Recht auf Ersatz des ganzen Schadens in Anspruch nehmen, der durch den Ausfall ihrer Haushaltstätigkeit entsteht. Ob dieser Schaden innerhalb der Familie ganz oder teilweise aufgefangen wird, ist unerheblich, weil die Leistungen Dritter als Unterhaltsleistungen zu qualifizieren sind und bei der Schadensberechnung aufgrund gesetzlicher Wertung außer Betracht bleiben[184].

Der Schaden läßt sich — je nachdem in welchem Umfang eine Hilfskraft notwendig wird oder notwendig gewesen wäre — nach deren Kosten objektiv ermitteln. Die normative Schadensberechnung ermöglicht es, dem Schadensersatzanspruch der verletzten Ehefrau wegen Beeinträchtigung ihrer Haushaltstätigkeit — einem naturgemäß der Höhe nach schwer bestimmbaren und von zahlreichen Faktoren abhängigen Anspruch — eine gewisse pauschalierende, objektivierende und nicht in alle Einzelheiten eindringende Bewertung zuteil werden zu lassen, ohne — wie dargelegt — methodisch den Boden des BGB zu verlassen. Die bis zu einem gewissen Grade objektivierende Bewertung

---

[184] Vgl. die Parallele zum Erwerbsschaden eines Gesellschafters: Im Falle BGH NJW 1970, 95 f. war einem geschäftsführenden GmbH-Gesellschafter während seiner unfallbedingten Arbeitsunfähigkeit keine Tätigkeitsvergütung gezahlt worden. Gleichwohl meinte die Revision, durch den Wegfall und die Verminderung des Geschäftsführergehalts habe sich der Gewinn der GmbH und damit der Gewinnanteil des Gesellschafters erhöht und so seinen Verdienstausfallschaden ausgeglichen.. Dem ist der BGH nicht gefolgt, da es nicht darauf ankommen könne, wie die Gesellschaft im einzelnen den Arbeitsausfall des Klägers ausgeglichen habe. Auch ein Einspringen des anderen Gesellschafters, der die Arbeit ohne besondere Vergütung erbringt, komme dem Schädiger nicht zugute. Nach Sinn und Zweck solcher Leistungen soll die Gesellschaft begünstigt werden, dagegen sollen sie nicht einem etwaigen Schädiger zugute kommen (= BGH S. 96 r. Sp.). Ebenso *Gansmüller*, NJW 1963, 1446 (1447 l. Sp. a. E.), *Marschall v. Bieberstein* S. 245 und *Kollhosser*, ZHR 129, 121 ff., 151 besonders S. 158.

dieses Anspruchs entspricht durchaus dem Willen des Gesetzgebers, da ein inhaltlich deckungsgleicher (kongruenter) Anspruch früher dem Ehemann gegeben worden war. Denn gemäß § 845 S. 1 BGB konnte der Ehemann den Wert der entgangenen Dienste verlangen, und gemäß § 845 S. 2 fand § 843 Abs. 4 BGB entsprechende Anwendung. Im Ergebnis gewährt die neue Rechtsprechung der verletzten Ehefrau wegen Beeinträchtigung ihrer Haushaltstätigkeit nunmehr einen Schadensersatzanspruch desselben Inhalts, wie er vormals für den Ersatzanspruch des Ehemannes anerkannt worden war.

4. Läßt sich der Schadensersatzanspruch der verletzten Ehefrau wegen Beeinträchtigung in der Haushaltsführung mit dem Institut der Schadensliquidation im Drittinteresse begründen?

a) Wie schon im Rahmen des Literaturüberblicks zitiert[185], hat namentlich *Eißer*[186] den Versuch unternommen, den Schadensersatzanspruch der verletzten Ehefrau wegen Beeinträchtigung in der Haushaltsführung mit der Schadensliquidation im Drittinteresse[186a] zu begründen. Eißer unterscheidet, ob die für die verletzte Ehefrau eingestellte Ersatzkraft aus Mitteln der Ehefrau oder des Mannes bezahlt worden ist. Im ersteren Falle könne die verletzte Ehefrau Ersatz wegen Vermehrung ihrer Bedürfnisse nach § 843 BGB beanspruchen. Dagegen habe im letzteren Falle — so Eißer — eine Schadensverlagerung von der in ihrer Arbeitskraft verletzten Ehefrau auf den Ehemann stattgefunden, der den Schaden deswegen erlitten habe, weil er die Aushilfskraft eingestellt hat und hat bezahlen müssen. In ähnlicher Weise will auch *Berg*[187] die Drittschadensliquidation bemühen, soweit es sich um Schäden handle, die der Mann selbst getragen habe; es bleibe den Eheleuten überlassen, die von der Frau geltend gemachten Schäden intern auszugleichen.

b) Gegen die Begründung Eißers sind im Schrifttum aus unterschiedlichen Gründen Bedenken erhoben worden: Je nachdem werden die auf besonderen Rechtsbeziehungen beruhende Schadensverlagerung[188] geleugnet, ein vom Gesetzgeber gebilligter Interessennachteil für den Ehemann behauptet[189] oder das Vorhandensein einer Gesetzeslücke[190] in Frage gestellt.

---

[185] S. o. 1. Abschnitt A II 3 b.
[186] *Eißer*, FamRZ 1961, 49 ff. (50/51).
[186a] Zur Schadensliquidation im Drittinteresse vgl. *Medicus*, § 33 IV, 7, S. 360 ff.
[187] *Berg* JABl. 1970, ZR S. 39 ff. (40 a. A.).
[188] *Wilts* NJW 1963, 2156 ff. (2157 a. A.).
[189] *Figert* MDR 1962, 621 ff. (623 a. E.).
[190] *Hagen* JuS 1969, 61 ff. (66).

Ausschlaggebend erscheint m. E. zweierlei: Einmal beruht die Schadensliquidation im Drittinteresse auf der Annahme, daß der verletzten Ehefrau kein *Schaden*[191] entstehe, wenn der Ehemann die Ersatzkraft entlohnt hat. Die vorangegangenen Ausführungen haben diese Annahme indessen widerlegt. Denn obwohl die zusätzlichen Leistungen des Ehemannes einen rechnerischen Schaden der Ehefrau u. U. nicht entstehen lassen, so ist der Eintritt eines Schadens doch deshalb zu bejahen, weil die zusätzlichen Leistungen letztlich als Unterhaltsleistungen zu qualifizieren und bei der wertenden Schadensberechnung daher außer Ansatz bleiben[192]. Ist der verletzten, in der Haushaltsführung beeinträchtigten Ehefrau demnach ein Schaden entstanden, ist damit einer Drittschadensliquidation der Boden entzogen[193]. Hinzu kommt, daß die Anerkennung der Schadensliquidation im Drittinteresse *außerhalb* des Bereichs der mittelbaren Stellvertretung keineswegs gesichert ist. In der Anwendung ihrer Grundsätze ist — wie Hagen neuerdings eingehend untersucht hat[194] — Zurückhaltung geboten. Inwieweit außerhalb des Bereichs der mittelbaren Stellvertretung eine Gesetzeslücke[195] und daher ein Bedürfnis nach Zulassung der Liquidation im Drittinteresse besteht, ist fraglich. In unserem Falle umso mehr, als die Schadensberechnung und der Aspekt einer wertenden Betrachtungsweise in § 843 Abs. 4 BGB eine tragfähige Grundlage haben.

B. Die Ansprüche des Mannes wegen Verletzung der im Haushalt tätigen Ehefrau

In seinem grundlegenden Urteil[196] vom 25. 9. 1962 hat der 6. Zivilsenat entschieden, daß die durch eine unerlaubte Handlung körperlich verletzte Ehefrau nach Inkrafttreten des Gleichberechtigungsgesetzes einen eigenen Schadensersatzanspruch wegen ihrer Beeinträchtigung

---

[191] Zutreffend m. E. *Mann* (S. 69): Die Anwendung dieses Instituts (= der Schadensliquidation im Drittinteresse) erscheint erst dann gerechtfertigt, wenn feststeht, daß die verletzte Ehefrau nicht selbst als geschädigt anzusehen ist.

[192] S. o. 1. Abschnitt A III 3.

[193] Vgl. entsprechend — für den Fall der Lohnfortzahlung — *Ehmann* S. 299/300.

[194] *Hagen*, Die Drittschadensliquidation im Wandel der Rechtsdogmatik, 1970.

[195] *Hagen* JuS 1969, 61 ff. (66).

[196] BGHZ 38, 55 ff.

B. Schadensersatzansprüche des Ehemannes?

in der Führung des Haushalts habe. Nicht geklärt wurde dort[197] die Frage, ob daneben noch ein Anspruch des Ehemannes auf Ersatz der entgehenden Dienste nach § 845 BGB bestehe.

I. Der Beschluß des Großen Zivilsenats vom 9. 7. 1968 zur Auslegung des § 845 BGB

1. Die Rechtsprechung des Bundesgerichtshofs hatte diese Frage früher bejaht[198] und nach dem Urteil vom 25. 9. 1962 zunächst offengelassen[199]. Der 6. Zivilsenat hat die streitige Frage wegen ihrer grundsätzlichen Bedeutung dem Großen Senat für Zivilsachen vorgelegt. In seinem *Beschluß*[200] *vom 9. 7. 1968* (dessen Bedeutung sich nicht nur in den Ausführungen zum normativen Schadensbegriff erschöpft) hat der Große Senat entschieden, daß *allein* die Ehefrau Ersatz des Schadens verlangen könne.

2. Der Große Senat stellte fest, daß der Ehemann nach Inkrafttreten[201] des Gleichberechtigungsgesetzes vom 18. 6. 1957 nicht mehr berechtigt sei, von dem Schädiger Schadensersatz nach § 845 BGB wegen Behinderung der verletzten Ehefrau in der Haushaltsführung zu verlangen. In den Gründen[202] wird ausgeführt, es sei maßgebend, daß sich die Wertung und rechtliche Einordnung der Haushaltstätigkeit der Frau geändert habe... Sinnvoll sei nur ein Schadensersatzanspruch in der Person der Ehefrau hinsichtlich des gesamten Schadens... Die Gründe sprechen dann von der Subjektbezogenheit[203] des Ersatzanspruchs, die ihre Rechtfertigung zugleich als Ausstrahlung des normativen Schadensbegriffs finde.

3. Kurze Zeit später begründet der 6. Zivilsenat[204] den Standpunkt der Rechtsprechung auch mit dem Sinn des § 845 BGB, der insoweit entfal-

---

[197] Die Ehefrau hatte nämlich schon vor ihrer Eheschließung (1955) den Unfall erlitten (1946).
[198] BGH FamRZ 1959, 203 ff. (204) Urt. v. 10. 3. 1959: Dem Ehemann stehen auch nach dem Gleichberechtigungsgesetz grundsätzlich die Ansprüche aus § 845 BGB zu (betr. Ersatzansprüche bei Tötung der berufstätigen Ehefrau). Auch BGH JZ 1960, 371 f. (371) hielt noch an der Anwendbarkeit von § 845 fest (= Urt. v. 10. 11. 1959).
[199] BGH NJW 1965, 1710 ff., Urt. v. 18. 5. 1965, mit Anm. *Féaux de la Croix*: Die Entscheidung befaßt sich mit den Ersatzansprüchen des Ehemannes und der Kinder bei Tötung der Ehefrau. Nachdem der BGH die Ansprüche des Ehemannes aus § 844 II begründet hatte, rechtfertigte er die Entscheidung unterstützend aus § 845 BGB.
[200] BGH GSZ 50, 304 ff.
[201] Am 1. 7. 1958.
[202] BGH GSZ 50, 304 ff. (305).
[203] BGH GSZ a.a.O. S. 306.
[204] BGHZ 51, 109 ff. (110 a. E.) = BGH NJW 1969, 321 f. = FamRZ 1969, 76 ff.; Urt. v. 26. 11. 1968 (betr. allerdings Ersatzansprüche bei Tötung).

len sei. Diese Bestimmung sei jedenfalls insoweit nicht mehr anwendbar, als ein *anderer* Weg gegeben sei, den Schädiger zum Ersatz des durch Beeinträchtigung in der Haushaltsführung entstandenen Schadens heranzuziehen"[205].

4. In der Literatur war die Begründung des Großen Zivilsenats schon weitgehend vorbereitet worden[206]. Sein Beschluß ist daher — was die Auslegung des § 845 BGB betrifft — überwiegend positiv aufgenommen worden[207]. In der Folgezeit sind — was die Beeinträchtigung in der Haushaltstätigkeit anbelangt — nur noch wenige Gegenstimmen[208] laut geworden, welche nach wie vor für die Anwendung des § 845 eintreten und zugunsten einer Gesamtgläubigerschaft der Ehefrau und des Ehemannes plädieren.

II. Die Prüfung der Rechtslage nach Wortlaut, systematischem Zusammenhang sowie Sinn und Zweck des § 845 BGB unter Berücksichtigung seiner Entstehungsgeschichte

1. Das Problem der Subsumtion nach Inkrafttreten des Gleichberechtigungsgesetzes

Vergegenwärtigen wir uns vorweg den *Wortlaut* des § 845 BGB. Er lautet: „Im Falle der ... Verletzung des Körpers oder der Gesundheit ... hat der Ersatzpflichtige, wenn der Verletzte kraft Gesetzes einem Dritten zur Leistung von Diensten in dessen Hauswesen oder Gewerbe verpflichtet war, dem Dritten für die entgehenden Dienste ... Ersatz zu leisten". Die Subsumtion der Haushaltstätigkeit unter den Wortlaut des § 845 bereitet in mehrfacher Hinsicht Schwierigkeiten. Diese hängen eng zusammen mit der grundsätzlich gewandelten Auf-

---

[205] BGHZ a.a.O. 51, 109 ff. (111).
[206] *Gernhuber*, FamRZ 1958, 243 ff., besonders S. 251: „Jede Klage aus § 845, die weiter reicht als das Unterhaltsrecht, läßt das Bild einer Ehe entstehen, in der ein Ehegatte dazu verurteilt war, dem Partner Vermögensvorteile zu verschaffen..." Vgl. ferner: *Eißer*, FamRZ 1959, 177 ff. (181, 182) und FamRZ 1961, 49 ff., *G. Boehmer*, FamRZ 1960, 173 ff., *Klingsporn*, FamRZ 1961, 54 ff. (bes. 58 ff.).
[207] *Bosch*, FamRZ 1968, 507; *Bökelmann*, JR 1969, 101; *Kilian*, AcP 169 (1969), 443 ff. (451); *Kropholler*, FamRZ 1969, 241 ff. (248); *Berg*, JA 1970, ZR S. 39 ff. (39/40); *Jayme* S. 79; vgl besonders *Hauß*, Anmerkung LM Nr. 15 zu § 845 (= Anm. zum Beschluß BGH GSZ vom 9. 7. 1968) sowie *Nüßgens*, Anm. LM Nr. 4/5 zu § 10 StVG, bes. Bl. 1 (= Anm. zu BGHZ 51, 109, Urt. v. 26. 11. 1968).
[208] *Vollkommer*, JZ 1969, 528 (529 r. Sp.); Habil. *Fenn* S. 561 a. E.: Der nicht näher begründete Hinweis des GrZS auf die „Subjektbezogenheit des Ersatzanspruchs" und die anklingende Erwägung, der unmittelbar Geschädigte sei „näher am Schaden" als der „bloß" mittelbar Geschädigte, rechtfertigen die Ausschaltung des § 845 BGB als geltende Rechtsnorm nicht.

fassung des *Gleichberechtigungsgesetzes* von dem Verhältnis der Ehegatten zueinander:

Nach § 1356 Abs. 1 BGB a. F. war die Frau, unbeschadet des Entscheidungsrechts des Mannes, berechtigt und verpflichtet, das gemeinschaftliche Hauswesen zu leiten. Das Unterhaltsrecht war an anderer Stelle für Mann und Frau ungleich geregelt: § 1360 Abs. 2 a. F. bestimmte: Die Frau hat dem Manne, wenn er außer Stande ist, sich selbst zu unterhalten, den seiner Lebensstellung entsprechenden Unterhalt nach Maßgabe ihres Vermögens und ihrer Erwerbsfähigkeit zu gewähren.

Nach jetziger Rechtslage führt die Frau den Haushalt in eigener Veranwortung (§ 1356 Abs. 1 BGB n. F.). Sie erfüllt ihre Verpflichtung, durch Arbeit zum Unterhalt der Familie beizutragen, in der Regel durch die Führung des Haushalts (§ 1360 Satz 2 n. F.). Mit anderen Worten: Durch die Haushaltsführung erbringt die Frau (nach geltendem Recht) regelmäßig ihren Beitrag zum Familienunterhalt.

Diese Umgestaltung der Rechtslage durch das Gleichberechtigungsgesetz hat namentlich *Eißer*[209] und *Gustav Boehmer*[210] veranlaßt, die Anwendung des § 845 BGB entschieden abzulehnen. Boehmer[211] argumentiert, die Haushaltsführung der Ehefrau sei keine Leistung von *Diensten* im Sinne des § 845 BGB. Denn zu einer Dienstleistung gehöre begrifflich eine Direktionsgewalt des Dienstherrn. Bei einer Tätigkeit, die in eigener Verantwortung ausgeübt werde, könne aber nicht davon gesprochen werden, daß sie den Charakter einer Dienstleistung für einen anderen habe. Es fehle auch an einer weiteren Voraussetzung des § 845: Denn das Hauswesen sei nicht mehr Hauswesen „des Mannes", sondern *beider* Ehegatten (in § 845 heißt es: in „dessen" Hauswesen). Außerdem weist Boehmer darauf hin, daß die Arbeiten der Ehefrau im Haushalt nach der neuen Rechtslage Beitragsleistungen für den Unterhalt der Familie sind. Sind sie aber Leistungen zur Erfüllung der Unterhaltspflicht, so könnten sie unmöglich *zugleich* Dienstleistungen für den Mann als Dienstberechtigten sein[212].

a) Leistung von Diensten?

Betrachten wir uns die Argumente Boehmers näher! Mögen sie auf den ersten Blick treffend erscheinen, so sind sie doch nicht alle zwingend:

Das Argument, bei einer Tätigkeit, die in eigener Veranwortung, als eigene selbständige Aufgabe, mit eigener Entscheidungsgewalt aus-

---

[209] *Eißer*, FamRZ 1959, 177 ff. (181) und FamRZ 1961, 49 ff. (49/50).
[210] *Gustav Boehmer*, FamRZ 1960, 173 ff. (174, 179).
[211] *Boehmer* S. 174.
[212] *Boehmer* formuliert polemisch, die Frau habe aufgehört, Dienerin des Mannes zu sein oder ... zum unbezahlten Dienstboten des Mannes degradiert zu sein (S. 174).

geübt werde, könne es sich nicht um *Dienste* handeln, hat schon Klingsporn[213] zu widerlegen versucht. Er hat auf den unabhängigen Dienstvertrag hingewiesen. Auch sei die Ehefrau bezüglich Art und Umfang ihrer Haushaltsführung keineswegs unabhängig; ihre Verpflichtung ergebe sich aus dem Gesetz sowie aus den persönlichen und wirtschaftlichen Verhältnissen der Ehegatten. (Daß die Ehefrau den Haushalt „in eigener Verantwortung" führe, besage also lediglich, daß sie bei der Haushaltsführung im einzelnen selbständig handle, namentlich an Weisungen des Ehemannes nicht — wie früher — gebunden sei[214]). Ebenso meint Habscheid[215], wesentlich für die in § 845 geschützte Interessenlage sei nicht, daß untergeordnete Hilfsdienste erbracht werden müssen, sondern „daß überhaupt ein gesetzlicher Anspruch"[216]... auf Dienst- und Arbeitsleistungen... im Familienhaushalt... bestehe. Genau diese Pflicht (!) aber lege § 1356 BGB der Ehefrau ihrem Manne gegenüber auf. Das ist gewiß richtig. So spricht § 1360 Satz 2 von der „Verpflichtung" der Frau, durch Arbeit zum Unterhalt der Familie beizutragen, welche regelmäßig durch die Führung des Haushalts erfüllt werde.

b) *Im Hauswesen des Mannes?*

Auch der Gesichtspunkt, die Ehefrau führe den Haushalt nicht im „Hauswesen *des Mannes*", sondern beider Ehegatten, dürfte nicht entscheidend sein.

Klingsporn[217] hat darauf aufmerksam gemacht, daß schon § 1356 Abs. 1 BGB a. F. den Ausdruck „gemeinschaftliches Hauswesen" verwendet habe, ohne daß die Anwendung des § 845 (damals) zweifelhaft gewesen wäre. Allerdings verpflichtete das Gesetz in § 1356 Abs. 2 a. F. die Ehefrau zu Arbeiten (soweit üblich) „im Hauswesen und im Geschäft des Mannes". Dieser Wortlaut schließt die Möglichkeit nicht völlig aus, die Wendung „des Mannes" sowohl auf das Geschäft als auch auf das Hauswesen zu beziehen. In Anbetracht dessen dürfte das Tatbestandsmerkmal „in *dessen* Hauswesen" nicht ergiebig genug sein, um für sich allein den Ausschlag für oder gegen die Anwendung des § 845 zu geben.

---

[213] *Klingsporn*, FamRZ 1961, 54 ff. (58).

[214] *Klingsporn* S. 58.

[215] *Habscheid*, JuS 1966, 180 ff. (184 1. Sp.).

[216] *Habscheid* behandelt zwar die Ersatzansprüche bei Tötung, im Falle der Verletzung kann insoweit (!) aber nichts anderes gelten.

[217] *Klingsporn*, FamRZ 1961, 54 ff. (59), ebenso *Wilts*, NJW 1963, 2156 ff. (2157).

2. Das Verhältnis gesetzliche Unterhalts-/gesetzliche Dienstleistungspflichten

a) Kontroverse Auffassungen in Rechtsprechung und Lehre

Sehr viel entscheidender könnte sein, in welchem Verhältnis Unterhaltspflicht der Ehegatten und Dienstleistungspflicht zueinander stehen. Auf diese Frage sind divergierende Antworten gegeben worden. Nach Ansicht von Boehmer[218] — auf dessen Beitrag bereits hingewiesen worden ist — können Leistungen der Ehefrau zur Erfüllung der Unterhaltspflicht „unmöglich *zugleich* Dienstleistungen" für den Mann als Dienstberechtigten sein. Auch nach Meinung Klingsporns[219] bestehen zwischen einer gesetzlichen Unterhaltspflicht und einer gesetzlichen Dienstleistungspflicht wesentliche Unterschiede. Hauß[220] hält mit der unterhaltsrechtlichen Begründung (der Mitarbeitspflicht) die Annahme nicht für vereinbar, es handle sich... um eine dem Ehemann geschuldete Dienstleistung. Eißer[221] argumentiert: Es gehe nicht an, die gleiche Hausarbeit gegenüber den Kindern als Unterhaltsleistung, gegenüber dem Ehemann als Dienste anzusehen.

Den *gegenteiligen* Standpunkt hat der BGH[222] eingenommen. Auch Weimar[223] scheint Unterhalts- und Dienstleistungspflichten nicht gegenseitig ausschließen zu wollen, wenn auch mit anderer Begründung: Die Anrechnung der Haushaltstätigkeit der Frau als Unterhaltsbeitrag habe lediglich „für" das interne Verhältnis der „Ehegatten" Bedeutung. „Im Verhältnis zu Dritten" bleibe es ein Anspruch des Ehemannes auf Dienste seiner Frau...

Schließlich meint Habscheid[224], durch die Haushaltsführung erfülle die Ehefrau „zugleich zwei" gesetzliche Pflichten dem Manne gegen-

---

[218] *Gustav Boehmer*, FamRZ 1960, 173 ff. (174).

[219] *Klingsporn*, FamRZ 1961, 54 ff. (59), dagegen *Figert*, MDR 1962, 621 ff. (621 r. Sp.).

[220] *Hauß*, Anmerkung LM Nr. 15 zu § 845 BGB (besonders Ziffer 3 der Anmerkung).

[221] *Eißer*, FamRZ 1961, 49 ff. (54 a. E.).

[222] BGH NJW 1965, 1710 (1712 l. Sp.): Der BGH räumt zunächst ein, daß der Anspruch des Ehemannes auf fortlaufenden Beitrag der Ehefrau zum Familienunterhalt ... nicht mehr (wie vor dem Gleichberechtigungsgesetz) einer durch die Ehe begründeten Dienstberechtigung, sondern seiner Partnerstellung entspringe... Er führt dann aus: Soweit die Frau durch Dienstleistung im ehelichen Hauswesen zugleich die Unterhaltsansprüche der Kinder zu befriedigen hatte und umgekehrt zum Zwecke der Unterhaltsgewährung an die Kinder zugleich Dienste im Hauswesen leistete, brauchte zwar die Frau diese Dienste nur einmal zu leisten, „schuldete sie diese gleichen Dienste jedoch dem Manne auf Grund der Ehe wie auch den Kindern auf Grund ihrer Unterhaltspflicht"... (= Urt. v. 18. 5. 1965).

[223] *Weimar*, MDR 1961, 662 f. (662 r. Sp. u. 663 a. A.).

[224] So *Habscheid*, JuS 1966, 180 ff. (184 r. Sp. Mitte).

über; sie erbringe ihren Unterhaltsbeitrag nach § 1360 und werde ihrer ehelichen Pflicht nach § 1356 Abs. 1 S. 1 BGB gerecht; ihr Unterhaltsbeitrag sei also sehr wohl zugleich Arbeitsleistung dem Manne gegenüber.

Eine eigene Auffassung vertritt neuerdings Kilian[225]: „Dienst" und „Unterhaltsleistung" (eines unterhaltspflichtigen Kindes gegenüber bedürftigen Eltern) schließen sich nicht gegensätzlich aus; Unterhaltsleistung sei lediglich eine inhaltliche „Zweckbestimmung" der Dienstleistung.

Nach alledem stellt sich das Problem des Verhältnisses von Unterhalts- und Dienstleistungspflicht in der Literatur als sehr kontrovers dar. Der Große Zivilsenat ist dem Problem aus dem Wege gegangen und deutet nur an[226], daß sich die Wertung und rechtliche Einordnung der Tätigkeit der Ehefrau im Haushalt geändert habe; im übrigen ist der Große Senat aus anderen Gründen zur Ablehnung des § 845 gekommen. Dagegen hatte das Urteil des BGH vom 25. 9. 1962 seinerzeit apodiktisch festgestellt[227]: Der Wegfall des männlichen Weisungsrechts und erst recht die Einordnung als Unterhaltsbeitrag verbieten es, in der Haushaltsführung weiterhin eine Dienstleistung der Frau zu sehen. Die Rechtsprechung schwankte jedoch, denn drei Jahre später hat der BGH in seinem Urteil vom 18. 5. 1965 einen ganz anderen Standpunkt eingenommen[228].

b) Versuch einer eigenen Abgrenzung

Die Diskussion, ob die Unterhaltspflicht der Ehegatten (hier: der Ehefrau) zugleich eine gesetzliche Pflicht zur Leistung von Diensten (hier: für den Ehemann) sein kann, sollte m. E. folgendes beachten:

Das Wort „Dienste", im Zusammenhang mit „Diener" mit dem Odium des Untertänigen behaftet, hat sich sprachlich gewandelt und ist im modernen Sprachgebrauch (zumindest auch) ohne abwertende Bedeutung üblich. Das zeigt sich besonders in der Anwendung auf Sachen; „eine Sache dient zu etwas Bestimmtem" bedeutet soviel wie „nützt, wird gebraucht zu...". Im wirtschaftlichen Bereich spricht man ohne Werturteil von „Dienstleistungen" und „Dienstleistungsbetrieben".

---

[225] *Kilian*, NJW 1969, 2005 f. (2006 1. Sp. Ziffer 2 b) = Anmerkung zu BGH NJW 1969, 2005 ff., Urt. v. 24. 6. 1969. Hier ist allerdings zu beachten, daß die Dienstpflichten von Kindern und Ehegatten Unterschiede aufweisen; vgl. dazu BGH NJW 1972, 429 ff. (430), Urt. v. 7. 12. 1971.
[226] BGH GSZ NJW 1968, 1823 f. (1823), Beschluß v. 9. 7. 1968.
[227] BGHZ 38, 55 ff. (57).
[228] BGH NJW 1965, 1710 ff. (1712 1. Sp.). Die Entscheidung ist oben 1. Abschnitt Fußnote 222 auszugsweise wiedergegeben.

B. Schadensersatzansprüche des Ehemannes?

Bei der Frage, ob eine Unterhaltspflicht unter dem Begriff „Dienstleistungspflicht" subsumiert werden kann, ist deshalb eine „mehr gefühlsmäßige als rational begründete Animosität"[229] gegen den Begriff „Dienste" fehl am Platze.

aa) Kongruente oder inkongruente Pflichtenkreise?

Am nächstliegenden, so könnte man meinen, wäre eine positivistische Lösung des Problems. Denn das BGB hat eine Verpflichtung zur Leistung von Diensten unter Ehegatten nicht expressis verbis normiert, während es eine derartige Verpflichtung den Kindern eigens auferlegt (§ 1619 BGB). Dieses Argument versagt aber schon deshalb, weil sich eine Verpflichtung der Ehegatten zu Mithilfe oder tätiger Unterstützung (um das Wort „Dienste" einmal zu vermeiden) aus § 1353 BGB ergeben kann. Dennoch könnten sich aus einem vorsichtigen Vergleich der Unterhalts- und Dienstleistungspflicht von Kindern gewisse Rückschlüsse ableiten lassen[230]: Erstens sind Unterhaltspflicht (§ 1601) und Dienstleistungspflicht der Kinder (§ 1619) nach ihren *Voraussetzungen verschieden*[231]; die beiden Pflichtenkreise scheinen demnach keine konzentrischen, aber u. U. sich überschneidende Kreise zu bilden. Zweitens: Mit der Unterhaltspflicht eines Ehegatten korrespondiert das Recht auf Unterhalt gegen den anderen Ehegatten; Verwandte in gerader Linie leisten „einander" Unterhalt; dagegen haftet der gesetzlichen Verpflichtung zur Leistung von Diensten etwas *„Einseitiges"* an. Drittens bestimmt § 1360 a Abs. 1 BGB über die *Art* des Familienunterhalts, er sei in der Weise zu leisten, die durch die eheliche Lebensgemeinschaft geboten sei — eine Vorschrift, die den individuellen Verhältnissen entgegenkommt. Muß sich ein Ehegatte etwa aus beruflichen Gründen eine Zeitlang an einem auswärtigen Wohnort aufhalten, kann der Unterhalt vorwiegend in Geldleistungen bestehen[232]; dagegen können die Dienste,

---

[229] *J. Burckhardt* S. 241 a. A.

[230] Daß zwischen Dienstpflichten von Ehegatten und Kindern allerdings Verschiedenheiten bestehen, wurde bereits erwähnt (1. Abschnitt Fußnote 225); vgl. BGH NJW 1972, 429 ff. (430), Urt. v. 7. 12. 1971.

[231] Vgl. *Kropholler*, FamRZ 1969, 241 ff. (249 1. Sp.): Vom Unterhaltsrecht ist die Verpflichtung aus § 1617 ebenso wie die entsprechende Verpflichtung der Ehegatten grundsätzlich *unabhängig*. Vgl. auch das inzwischen ergangene Urteil des BGH vom 24. 6. 1969: Der Anspruch, den Eltern nach § 1617 BGB (jetzt: § 1619 n. F.) gegen ihre Kinder haben, kann, anders als der Anspruch eines Ehegatten, nicht unter dem Begriff des Unterhalts eingeordnet werden. Der Anspruch auf die Dienste des Kindes hängt gem. § 1617 (a. F.) jedenfalls bei volljährigen Kindern, davon ab, daß es von den Eltern unterhalten wird. Das Gesetz regelt also gerade nicht den Fall, bei denen die Eltern, weil sie bedürftig sind, von ihren Kindern unterhalten werden (= BGH NJW 1969, 2005 ff. [2007 1. Sp., Buchst. aa am Ende]).

[232] Beispiel nach *Beitzke*, § 11 IV 6 (S. 54).

von denen die §§ 1619 und 845 BGB sprechen, nicht in der Form von Geldleistungen erbracht werden.

Es hat somit den Anschein, als *könnten* sich Unterhalts- und Dienstleistungspflicht u. U. (teilweise) decken, sie *müssen* es aber nicht.

bb) Die Bedeutung der Systematik der §§ 844 Abs. 2, 845 BGB

Letzlich kommt es aber weniger darauf an, ob Unterhaltspflichten von Ehegatten begrifflich und als solche zugleich Dienstleistungspflichten sein können. Soweit die Diskussion unter diesem Aspekt geführt wird, erscheint die Frage im Ansatz nicht treffend. Denn selbst wenn es begrifflich Überschneidungen geben sollte, bliebe immer noch die Möglichkeit offen, daß das Gesetz Unterhalts- und Dienstleistungspflichten (haftungsrechtlich) unterschiedlicher Behandlung unterwirft. Die Rechtsfrage kann m. E. nur lauten, ob das BGB Unterhalts- und Dienstleistungspflichten „in § 845 BGB" gleichbehandelt, d. h. ob es daran gleiche Rechtsfolgen knüpfen wollte.

Die Frage muß m. E. verneint werden, und zwar m. E. schon aus *systematischen* Gründen, die in der Literatur zu § 845 BGB — soweit ersichtlich — wider Erwarten nicht gesehen werden. M. E. läßt bereits die Systematik der § 845 und § 844 Abs. 2 BGB erkennen, wie der Gesetzgeber das Verhältnis von Unterhalts- und Dienstleistungspflicht beurteilt hat. Im Falle der Tötung wird dies besonders deutlich. § 844 Abs. 2 BGB bestimmt nämlich sinngemäß: War der Getötete einem Dritten unterhaltspflichtig oder konnte er unterhaltspflichtig werden, und ist dem Dritten infolge der Tötung das Recht auf Unterhalt entzogen, so hat der Ersatzpflichtige... Schadensersatz zu leisten. In § 845 Satz 1 BGB heißt es: Im Falle der Tötung, der Verletzung usw. hat der Ersatzpflichtige, wenn der Verletzte kraft Gesetzes einem Dritten zur Leistung von Diensten... verpflichtet war, dem Dritten... Ersatz zu leisten. Beide Vorschriften befassen sich somit auch mit dem Fall der Tötung, im ersten Falle eines Unterhaltspflichtigen, im zweiten Falle eines gesetzlich zu Diensten Verpflichteten. Es hieße dem Gesetzgeber des BGB eine gute Portion Nachlässigkeit unterstellen, wenn man annehmen wollte, er habe versehentlich zweimal denselben Fall geregelt. Denn wenn in § 845 BGB Unterhaltspflicht gleich Dienstleistungspflicht wäre, dann wäre § 844 Abs. 2 BGB in § 845 enthalten. Aus dem Nebeneinander von § 844 Abs. 2 und § 845 BGB wird man daher schließen können, daß der Gesetzgeber Unterhalts- und Dienstleistungspflicht nicht als deckungsgleich, sondern als etwas Verschiedenes betrachtet hat.

Wäre der Gesetzgeber davon ausgegangen, daß eine Unterhaltspflicht zugleich eine Dienstleistungspflicht im Sinne des § 845 BGB sein könne, dann hätte das Nebeneinander gleicher Tatbestandsvoraussetzungen in

§ 844 Abs. 2 und § 845 nur dann einen Sinn, wenn der Gesetzgeber daran unterschiedliche Rechtsfolgen geknüpft hätte (z. B. wenn der Gesetzgeber in der einen Vorschrift nur die Art, in der anderen den Umfang der Ersatzpflicht geregelt hätte). Das ist jedoch nicht der Fall, sowohl § 844 Abs. 2 als auch § 845 BGB regeln den Umfang der Ersatzpflicht. Diese systematischen Gesichtspunkte lassen m. E. den Schluß zu, daß die Leistung von Unterhalt (hier: die Haushaltsführung der Ehefrau) *nicht* unter den Begriff gesetzliche Dienste i. S. des § 845 BGB subsumiert werden kann.

cc) Bestätigung durch Sinn, Zweck und Entstehungsgeschichte

Das Ergebnis der systematischen Auslegung wird durch Sinn und Zweck[233] des § 845 BGB, wie er sich aus der Entstehungsgeschichte ergibt, bestätigt:

Die Kommission für die 2. Lesung des Entwurfs zum Bürgerlichen Gesetzbuch hatte § 727 a (jetzt § 845) mit der Begründung eingefügt, „durch die Entziehung der Dienste werde in die Familie eine ähnliche Lücke gerissen wie durch die Entziehung der Tätigkeit des zur Unterhaltsleistung verpflichteten Familienmitgliedes; die Billigkeit verlange, daß auch dieser Schaden ausgeglichen werde"[234]. Damit erweist sich § 845 als eine „ergänzende" Regelung[235] für die Fälle, in denen der Schaden des Dritten in der Entziehung gesetzlich geschuldeter Dienste des Getöteten oder Verletzten bestand. Soweit dagegen ... das Recht des Dritten auf Unterhalt (!) entzogen wurde, bedurfte es jener Vorschrift wegen §§ 726, 727 des Entwurfs (jetzt: §§ 843, 844 BGB) nicht. Außerdem ist von Bedeutung, daß die Haushaltstätigkeit der Ehefrau z. Z. der Entstehung des BGB — im Gegensatz zu heute — noch nicht als Beitrag zum Familienunterhalt anerkannt war. Deshalb wird man annehmen können, daß § 845 BGB seinerzeit notwendig erschien, weil die Verminderung der unentgeltlichen Arbeitsleistung der Ehefrau nicht zu einem konkreten eigenen (!) Schaden der Ehefrau führte. Damit ist zugleich klargestellt — worauf Jayme[236] m. E. zutreffend hinweist — daß § 845 seine Rechtfertigung im Nichtbestehen von Ansprüchen des Verletzten

---

[233] Zur Entstehungsgeschichte des § 845 BGB vgl. *Klingsporn*, FamRZ 1961, 54 ff. (59) und *Jayme* S. 63—67. Mit den soziologischen Gegebenheiten z. Z. der Entstehung des § 845 befaßt sich *Kilian* AcP 169 (1969) S. 444—447. Er stellt die These auf, § 845 erweise sich als ein Mittel, die „Frau-an-den-Herd"-Konzeption (die § 1356 Abs. 2 BGB a. F. zum Prinzip erhoben habe), um die Frauenbewegung und ihre Emanzipationsbestrebungen aufzuhalten) für das Schadensersatzrecht gesetzestechnisch umzusetzen (*Kilian* S. 446).
[234] Protokolle der Kommission für die II. Lesung des Entwurfs des BGB, Bd. II, S. 631, 632.
[235] *Klingsporn* S. 59.
[236] *Jayme* S. 65.

fand; eine Gläubigermehrheit zwischen Ansprüchen des Verletzten und des Dienstberechtigten sollte somit nicht entstehen.

dd) Ergebnis

Der Sinn[237] des § 845 BGB ist demnach — was den Schadensersatzanspruch der verletzten Ehefrau wegen Beeinträchtigung der Haushaltsführung betrifft — aus zweierlei Gründen entfallen:

1. Weil die Haushaltsführung der Ehefrau seit dem Gleichberechtigungsgesetz als Beitrag zum Familienunterhalt anerkannt ist und § 845 BGB als eine ergänzende Regelung insoweit nicht eingreift, als die Tätigkeit der Ehefrau in das Unterhaltsrecht einbezogen und von diesem erfaßt ist;
2. Weil seit BGHZ 38, 55 ff. und BGH GSZ 50, 304 unter Bezugnahme auf den normativen Schadensbegriff ein eigener Anspruch der verletzten Ehefrau auf Ersatz des gesamten Schadens anerkannt ist, der durch Ausfall ihrer Tätigkeit im Haushalt entsteht. § 845 BGB beruht hingegen auf der Konzeption, Ansprüche des Verletzten selbst seien nicht gegeben.

ee) Ergänzende Anmerkung zu BGH GSZ 50, 304 ff.

Der große Zivilsenat rechtfertigt die Nichtanwendung des § 845 BGB auch mit dem — von Fenn[238] kritisierten — „nicht näher begründeten Hinweis auf die *Subjektbezogenheit*"[239] des Ersatzanspruchs. Meines Erachtens wird man diesen Hinweis im Zusammenhang[240] sehen müssen mit jenem anderen Satz des BGH[241], sinnvoll sei nur ein Schadensersatzanspruch „in der Person desjenigen, der durch die unerlaubte Handlung in seinen Rechtsgütern unmittelbar verletzt ist". Damit ist der Grundsatz im Recht der unerlaubten Handlung angesprochen, daß nur der unmittelbar Verletzte Schadensersatz verlangen kann, ein Grundsatz, der sich unmittelbar aus § 823 Abs. 1 BGB ergibt[242] und lediglich in §§ 844, 845 bestimmte eng begrenzte Ausnahmen erleidet. Freilich wäre

---

[237] BGHZ 51, 109 ff. (110).
[238] *Fenn* S. 561.
[239] BGH GSZ 50, 304 ff. (306) Beschluß v. 9. 7. 1968.
[240] Für diese Bedeutung spricht m. E. auch die Anmerkung von *Hauß*. Darin spricht Bundesrichter *Hauß* zunächst von der Ehefrau, die „unmittelbar betroffen worden" sei, und die infolge ihres Körperschadens zum Unterhalt der Familie nicht wie vor dem Unfall beitragen könne. *Hauß* führt dann in anderem Zusammenhang weiter aus, „diese (!) Subjektbezogenheit" entspreche ...
[241] BGH GSZ a.a.O. 50, 304 ff. (306).
[242] Wer eines der in § 823 Abs. 1 BGB geschützten Rechtsgüter „eines anderen" widerrechtlich verletzt, ist „dem anderen" zum Ersatze ... verpflichtet.

für die Zukunft ein klärendes Wort des BGH zur „Subjektbezogenheit" des Schadensersatzanspruchs zu wünschen.

III. Zusammenfassung zu Teil B

Der neueren Rechtsprechung des BGH[243], der — neben dem eigenen Schadensersatzanspruch der verletzten Ehefrau wegen Beeinträchtigung in der Haushaltsführung — dem Ehemann einen Anspruch aus § 845 BGB wegen entgehender Dienste nicht gewährt, ist zuzustimmen. § 845 BGB ist insoweit nicht mehr anwendbar, als ein anderer Weg gegeben ist, den Schädiger zum Ersatz des durch Beeinträchtigung in der Haushaltsführung entstandenen Schadens heranzuziehen[244]. Mag der nicht mehr passende Wortlaut[245] für sich allein auch nicht entscheidend sein[246], so sprechen doch Sinn und Zweck des § 845 BGB unter Berücksichtigung seiner Entstehungsgeschichte deutlich dagegen, dem Ehemann einen Anspruch wegen Beeinträchtigung seiner Ehefrau in der Haushaltsführung zu geben, die seit dem Gleichberechtigungsgesetz in den Rahmen ihrer Unterhaltspflicht fällt. Im Hinblick darauf und wegen des Ausnahmecharakters des § 845 BGB verbietet sich auch eine analoge Anwendung[247] des § 845 BGB über seinen Wortlaut hinaus.

Für dieses Ergebnis läßt sich m. E. auch eine systematische[248] Begründung geben, d. h. § 845 BGB will lediglich Fälle treffen, die nicht bereits in § 844 Abs. 2 BGB enthalten sind.

---

[243] BGH GSZ 50, 304 ff., Beschluß v. 9. 7. 1968.
[244] BGHZ 51, 109 ff. (111), Urt. v. 26. 11. 1968.
[245] ... wenn der Verletzte kraft Gesetzes einem Dritten zur Leistung von „Diensten" in „dessen" Hauswesen... verpflichtet war... (§ 845 BGB).
[246] Denn immerhin könnte man an eine extensive Interpretation denken, die erst dort ihre Grenze findet, wo der mögliche Wortsinn überschritten wird; vgl. dazu *Engisch* S. 146.
[247] Vgl. *Engisch* S. 146—148.
[248] S. o. 1. Abschnitt B II 2 b, bb.

2. Abschnitt

Die Schadensersatzansprüche des Mannes wegen Tötung der im Haushalt tätig gewesenen Ehefrau

A. Die Anspruchsgrundlage § 844 Abs. 2 BGB

Als Anspruchsgrundlagen kommen § 844 Abs. 2 BGB und (vorbehaltlich der nachfolgenden Prüfung) möglicherweise § 845 BGB in Betracht. Nach § 844 Abs. 2 hat der Ersatzpflichtige — wenn der Getötete einem Dritten unterhaltspflichtig war oder unterhaltspflichtig werden konnte und dem Dritten infolge der Tötung das Recht auf Unterhalt entzogen ist — dem Dritten durch eine Geldrente insoweit Schadensersatz zu leisten, als der Getötete während der mutmaßlichen Dauer seines Lebens zur Gewährung des Unterhalts verpflichtet gewesen wäre. Vorweg sei der Hinweis erlaubt, daß zwischen der schuldhaft begangenen Körperverletzung und der Todesfolge nur ein objektiver Zusammenhang bestehen muß. Schon das Reichsgericht[1] entschied, daß sich das Verschulden (Vorsatz oder Fahrlässigkeit) in § 844 BGB nur auf die unerlaubte Handlung, also hier auf die Körperverletzung, aber nicht auf ihre weitere Schadenswirkung zu erstrecken brauche. Es hat seinen Standpunkt damit begründet[2], das Verschulden im zivilrechtlichen Sinne setze nur voraus, daß der Eintritt „irgendeines" Schadens voraussehbar sei, nicht aber bestimmte oder entfernte Schadenswirkungen.

Seit der Umgestaltung durch das Gleichberechtigungsgesetz vom 18. 6. 1957 fällt die Haushaltsführung der Ehefrau in den Rahmen ihrer Unterhaltspflicht (§ 1360 Satz 2 BGB). Infolgedessen wurde im Falle der Tötung der Ehefrau, selbst wenn sie „nur" im Haushalt tätig gewesen war, der bis dahin verschlossene Anwendungsbereich des § 844 Abs. 2 BGB eröffnet. In der Rechtsprechung ist die veränderte Rechts-

---

[1] RGZ 66, 251 ff., Urt. v. 1. 7. 1907, bestätigend RGZ 69, 340 ff. (344), Urt. v. 12. 10. 1908, ebenso *Palandt-Thomas*, 33. Aufl. § 844 Anm. 2, *Geigel*, Der Haftpflichtprozeß, 15. Aufl., 8. Kap. RNr. 12 S. 205.

[2] RGZ 148, 154 ff. (165), Urt. v. 20. 6. 1935, betr. eine unrichtige Pressemeldung: „Prof. K. in Zahlungsschwierigkeiten. Der Erbauer des K.er Hochhauses".

lage nicht sofort erkannt worden³. Die Wissenschaft hat hier — ähnlich wie schon beim Schadensersatzanspruch wegen Verletzung der Ehefrau — entscheidende Vorarbeiten geleistet. Es war vor allem *Bosch*⁴, der in kritischen Entscheidungsanmerkungen zu Bedenken gegeben hatte, ob der Anspruch des Ehemannes wegen Tötung der Ehefrau „auch" auf § 844 Abs. 2 — vielleicht sogar „nur" auf diese Norm — gestützt werden könnte. Eißer, Gustav Boehmer und Klingsporn⁵ hatten sich alsbald angeschlossen.

B. Anspruchsgrundlage § 845 BGB?

I. Die uneinheitliche Rechtsprechung bis zum Urteil BGHZ 51, 109 ff.

Nachdem der BGH⁶ den Schadensersatzanspruch des Mannes wegen Tötung der im Haushalt tätig gewesenen Ehefrau ebenfalls unter § 844 Abs. 2 BGB subsumiert hatte, blieb umstritten, ob daneben auch noch § 845 BGB als Anspruchsgrundlage in Betracht kommen könne. Die Literatur⁷ tendierte überwiegend dahin, § 845 in diesem Falle nicht anzuwenden. Anderer Ansicht waren Weimar und Wussow⁸, die § 845 als vermeintlich speziellere Vorschrift dem § 844 Abs. 2 vorgehen ließen, sowie Habscheid⁹, der die §§ 844 II, 845 nebeneinander zur Anwendung bringen wollte und von einem „einheitlichen, jedoch mehrfach begründeten Anspruch" sprach.

Die Rechtsprechung blieb lange Zeit unentschlossen. Zunächst stützte der BGH¹⁰ die Entscheidungen nach wie vor auf § 845, um dann in

---

³ Das Urteil BGH FamRZ 1959, 203 ff. ging noch von § 845 aus, obwohl die Tätigkeit der Ehefrau im Rahmen des Unterhaltsrechts lag. Sie war berufstätig gewesen und hatte abends die Arbeiten im Haushalt ausgeführt (Urt. v. 10. 3. 1959).

⁴ *Bosch*, Anmerkung zu BGH FamRZ 1959, 203 ff. (205), ders., Anmerkung zu BGH FamRZ 1960, 21 ff. (23).

⁵ *Eißer*, FamRZ 1959, 177 ff. (181, 182) und FamRZ 1961, 49 ff. (52); *G. Boehmer*, FamRZ 1960, 173 ff. (178), *Klingsporn*, FamRZ 1961, 54 ff. (55).

⁶ BGH NJW 1965, 1710 ff. (1710, 1711), Urt. v. 18. 5. 1965.

⁷ *Gernhuber*, FamRZ 1958, 243 ff. (251 a. E.), betr. Mitarbeit, *Eißer*, FamRZ 1959, 177 ff. (182) und FamRZ 1961, 49 ff. (52), *G. Boehmer*, FamRZ 1960, 173 ff. (178), *Klingsporn*, FamRZ 1961, 54 ff. (55, 60).

⁸ *Weimar*, MDR 1962, 662 f. (662/663), *Wussow*, Unfallhaftpflichtrecht, 8. Aufl. 1963, Tz. 1450.

⁹ *Habscheid*, JuS 1966, 180 ff. (183, 184, bes. 184 r. Sp.).

¹⁰ BGH FamRZ 1959, 203 ff., Urt. v. 10. 3. 1959, BGH JZ 1960, 371 f., Urt. v. 10. 11. 1959, mit kritischer Anmerkung *Müller-Freienfels*, JZ 1960, 372 ff. (372).

seinem Urteil[11] vom 18. 5. 1965 — sichtlich zweifelnd — eine alternative Begründung zu geben: Die Entscheidungsgründe stellen in erster Linie auf § 844 Abs. 2 ab. Anschließend führt der BGH aus: An dem gewonnenen Ergebnis ändere sich nichts, wenn man von dem Anspruch des Ehemannes nach § 1353 Abs. 1 BGB auf Arbeitsleistung der Ehefrau im Haushalt (!) ausgehend, diesem „auch einen Ersatzanspruch aus § 845 BGB" wegen Entzuges solcher Leistungen zubilligt... Der Senat läßt ausdrücklich offen, ob den im neueren Schrifttum zunehmend vertretenen Stimmen zu folgen sei, die insoweit § 845 unter Ehegatten nicht mehr für anwendbar halten. Nach dem Beschluß des Großen Zivilsenats[12] vom 9. 7. 1968, wonach der Ehemann nicht mehr berechtigt sei, Schadensersatz nach § 845 BGB wegen der Behinderung der verletzten Ehefrau in der Haushaltsführung zu verlangen, war die Konsequenz unausweichlich, auch im Falle der Tötung (!) der im Haushalt tätig gewesenen Ehefrau von einer Anwendung des § 845 abzusehen. Diese Konsequenz hat der BGH[13] mit Urteil vom 26. 11. 1968 mit Recht gezogen.

II. Stellungnahme

Gegen die Anwendung des § 845 BGB bei Tötung der im Haushalt tätig gewesenen Ehefrau sprechen nämlich dieselben Gründe, die bereits oben[14] im Falle ihrer Verletzung geltend gemacht wurden. Sinn und Zweck des § 845 BGB unter Berücksichtigung der Entstehungsgeschichte[15] haben dort den Ausschlag gegeben, § 845 als eine „ergänzende" Regelung (Auffangtatbestand) für diejenigen Fälle zu qualifizieren, in denen die Tätigkeit der Ehefrau nicht mehr in den Rahmen ihrer Unterhaltspflicht fällt. Der BGH[16] formuliert, unter der Herrschaft des neuen Eherechts sei diese Bestimmung jedenfalls insoweit nicht mehr anwendbar, als ein *anderer Weg* gegeben ist, den Schädiger zum Ersatz des durch Beeinträchtigung in der Haushaltsführung entstandenen Schadens heranzuziehen. Dieser Weg ist hier gegeben, da die Haushaltsführung der Ehefrau durch das Gleichberechtigungsgesetz in das Unterhaltsrecht einbezogen wurde und regelmäßig ihren Beitrag zum Familienunterhalt darstellt (§ 1360 Satz 2 BGB). Infolgedessen stehen dem Ehemann Schadensersatzansprüche bei Tötung der im Haushalt tätig gewesenen Ehefrau *ausschließlich* aus § 844 Abs. 2 BGB unter dem Gesichtspunkt

---

[11] BGH NJW 1965, 1710 ff. (1712 l. Sp.), Urt. v. 18. 5. 1965.
[12] BGH GSZ 50, 304 ff. = NJW 1968, 1823 f.
[13] BGHZ 51, 109 ff. = NJW 1969, 321 f. = FamRZ 1969, 76 ff.
[14] S. o. 1. Abschnitt B II und B III.
[15] Sowie m. E. auch eine systematische Interpretation, s. o. 1. Abschnitt B II 2 b, bb.
[16] BGHZ 51, 109 ff. (111).

entzogenen Unterhaltsrechts zu. § 845 BGB ist insoweit *nicht* anwendbar.

Nicht anders als im Falle der Verletzung der im Haushalt tätig gewesenen Ehefrau verbietet sich auch hier eine *analoge* Anwendung des § 845. Zu den Gründen, die dort[17] bereits genannt sind, kommt hier noch ein weiterer hinzu: Die Analogie besitzt rechtsergänzende Funktion, ist Mittel der Lückenausfüllung[18]. Da § 844 Abs. 2 BGB hier unmittelbar zutrifft, liegt eine Lücke und damit ein Bedürfnis für einen Analogieschluß nicht vor.

III. Wirkungen der gewandelten Rechtsprechung

Von der neuen Rechtslage, nach der bei Tötung der Ehefrau der Schadensersatzanspruch des Mannes wegen Ausfall in der Haushaltsführung allein aus § 844 Abs. 2 und nicht mehr aus § 845 BGB hergeleitet wird, gehen beachtliche Wirkungen aus: Sie berührt das Konkurrenzverhältnis[19] zwischen den Ansprüchen mehrerer mittelbar Geschädigter (Ehemann und Kinder) und vor allem den Bereich der Sondergesetze der Gefährdungshaftung[20]. Für den Bereich der „Vorteilsausgleichung"[21] ergeben sich ebenfalls Konsequenzen. Daß die neue Rechtsauffassung auch das Sozialversicherungsrecht und insbesondere die Legalzessionen[22] berührt, sei hier nur angedeutet[23].

IV. Exkurs

Bei dieser Entwicklung stellt sich die Frage[24], *ob überhaupt noch ein Anwendungsbereich für § 845 BGB bleibt.* Diese Frage ist nach den Entscheidungen des Bundesgerichtshofs[25] vom 9. 7. 1968 und 26. 11. 1968 aktuell geworden. Sie ist seitdem umstritten und harrt einer abschließenden Klärung:

---

[17] S. o. 1. Abschnitt B III.
[18] *Engisch* S. 137 und S. 146 a. A.
[19] S. unten 5. Abschnitt.
[20] S. unten 8. Abschnitt.
[21] S. unten 7. Abschnitt.
[22] Z. B. § 1542 RVO, auch § 87 a BBG.
[23] Vgl. *Bosch*, FamRZ 1968, 507 (= Ziffer 3 der Anmerkung zum Beschluß BGH GSZ vom 9. 7. 1968, Bd. 50 S. 304 ff.) unter Hinweis auf BGH FamRZ 1962, 151, 1967, 137; vgl. auch *Kilian* AcP 169 (1969), 443 ff. (458 a. E.).
[24] So *Hauß* LM Nr. 16/17 Bl. 1 zu § 845 BGB (Ziff. 3 a. A.).
[25] BGHZ 50, 304 ff. und 51, 109 ff.

2. Abschnitt: Tötung der im Haushalt tätig gewesenen Ehefrau

1. Es wird die Auffassung[26] vertreten, § 845 BGB komme nicht mehr zur Anwendung, soweit (!) die Mitarbeit von Ehegatten zugleich zur Erfüllung der Unterhaltspflicht dient. Diese Auffassung geht sichtlich von der Vorstellung aus, daß es jenseits der Unterhaltspflicht einen Teilbereich der Ehegattenmitarbeit gebe, der haftungsrechtlich nur von § 845 BGB erfaßt werden könne und auch erfaßt werden solle. Demgegenüber will eine zweite Ansicht[27] die Vorschrift des § 845 BGB unter Ehegatten überhaupt nicht mehr anwenden. So formuliert etwa Jayme[28], § 845 scheine — was die Ehegatten angeht — als sinnentleerte Erinnerung an frühere Zeiten unter den Deliktsvorschriften des BGB zurückzubleiben. Am weitesten geht eine dritte Meinung, die von Kilian[29] vertreten wird: Sie hält § 845 BGB für insgesamt unanwendbar.

2. Die zuletzt zitierte dritte Meinung, wonach § 845 BGB in seiner gesamten praktischen Anwendbarkeit überhaupt aufgehoben sei, hat der Bundesgerichtshof inzwischen als unzutreffend zurückgewiesen: Er hat Eltern in zwei Fällen Schadensersatz unter dem Gesichtspunkt entzogener Dienste ihres Kindes zugesprochen (§ 845 i. V. m. § 1619 n. F. BGB, vormals § 1617)[30]:

Im ersten Falle war ein 21jähriger unverheirateter Landwirt bei einem Flugzeugabsturz ums Leben gekommen; im zweiten Falle war ein 25jähriger Sohn, der den elterlichen Hof selbständig bewirtschaftet hatte, durch einen Verkehrsunfall tödlich verunglückt. Beide Entscheidungen stellen darauf ab, daß die im Hinblick auf die Gleichberechtigung von Mann und Frau erfolgte Neuordnung der §§ 1353 ff. im Bereich der Dienstleistungspflicht des Hauskindes (§ 1619 n. F.) offensichtlich ohne Bedeutung sei. Richtig möge wohl sein, daß unter dem Einfluß moderner Anschauungen auch in bäuerlichen Verhältnissen die Mitarbeit erwachsener Hauskinder auf rein familienrechtlicher Grundlage selten geworden sei. Dies vermöge jedoch die Anwendung der geltenden Rechtsvorschrift nicht auszuschließen. Dagegen ist nach wie vor offen,

---

[26] So anscheinend *Bosch*, FamRZ 1969, 408 (409) = Anm. zu BGH FamRZ 1969, 407 ff., Urt. v. 15. 4. 1969, vgl. ferner: *Hauß*, LM Nr. 16/17 Bl. 1 zu § 845 BGB (Ziff. 3), Habil *Fenn* (1970) S. 547 und S. 557; etwas anders *Burckhardt* (1971) S. 240: § 845 BGB habe auch für das Familienrecht jedenfalls insoweit noch seine Berechtigung, als der mitarbeitende Ehegatte getötet worden ist. Unter Bezugnahme auf *Habscheid* (JuS 1966, 180 ff. 183) führt *Burckhardt* aus, nicht die Frage der familienrechtlichen Qualifikation der Mitarbeit sei ausschlaggebend, sondern allein die Berechtigung, die Dienstleistungen ... zu fordern.

[27] *Kropholler*, FamRZ 1969, 241 ff. (248 Ziff. IV 3 c), *Berg* JA 1970, ZR S. 39 ff. (42, Ziff. VI 1).

[28] *Jayme* S. 20, anders aber S. 81, 82.

[29] *Kilian*, NJW 1969, 2005 f. (2006 Ziff. 4) unter Berufung auf *Wussow*, WJ 68, 194.

[30] BGH NJW 1969, 2005 ff. (2006) Urt. v. 24. 6. 1969, und BGH NJW 1972, 429 ff. (431), Urt. v. 7. 12. 1971.

ob § 845 BGB unter *Ehegatten* (im Bereich der Mitarbeit) noch zur Anwendung kommt, wie von der ersten Auffassung vertreten wird. Der BGH[31] betonte zunächst, § 845 sei *„jedenfalls"* insoweit entfallen als auf Grund des neuen Eherechts nunmehr ein anderer Weg gegeben sei. In einer späteren Entscheidung[32] bemerkt der BGH, ob ein solcher Weg gegeben sei, könne schon in dem Fall *„zweifelhaft"* sein, wenn es um die Ansprüche eines Ehemannes wegen Verletzung oder Tötung seiner Ehefrau gehe, die in seinem Geschäft oder Beruf gemäß § 1356 Abs. 2 BGB mitgearbeitet hatte. In einer weiteren Entscheidung vom gleichen Tag[33] heißt es, es dürfte hier auf die „umstrittene Frage" nicht ankommen, ob der Anspruch dann als Ersatzanspruch wegen entgangener Dienste (§ 845 BGB) aufzufassen wäre, „wenn und insoweit der Verunglückte mehr geleistet hätte, als er zum Unterhalt der Klägerin hätte beitragen müssen". Das Problem führt unmittelbar in den Bereich der Ehegatten-Mitarbeit.

---

[31] BGHZ 51, 109 ff. (111), Urt. v. 26. 11. 1968.
[32] BGH NJW 1969, 2005 ff. (2006 r. Sp.), Urt. v. 24. 6. 1969 — VI ZR 53, 67.
[33] BGH Betrieb 1969, 1554 (r. Sp. oben), Urt. v. 24. 6. 1969 — VI ZR 60/67.

3. Abschnitt

Der Schadensersatzanspruch bei Verletzung oder Tötung der im Beruf oder Geschäft des Mannes mitarbeitenden Ehefrau

Der Gang der Untersuchung

Sie beginnt mit den verschiedenen Stufen bzw. Rechtsformen, in denen sich die Mitarbeit der Ehefrau vollziehen kann. Es gilt dann, diese Formen gegeneinander abzugrenzen und aufzuzeigen, wo Überschneidungen möglich sind. Im Anschluß daran sollen die entsprechenden Fallgruppen und die sich ergebenden Schadensersatzansprüche untersucht werden.

Die Gegenüberstellung der verschiedenen Formen der Ehegatten-Mitarbeit ist aus haftungsrechtlichen Gründen geboten. Denn über den Schadensersatzanspruch wegen Verletzung oder Tötung der mitarbeitenden Ehefrau kann nicht entschieden werden, ohne daß vorab geklärt worden ist, inwieweit sie unterhaltsrechtlich bzw. gesetzlich zur Mitarbeit verpflichtet war (§ 844 Abs. 2 bzw. § 845 BGB). Dieser Aspekt wird die Darstellung allenthalben zu begleiten haben.

A. Die gesetzliche Regelung der Ehegatten-Mitarbeit

Wie bereits im Rahmen der Einleitung[1] vorausgeschickt, lassen sich anhand des Gesetzes drei Stufen der Ehegatten-Mitarbeit unterscheiden:

Die Ehefrau ist zur Mitarbeit verpflichtet, soweit ihre Mitarbeit entweder

a) unterhaltsrechtlich erforderlich (§ 1360 Satz 2, 2. Halbs. BGB) oder
b) üblich (§ 1356 Abs. 2 BGB) oder
c) vertraglich vereinbart worden ist.

---

[1] Vgl. Einleitung III 2.

A. Die gesetzliche Regelung der Ehegatten-Mitarbeit

In der Literatur findet sich neuerdings folgende Terminologie (*Fenn*[2]):

(1) Pflichtmitarbeit,
d. h. die Mitarbeit beruht auf gesetzlicher Vorschrift, und zwar handelt es sich um rein familienrechtliche Pflichten (z. B. § 1356 Abs. 2 BGB)[3];

(2) Unterhaltsarbeit,
d. h. vom Unterhaltsrecht geforderte Erwerbstätigkeit (§ 1360 BGB)[4];

(3) Gefälligkeitsarbeit,
d. h. der Mitarbeit liegt weder eine unterhaltsrechtliche noch eine vertragliche Verpflichtung zugrunde. Darunter rechnet Fenn auch die Tätigkeit mitarbeitspflichtiger (!) Angehöriger, wenn im konkreten Falle (mangels Üblichkeit) überhaupt kein Tätigwerden geschuldet wurde oder die erbrachte Leistung „den gesetzlich abgesteckten Pflichtrahmen übersteigt" (d. h. mehr als das Übliche geleistet wurde)[5];

(4) arbeitsvertragliche Mitarbeit[6];

(5) sonstige Vertragstätigkeit[7],
insbesondere auf Grund Gesellschaftsvertrages, da der Beitrag eines Gesellschafters nach § 706 Abs. 3 BGB auch in der Leistung von Diensten bestehen kann.

Die Mitarbeit nach Ziffern eins bis drei, die außerhalb des Vertragsrechts steht und weitgehend vom Familienrecht geprägt wird, faßt Fenn als „familienhafte Mitarbeit" zusammen. Den zweiten Komplex (Ziffern vier und fünf) ordnet er dem Oberbegriff „Vertragstätigkeit Angehöriger" zu[8].

---

[2] Vgl. Habil. *Fenn*, 1970, S. 31 ff.

[3] Vgl. *Fenn* S. 31.

[4] *Fenn* S. 32. Was die „Unterhaltsarbeit" anbelangt, scheint es Differenzen in der Terminologie zu geben: Nach R. *Motsch* (FamRZ 1966, 220 ff., 224) bietet sich diese Bezeichnung an, soweit sich die Pflichten aus §§ 1360 ff. und aus § 1356 Abs. 2 BGB decken. Fenn (S. 32 Fußn. 21) beruft sich zwar auf *Motsch*, versteht aber unter Unterhaltsarbeit nur die Mitarbeit gemäß § 1360 BGB. M. E. ist weder die Terminologie von Motsch noch die von Fenn exakt. Die Mitarbeit allein aus § 1356 Abs. 2 BGB ist sicherlich keine Unterhaltsarbeit. Gegen die Bezeichnung „Unterhaltsarbeit" im Sinne von Fenn ist einzuwenden, daß sie — wie Fenn übersehen haben dürfte — auch die Haushaltsführung mit einbezieht. Denn nach § 1360 BGB (Satz 2, 1. Alt.) erfüllt die Frau ihre Verpflichtung, durch Arbeit (!) zum Unterhalt der Familie beizutragen, regelmäßig durch die Führung des Haushalts. Die unterhaltsrechtlich erforderliche Mitarbeit (§ 1360 Satz 2, 2. Alt. BGB) sollte man daher nicht als „Unterhaltsarbeit", man könnte sie m. E. präziser als „Unterhalts*mit*arbeit" bezeichnen.

[5] *Fenn* S. 33.

[6] *Fenn* S. 34 ff.

[7] *Fenn* S. 37 ff.

[8] *Fenn* S. 39.

3. Abschnitt: Verletzung/Tötung der mitarbeitenden Ehefrau

B. Die Abgrenzung der möglichen Gestaltungsformen (Stufen) der Ehegatten-Mitarbeit

I. Die Mitarbeit der Ehefrau kann zum Unterhalt der Familie erforderlich sein

(= „Unterhaltsarbeit"; m. E. besser: Unterhalts*mit*arbeit[9])

Auszugehen ist von der Vorstellung des Gesetzgebers, wonach die Ehefrau ihre Unterhaltspflicht regelmäßig durch die Führung des Haushalts erfüllt (§ 1360 Satz 2, 1. Halbs. BGB). Darüber hinaus ist sie zu einer Erwerbstätigkeit nur verpflichtet, soweit die Arbeitskraft des Mannes und die Einkünfte der Ehegatten zum Unterhalt der Familie nicht ausreichen (§ 1360 Satz 2, 2. Halbs. BGB). Da die Bestimmung die „Erwerbstätigkeit" ganz allgemein nennt, wird man darunter sowohl eine Tätigkeit im Geschäft des Mannes als auch außerhalb verstehen dürfen[10]. Die Pflicht der Frau erwerbstätig zu sein findet allerdings dort ihre Grenze, wo ihr unter den gegebenen Umständen eine Erwerbstätigkeit nicht zugemutet[11] werden kann. Eine Erwerbstätigkeit kann z. B. aus gesundheitlichen Gründen oder dann unzumutbar sein, wenn die Ehefrau durch die Fürsorge für Kinder voll in Anspruch genommen ist. Ist die Mitarbeit der Ehefrau zum Unterhalt der Familie jedoch erforderlich und zumutbar, dann ist sie eine familienrechtliche Pflicht, die nicht abbedungen[12] werden kann.

II. Die Mitarbeit der Ehefrau kann „üblich" sein

(= Pflichtmitarbeit)

1. Zum Begriff des „Üblichen"

Nach § 1356 Abs. 2 BGB ist jeder Ehegatte „verpflichtet", im Beruf oder Geschäft des anderen Ehegatten mitzuarbeiten, soweit dies nach den Verhältnissen, in denen die Ehegatten leben, üblich ist. Mit eigenen Worten: Indem aus dem Üblichen die Verpflichtung (!) zur Mitarbeit erwächst, liegt § 1356 Abs. 2 BGB der Gedanke der „normativen Kraft des Faktischen" sinngemäß zugrunde. Das Übliche bestimmt das „Ob" und „Wie", d. h. die Verpflichtung als solche und auch den Umfang der Mitarbeit.

---

[9] S. o. 3. Abschnitt Fußnote 4.
[10] *Habscheid*, JuS 1966, 180 ff. (182).
[11] *Dölle*, § 36 A II 2 a, S. 430.
[12] *Beitzke*, § 11 III 2 f., S. 49.

B. Abgrenzung der Gestaltungsformen (Stufen) der Mitarbeit

Der vom Gesetz verwendete Begriff des „Üblichen" ist nicht einfach abzugrenzen[13]. Im Schrifttum werden zwei Komponenten als maßgebend angesehen[14]: Einmal lehnt sich das Übliche an die in der betreffenden sozialen Gruppe[15] herrschenden Vorstellungen an. Neben dieser überindividuellen soll eine zweite, auf den konkreten Einzelfall[16] abstellende Komponente berücksichtigt werden — mit Recht, denn § 1356 Abs. 2 spricht von den Verhältnissen, „in denen die Ehegatten leben". Nach der Rechtsprechung[17] soll für die Feststellung der Üblichkeit genügen, wenn sie nicht als „außergewöhnlich" angesehen wird. Auf die umstrittene[18] Frage, ob sich die Verpflichtung zur Mitarbeit nach § 1356 Abs. 2 BGB nur auf Hilfeleistungen untergeordneter Art beschränkt oder auch auf gleichgeordnete leitende Tätigkeit erstrecken kann, soll hier nicht näher eingegangen werden. Das Bundesverfassungsgericht[19] hat im letzteren Sinne entschieden und darauf hingewiesen, daß es jeweils auf das „Übliche" ankomme und deshalb keine Handhabe geboten sei, zwischen tragender und nichttragender Tätigkeit zu unterscheiden.

2. Das Verhältnis der zum Unterhalt erforderlichen Mitarbeit (Unterhaltsmitarbeit) zur üblichen Mitarbeit (Pflichtmitarbeit)

Es ist bemerkenswert, daß der Gesetzgeber die Verpflichtung zu üblicher Mitarbeit (§ 1356 Abs. 2) ohne ausdrücklichen Bezug zur unterhaltsrechtlich erforderlichen Mitarbeit (§ 1360 Satz 2, 2. Halbs.) statuiert hat. Theoretisch sind deshalb drei Fälle denkbar, in denen die Verpflichtung

---

[13] Gegen die Verwendung des Begriffs des „Üblichen" in § 1356 Abs. 2 BGB sind rechtspolitische Bedenken laut geworden. Da er vom „Herkömmlichen" nicht ganz zu trennen sei, versage er in Zeiten des Wandels bei neuartigen soziologischen Tatbeständen — genannt werden etwa die Berufstätigkeit und Gleichberechtigung der Frau sowie ihr Eintritt in höhere Positionen im Wirtschaftsleben (vgl. *Müller-Freienfels*, in: Festschrift für *H. C. Nipperdey*, Bd. I, S. 625 ff., 628 Mitte und Fußnote 14). Ferner weise das „Übliche" für die beiden Geschlechter erhebliche Differenzen auf, so daß die Verpflichtung zur Mitarbeit in weit höherem Maße die Frau treffe als den Mann. Außerdem sei das „Übliche" ein zu unbestimmter Begriff (vgl. *R. Mann* S. 36 und 44).
[14] *Müller-Freienfels* S. 627 und 628; *Pickartz* S. 6 ff. (7, 8).
[15] Deshalb sei die Mitarbeit z. B. in landwirtschaftlichen Betrieben, Handwerksbetrieben und Ladengeschäften allgemein üblich; vgl. *Pickartz* S. 7.
[16] Bei der Komponente „individuelle und konkrete Lebensverhältnisse" werden z. B. Alter, Leistungsfähigkeit, erlernter Beruf, Neigung, Begabung, Lebensstandard und Anzahl der Familienmitglieder berücksichtigt; vgl. *Müller-Freienfels* S. 627 und Fußnote 8; *Dölle*, § 35 V I, S. 420 oben.
[17] BGH FamRZ 1963, 431; zustimmend *Pickartz* S. 7 a. E., 8.
[18] Nur Hilfstätigkeiten: RGZ 52, 279 ff. (280); 133, 381 ff. (382); a. A. *Palandt-Diederichsen*, § 1356 Anm. 3.
[19] BVerfG 13, 290 ff. (311) = NJW 1962, 437 ff. (441), Urt. v. 24. 1. 1962; ebenso: *Gernhuber*, FamRZ 1958, 243 ff. (249 Fußn. 50) und *Wägenbaur*, JZ 1958, 396 f. (396 r., Sp. m. w. N.).

der Ehefrau zur Mitarbeit jeweils auf verschiedener Rechtsgrundlage beruht[20]:

a) Die Verpflichtung der Ehefrau zur Mitarbeit kann sich allein aus dem Unterhaltsrecht ergeben (§ 1360 Satz 2, 2. Halbs.). Die Unterhaltspflicht kann eine Mitarbeit unabhängig von der Üblichkeit gebieten, wenn die Mitarbeit zur Sicherung des Familienunterhalts notwendig wird[21]. Möglicherweise fußt die Mitarbeitspflicht auch deswegen nur auf Unterhaltsrecht, weil sich im Einzelfalle eine sichere Aussage über die Üblichkeit nicht treffen läßt.

Beispiel:

Das Einkommen des Mannes reicht für den Unterhalt der Familie nicht aus. Die Ehefrau arbeitet mit, obwohl es ihr aus gesundheitlichen Gründen schwerfällt und ihre Mitarbeit wegen der Größe der Familie nicht mehr selbstverständlich und deshalb nicht üblich ist (z. B. bei mehreren schulpflichtigen Kindern).

b) Umgekehrt kann die Verpflichtung der Ehefrau zur Mitarbeit allein auf § 1356 Abs. 2 BGB beruhen. Die Pflicht zur Mitarbeit kann selbst dann bestehen, wenn der Familienunterhalt auch ohne die Mitarbeit sichergestellt wäre[22]. Denn nach § 1356 Abs. 2 kommt es lediglich auf die „Üblichkeit" an.

Beispiel:

Zu dieser Gruppe wird man eine nicht geringe Zahl kinderloser Ehen rechnen dürfen, in denen der Verdienst des Mannes ausreicht, um den Unterhalt zu bestreiten. Die Ehefrau arbeitet etwa deshalb mit, damit die Ehegatten
   eher ein Haus erwerben können — ein alltäglicher Fall, in dem die Mitarbeit der Ehefrau möglicherweise zum Unterhalt nicht notwendig, aber nach den Verhältnissen der Ehegatten üblich ist.

c) Schließlich ist es möglich, daß die Verpflichtung der Ehefrau zur Mitarbeit auf zweifacher Rechtsgrundlage beruht. Sie kann sich aus § 1360 Satz 2 (2. HS) und zugleich aus § 1356 Abs. 2 BGB ergeben.

Beispiel:

Die Ehegatten hatten gemeinsam ein Textilgeschäft betrieben. Der Ehemann, der wegen einer schweren Erkrankung vorzeitig invalidisiert worden war, konnte von seiner geringen montlichen Rente (239,—DM) weder seinen eigenen Lebensbedarf bestreiten noch seiner Unterhaltspflicht genügen und war daher auf die zusätzlichen Einnahmen aus dem Textilgeschäft angewiesen. Unter diesen Verhältnissen war die Ehefrau nicht nur nach § 1356 Abs. 2

---

[20] *Gernhuber*, § 20 I 8 S. 183.
[21] *Lieb*, Ehegattenmitarbeit, S. 145.
[22] *Dölle* § 35 V 1 S. 420 oben; zustimmend *Müller-Freienfels*, JZ 1960, 372 ff. (374), *Pickartz* S. 41 und *Gernhuber*, Familienrecht, § 20 I 8 (S. 183).

B. Abgrenzung der Gestaltungsformen (Stufen) der Mitarbeit

BGB, sondern auch (!) unter dem Gesichtspunkt der Unterhaltspflicht aus § 1360 verpflichtet, im Geschäft des Mannes mitzuarbeiten[23].

d) Die Lösung der „Überlagerungsfälle"

Es ergibt sich somit, daß zwischen der Verpflichtung zu unterhaltsrechtlich erforderlicher bzw. üblicher Mitarbeit Berührungspunkte und Überschneidungen auftreten können. Im Beispiel c) vollzieht sich eine Art Durchdringung oder Überformung der Pflichtenkreise aus § 1360 Satz 2 (2. HS) und § 1356 Abs. 2 BGB. Das Problem, in welchem Verhältnis beide Pflichtenkreise zueinander stehen, ob etwa eine Gestaltungsform der Mitarbeit die andere *überlagert* und dadurch *verdrängt*, wird in der Literatur nicht einhellig gelöst. Eine Klärung ist jedoch geboten, weil die Unterscheidung der zum Unterhalt erforderlichen und üblichen Mitarbeit der Ehefrau eine für das Haftpflichtrecht bedeutsame Vorfrage darstellt.

aa) Die gegensätzlichen Standpunkte in Rechtsprechung und Lehre

Es überwiegt die Meinung, daß die Verpflichtung zur Mitarbeit aus § 1360 Satz 2 (2. Halbs.) und § 1356 Abs. 2 BGB zwar zusammenfallen können, aber nicht zusammenfallen müssen. Nach dieser Auffassung bilden Mitarbeits- und Unterhaltspflicht nicht notwendigerweise zwei sich deckende Pflichtenkreise. In diesem Sinne haben sich u. a. Müller-Freienfels, Eißer, Klingsporn, R. Mann, Pickartz, Kropholler, Lieb, Fenn, Burckhardt und die Rechtsprechung ausgesprochen[24].

Die gegenteilige Ansicht[25] wird von Gernhuber, Gustav Boehmer, Hauß und Berg vertreten: Boehmer[26] geht davon aus, daß die Mitarbeit des anderen Ehegatten in aller Regel den Charakter von Beiträgen zum Familienunterhalt habe. Die Mitarbeit verliere diesen Charakter auch nicht dadurch, daß sie den Rahmen des gesetzlich geschuldeten Unterhaltsbeitrages überschreite. Denn Unterhaltspflicht und tatsächliche Un-

---

[23] Beispiel nach BGH FamRZ 1969, 407 ff. (408), Urt. v. 15. 4. 1969, mit Anm. *Bosch* a.a.O.

[24] *Müller-Freienfels*, Urteilsanmerkung JZ 1960, 372 ff. (374); *Eißer*, FamRZ 1961, 49 ff. (50); *Klingsporn*, FamRZ 1961, 54 ff. (55 a. E.); *R. Mann*, 1965, S. 63; *Pickartz*, 1967, S. 12; *Kropholler*, FamRZ 1969, 241 ff. (242); *Lieb*, Ehegattenmitarbeit, S. 146; Habil. *Fenn*, S. 41—43, 171—175; vgl. aus der Rechtsprechung: BVerfG 13, 290 ff. (312) = NJW 1962, 437 ff. (441 l. Sp. unten), Urt. v. 24. 1. 1962 BGH FamRZ 1969, 407 f. (408 r. Sp. Mitte), Urt. v. 15. 4. 1969, m. Anm. *Bosch*; vgl. auch OLG Nürnberg VersR 1964, 954 f. (954), Urt. v. 20. 3. 1964; weitere Hinweise auf die Rechtsprechung bei *Kropholler* S. 242/243.

[25] *Gernhuber*, FamRZ 1959, 243 ff. (251 a. E.); *G. Boehmer*, FamRZ 1960, 173 ff. (175); *Hauß*, LM 15 zu § 845 BGB Ziff. 3; *Berg* JA 1970, ZR S. 39 ff. (40 Mitte).

[26] *Boehmer*, FamRZ 1960, 173 ff. (175).

terhaltsleistung brauchten sich nicht zu decken, wie aus § 1360 b BGB[27] klar hervorgehe. Gernhuber[28] argumentiert, jede Klage..., die weiter reiche als das Unterhaltsrecht, lasse das Bild einer Ehe entstehen, in der ein Ehegatte dazu verurteilt war, dem Partner Vermögensvorteile zu verschaffen.

bb) Stellungnahme:

M. E. ist der zuerst genannten überwiegenden Meinung darin Recht zu geben, daß zwischen der Unterhaltspflicht nach § 1360 Satz 2 (2. Halbs.) und der Pflicht zur Mitarbeit nach § 1356 Abs. 2 BGB unterschieden werden muß. Die Verpflichtung zur Mitarbeit gemäß § 1356 Abs. 2 ist nicht Ausfluß der Unterhaltspflicht. Die Verpflichtung zur Mitarbeit im Rahmen der Üblichkeit entspringt vielmehr der Verpflichtung zur Verwirklichung der ehelichen Lebensgemeinschaft (§ 1353 BGB), wie der BGH[29] in seinem Urteil vom 14. 12. 1966 grundsätzlich ausführt: Was die eheliche Lebensgemeinschaft in bezug auf die Mitarbeit im Beruf oder Geschäft des anderen Ehegatten fordere, sei in § 1356 Abs. 2 besonders geregelt. Für diese Auffassung spricht schon der Wortlaut des § 1356 Abs. 2 BGB, der für eine unterhaltsrechtliche Einstufung der Mitarbeitspflicht keinen Anhaltspunkt gibt.

Auch ist die Mitarbeitspflicht im Rahmen der Üblichkeit (§ 1356 Abs. 2) *systematisch* unabhängig vom Unterhaltsrecht der Ehegatten (§ 1360 ff.) geregelt worden. Wäre diese Pflicht rein unterhaltsrechtlich aufzufassen, so hätte sie in § 1360 ihren systematisch richtigen Standort finden müssen[30]. Das BVerfG[31] argumentiert ebenfalls mit der Systematik und hält es für relevant, daß § 1360 zwar die Führung des Haushalts nach § 1356 Abs. 1 in die Unterhaltsregelung einbezieht, aber auf die Mitarbeitspflicht nach § 1356 Abs. 2 BGB nicht Bezug nimmt. Das Gesetz halte Mitarbeit und Unterhalt voneinander getrennt. Die Entstehungsgeschichte[32] des § 1356 Abs. 2 n. F. bestätigt dies. Denn die Mitarbeitspflicht beider Ehegatten, die Entwurf I des Gleichberechtigungsgesetzes zunächst in § 1360 aufgenommen hatte, ist durch den endgültigen Ent-

---

[27] Gegen *Boehmers* Argument aus § 1360 b BGB dürften m. E. Bedenken bestehen, weil auch die übliche Mitarbeit eine gesetzlich geschuldete ist, also keine rein tatsächliche Mehrleistung darstellt.

[28] *Gernhuber*, FamRZ 1959, 243 ff. (251 a. E.).

[29] BGHZ 46, 385 ff. (389); ebenso BGHZ 59, 172 ff. (173 a. E.), Urt. v. 11. 7. 1972: die besondere familienrechtliche Mitarbeitspflicht eines Ehegatten aus § 1356 Abs. 2 BGB ... (ist) eine Verkörperung der allgemeinen Pflicht zur ehelichen Lebensgemeinschaft.

[30] So *Kropholler* a.a.O. S. 242 a. A.

[31] So BVerfG 13, 290 ff. (312 a. E.) = NJW 1962, 437 ff. (441 1. Sp. unten), Urt. v. 24. 1. 1962.

[32] Vgl. dazu *Kropholler* FamRZ 1969, 241 ff. (242, Ziffer 3) m. w. N.

wurf II in § 1356 Abs. 2 geregelt worden, weil „die Frage der Mitarbeit eine über das Unterhaltsrecht hinausgehende Bedeutung" habe.

Daraus folgt, daß die Mitarbeitspflichten nach § 1356 Abs. 2 und § 1360 Satz 2 (2. Halbs.) rechtlich grundsätzlich unabhängig nebeneinander stehen. Die Pflichtenkreise der zum Familienunterhalt erforderlichen und der üblichen Mitarbeit der Ehefrau *können* sehr wohl zusammenfallen (Kongruenz), aber sie *müssen* es nicht. Soweit die Pflichtenkreise sich decken, handelt es sich nach Fenn[33] um einen einheitlichen, jedoch mehrfach begründeten Anspruch (Anspruchskonkurrenz).

Den Kritikern wie Gernhuber, G. Boehmer und Hauß ist indessen zuzugeben, daß die gesetzliche Trennung von unterhaltsrechtlich erforderlicher und üblicher Mitarbeit „rechtstatsächlich" „weitgehend aufgehoben" ist[34]. Entgegen der gesetzlichen Regelung ist es praktisch kaum möglich, zwischen gesetzlich geschuldeter Unterhaltsmitarbeit einerseits (§ 1360 Satz 2, 2. Halbs.) und eventuellen Mehrleistungen im Rahmen des § 1356 Abs. 2 andererseits im Einzelfall zu unterscheiden[35]. Im Schadensersatzrecht führt die gesetzliche Regelung — wie noch zu zeigen sein wird — zu ungünstigen Konsequenzen. Es nimmt daher nicht wunder, daß die Trennung von Unterhalts- und Mitarbeitspflicht gerade in jüngerer Zeit als gesetzestechnisch verfehlt mißbilligt[36] wird.

III. Vertragliche Mitarbeit der Ehefrau

In Betracht kommen der *ausdrückliche* oder *stillschweigende* Abschluß eines *Gesellschafts-* oder eines *Arbeitsvertrages:*

1. Gesellschaftsverträge zwischen Ehegatten

Die Möglichkeit ausdrücklicher gesellschaftsrechtlicher Vereinbarungen unter Ehegatten steht außer Frage. Sie werden namentlich dann getroffen, wenn Ehegatten gemeinsam ein Handelsgeschäft betreiben. § 1356 Abs. 2 BGB schließt den Abschluß eines ausdrücklichen Vertrages zwischen den Ehegatten nicht aus[37].

---

[33] *Fenn* S. 174, 175.
[34] *Kropholler* S. 242 r. Sp. (5 a. E.).
[35] Dies wird auch von Vertretern der h. M. eingeräumt, vgl. *Mann* S. 63 und *Fenn* S. 172.
[36] Neuerdings wieder *J. Burckhardt*, 1971, S. 54, 55: Die gesetzgewordene Regelung lasse den Zusammenhang von Mitarbeits- und Unterhaltsrecht weitgehend im Dunkeln... Die Regelung des § 1356 Abs. 2 BGB — ohne ausdrücklichen Bezug zum Unterhaltsrecht und Zugewinnausgleich — hänge „gesetzestechnisch gewissermaßen in der Luft".
[37] *Dölle*, § 35 V 1 (S. 420), *Gernhuber*, Familienrecht, § 20 III (S. 187/188).

2. Arbeitsverträge zwischen Ehegatten?

Die Eingehung eines Arbeitsvertrages unter Ehegatten ist dagegen nicht unproblematisch. Man könnte grundsätzliche Bedenken haben, ob ein Dientsverhältnis zwischen Ehegatten mit dem Wesen der Ehe vereinbar sei, die auf Gleichberechtigung und Gleichordnung der Ehepartner basiert. Ein gewisses Mißtrauen gegenüber Arbeitsverträgen unter Ehegatten rührt auch daher, weil sie oftmals nur den Zweck verfolgen, den Arbeitslohn steuerlich als Betriebsausgaben abzusetzen. Gleichwohl hat das Bundesverfassungsgericht[38] in dem bedeutsamen Urteil vom 24. 1. 1962 entschieden, daß ernsthaften Arbeitsverträgen die rechtliche Anerkennung nicht allgemein versagt werden könne. Es hat sich auf den Grundsatz der Vertragsfreiheit berufen und deshalb die Frage bejaht, ob ein Ehegatte sich auch zu unselbständiger Arbeit im Betrieb des anderen verpflichten könne und dann als echter Arbeitnehmer anzusehen sei, wobei freilich die in § 1353 BGB statuierte Verpflichtung zur ehelichen Lebensgemeinschaft auch in das Arbeitsverhältnis hineinwirke[39]. Erwiesene (!) Arbeitsverträge seien innerhalb ebenso wie außerhalb des Rahmens von § 1356 Abs. 2 BGB anerkannt[40]. Das Bundesverfassungsgericht hat diese Rechtsprechung neuerdings in einem Beschluß[41] vom 22. 7. 1970 ausdrücklich bestätigt.

3. Die Frage der Anerkennung „stillschweigend" geschlossener Gesellschafts- und Arbeitsverträge

Schwieriger ist es um die Anerkennung „*stillschweigend*" abgeschlossener Gesellschafts- und Arbeitsverträge zwischen Ehegatten bestellt. Hier bestehen Meinungsverschiedenheiten, inwieweit auch ohne ausdrückliche Vereinbarung aus den besonderen Umständen auf einen entsprechenden Vertragswillen geschlossen werden kann. Nach der Rechtsprechung des Bundesgerichtshofs[42] war entscheidend, ob sich beide Ehegatten in den Dienst einer gemeinsamen, über die Verwirklichung der ehelichen Gemeinschaft hinausgehenden Aufgabe gestellt hatten. Stillschweigend abgeschlossene Verträge wurden im allgemeinen nur dann anerkannt, wenn die Mitarbeit über den gesetzlichen Rahmen des § 1356 Abs. 2 BGB hinausgegangen war[43]. Es wurde also in den Fällen

---

[38] BVerfG 13, 290 ff. (301 f.) = NJW 1962, 437 ff., Urt. v. 24. 1. 1962. Das Urteil erging im Zusammenhang mit der gewerbesteuerlichen Behandlung von Ehegatten-Arbeitsverträgen.

[39] BVerfG 13, 290 ff. (304).

[40] BVerfG 13, 290 ff. (312).

[41] BVerfG 29, 104 ff. (113 ff.) = Betrieb 1970, 1519 ff. (1519), Beschluß v. 22. 7. 1970.

[42] Vgl. u. a. BGH FamRZ 1962, 357 ff. (358 1. Sp. a. E.), Urt. v. 28. 5. 1962.

[43] *R. Mann* S. 42.

B. Abgrenzung der Gestaltungsformen (Stufen) der Mitarbeit

üblicher Mitarbeit (§ 1356 Abs. 2) grundsätzlich eine familienhafte Mitarbeit vermutet; sobald aber die Mitarbeit das übliche Maß überstieg, sprach eine Vermutung zu Gunsten vertraglicher Mitarbeit[44].

Diese Rechtsprechung hat heftige Kritik erfahren: Man hat hervorgehoben, daß die meisten Entscheidungen der Zivilgerichte, die sich mit Arbeits- und Gesellschaftsverträgen zu befassen hatten, die Lage *nach* Auflösung der Ehe betrafen. Die Gerichte seien oftmals nur deshalb zur Annahme einer vertraglichen Gestaltung gelangt, um in diesen Fällen einen gerechten Ausgleich herbeizuführen[44a]. Gesellschafts- und Arbeitsverträge unter Ehegatten seien häufig unterstellt, nachträglich fingiert oder mit Scheinbegründungen gerechtfertigt worden. Auch sei es lebensfremd, wenn die Rechtsprechung jenseits der üblichen Mitarbeit eher zur Annahme eines Vertragsverhältnisses neige, weil den Ehegatten eine solche Grenze gesetzlich geforderter und darüber hinausgehender Mitarbeit meistens nicht bewußt werde. In einer gesunden Ehe herrsche nicht die Überzeugung, daß man einander nur nach Durchschnittsmaß verpflichtet sei[45]. Außerdem reiche die einseitige Erwartung, für seine Mitarbeit auf irgendeine Weise entschädigt zu werden, für die Annahme eines Vertrages nicht aus[46]. Die Lehre ist deswegen in der Anerkennung eines stillschweigend abgeschlossenen Gesellschafts- oder Arbeitsvertrages zwischen Ehegatten erheblich zurückhaltender als der BGH und weist auf die Notwendigkeit der Willenseinigung[47] hin.

Ungeklärt ist allerdings noch, inwieweit sich der rechtsgeschäftliche Bindungswille konkretisiert[48] haben muß. Zum Teil wird vertreten, es müßten sich Anhaltspunkte für die Begründung eines Gesellschaftsverhältnisses (evtl. sogar eines bestimmten Typs) ergeben. Andere meinen, es dürfe dem mitarbeitenden Ehegatten nicht schaden, wenn er sich über die rechtliche Qualifizierung seiner Ansprüche auf Beteiligung am erwirtschafteten Gewinn keine Gedanken mache; es genüge deshalb, wenn sich das Verhalten der Ehegatten eindeutig einem bestimmten Vertragsverhältnis zuordnen lasse.

---

[44] JABl. 1971, ZR S. 245 ff. (245). Auch ein notariell beurkundeter Ehevertrag kann die schuldrechtliche Grundlage für ein Gesellschaftsverhältnis abgeben, sofern und soweit er darauf gerichtet ist, einen über den eigentlichen Aufgabenbereich der ehelichen Lebensgemeinschaft hinausreichenden gemeinsamen Zweck... zu verwirklichen, BGH FamRZ 1973, 22 ff., 23, Urt .v. 25. 9. 1972.
[44a] In Wahrheit ist es einzig die ex-post Betrachtung des gestörten Verhältnisses, ... die eine Vergütung der Mitarbeit erstrebenswert erscheinen läßt (*Fenn* FamRZ 1968, 291 ff., 297).
[45] *Gernhuber*, FamRZ 1959, 243 ff. (246).
[46] JA 1971, ZR S. 245 ff. (246).
[47] *Gaul*, FamRZ 1962, 444, *Pickartz* S. 99.
[48] JA 1971, ZRS 245 ff. (247 oben m. w. N.).

3. Abschnitt: Verletzung/Tötung der mitarbeitenden Ehefrau

Dieser Abriß möge genügen, um auf die Probleme[48a] aufmerksam zu machen, die mit der Anerkennung gesellschafts- und arbeitsvertraglicher Gestaltungen der Ehegatten-Mitarbeit verknüpft sind. Im Zusammenhang mit den Schadensersatzansprüchen wegen Verletzung oder Tötung der mitarbeitenden Ehefrau sind die aufgezeigten Probleme wesentliche Vorfrage.

4. Das Verhältnis der vertraglichen zur üblichen Mitarbeit (Pflichtmitarbeit) der Ehefrau

a) Das Problem

Vor der Prüfung der einzelnen Schadensersatzansprüche bleibt noch die folgende Frage zu klären: Welche Konsequenzen hat es, wenn sich gesetzliche Mitarbeitspflichten der Ehefrau (Pflichtmitarbeit nach § 1356 Abs. 2 BGB oder Unterhaltsmitarbeit nach § 1360 Satz 2, 2. Halbs. BGB) mit vertraglichen Gestaltungen der Mitarbeit überschneiden. Die Lösung dieser Konkurrenzfrage ist für das Schadensersatzrecht überaus bedeutsam: Denn § 844 und § 845 BGB gewähren übereinstimmend nur für den Verlust oder den Entzug *gesetzlicher* Leistungen Schadensersatz. Nimmt man also an, daß die gesetzlichen familienrechtlichen Mitarbeitspflichten durch vertragliche Gestaltungen der Ehegatten-Mitarbeit „verdrängt" werden, so können von vornherein keine Schadensersatzansprüche mittelbar Geschädigter entstehen. Schadensersatzansprüche könnten nur begründet werden, wenn man — soweit gesetzliche und vertragliche Mitarbeitspflichten einander decken — von einer „doppelten" Rechtsgrundlage ausgehen würde.

b) Die Lösung der Überlagerungsfälle

Auf die Rechtsprechung des BVerfG[49] ist bereits hingewiesen worden, nach der erwiesene[50] Arbeitsverträge nicht nur außerhalb, sondern auch innerhalb des Rahmens von § 1356 Abs. 2 BGB anerkannt sind[51]. Im letzteren Falle wird die Frage aktuell, ob § 1356 Abs. 2 BGB gegenüber

---

[48a] Fraglich ist auch, inwieweit die Verbundenheit der Ehegatten eine Modifizierung der typischen Rechte und Pflichten aus einem Arbeitsverhältnis bewirken kann. Vgl. *Gernhuber*, Familienrecht, § 20 III 2 (S. 188). Von der Darstellung von Einzelheiten soll hier jedoch abgesehen werden.

[49] BVerfG 13, 290 ff. (312), Urt. v. 24. 1. 1962.

[50] An anderer Stelle spricht das Bundesverfassungsgericht von „ernsthaften" Arbeitsverträgen. Vgl. BVerfG, 29, 104 ff. (113), Beschluß v. 22. 7. 1970.

[51] Dabei macht es keinen Unterschied, ob es sich um ein stillschweigend oder ausdrücklich eingegangenes Gesellschaftsverhältnis handelt (BGH FamRZ 1972, 357 ff., 358, Urt. v. 28. 5. 1962).

B. Abgrenzung der Gestaltungsformen (Stufen) der Mitarbeit

einer vertraglichen Ausgestaltung der Ehegattenmitarbeit zurücktritt bzw. ersetzt oder verdrängt wird. Die Antwort auf diese Frage ergibt sich daraus, welche Geltungskraft § 1356 Abs. 2 beigemessen wird. Entgegen der früheren reichsgerichtlichen[52] Rechtsprechung hält die jetzige Rechtsprechung die Bestimmung des § 1356 Abs. 2 BGB für *dispositives*[53] Recht. Ausgehend von den Entscheidungen BGHZ 46, 385 ff. (389)[54] und BGHZ 59, 172 ff. (173)[55], welche die Mitarbeitspflicht im Rahmen des Üblichen (§ 1356 Abs. 2) als Ausfluß der Verpflichtung zur ehelichen Lebensgemeinschaft (§ 1353 BGB) interpretiert haben, könnte man freilich Zweifel hegen und fragen, warum § 1356 Abs. 2 anders als § 1353 BGB nachgiebiges Recht sein sollte. Indes hat die gesetzliche Mitarbeitspflicht in § 1356 Abs. 2 eine eigene, besondere und § 1353 konkretisierende Regelung erfahren. Auch ist das Argument[56] nicht von der Hand zu weisen, daß Ehegatten — wenn sie schon einseitig arbeitsvertragliche Bindungen mit fremden Personen eingehen können — erst recht die Befugnis zugestanden werden muß, ihre eigenen familienrechtlichen Dienstpflichten und -berechtigungen in arbeitsvertragliche Beziehungen umzuwandeln. Ein weiterer Gedanke kommt m. E. noch hinzu: Das „Übliche", nach dem sich die Verpflichtung und der Umfang der Mitarbeit nach § 1356 Abs. 2 richten, hat (wie oben[57] dargelegt) auch eine individuelle Komponente. Die konkreten Lebensverhältnisse der Ehegatten wie Alter, Leistungsfähigkeit und Lebensstandard bestimmen das Übliche mit. Wenn dem so ist, warum sollten die Ehegatten in einer vertraglichen Gestaltung der Mitarbeit dann nicht zum Ausdruck bringen dürfen, was ihren individuellen Verhältnissen angemessen und üblich ist? Die h. M. nimmt daher mit Recht an, daß die gesetzliche Verpflichtung zu üblicher Mitarbeit (Pflichtmitarbeit, § 1356 Abs. 2 BGB) abbedungen und durch vertragliche Regelungen ersetzt werden kann

C. Die Schadensersatzansprüche bei den verschiedenen Gestaltungsformen (Stufen) der Mitarbeit der Ehefrau

Entsprechend den verschiedenen Stufen der Ehegatten-Mitarbeit ergeben sich folgende Fallgruppen mit folgenden Schadensersatzansprüchen:

---

[52] RGZ 61, 50 ff. (53), Urt. v. 29. 5. 1905.
[53] Ebenso *Fenn* S. 551.
[54] Urt. v. 14. 12. 1966.
[55] Urt. v. 11. 7. 1972.
[56] *Fenn* S. 324.
[57] S. o. 3. Abschnitt B II 1.

3. Abschnitt: Verletzung/Tötung der mitarbeitenden Ehefrau

I. Die Schadensersatzansprüche wegen Verletzung der mitarbeitenden Ehefrau

1. Fallgruppe

Die Mitarbeit der Ehefrau war zum Unterhalt der Familie *erforderlich* (nach Fenn: Unterhaltsarbeit[58]), § 1360 S. 2 BGB.

a) In diesem Falle steht der *Ehefrau* selbst ein eigener Schadensersatzanspruch zu, der auf Ersatz des ganzen, durch ihren Ausfall entstandenen Schadens gerichtet ist. Anspruchsgrundlagen sind die §§ 823, 842, 843 BGB. Die Grundsätze[59] der Entscheidung BGHZ 38, 55 ff. (Urt. v. 25. 9. 1962) gelten entsprechend, ebenso die Ausführungen BGH GSZ 50, 304 ff. (B. v. 9. 7. 1968), der den Schaden der Ehefrau als normativen Schaden verstanden wissen will. Für den Anspruch der Ehefrau ist daher unerheblich, ob überhaupt eine Ersatzkraft eingestellt worden ist oder nicht, ob ggfs. die Ehefrau selbst oder ihr Ehemann eine Ersatzkraft eingestellt hat und wer von beiden Ehegatten die Kosten der Ersatzkraft bestritten hat[60].

b) Daneben kommt ein Schadensersatzanspruch des *Ehemannes* aus § 845 BGB unter dem Gesichtspunkt entgangener Dienste der mitarbeitenden Ehefrau *nicht* in Betracht. Für die Anwendung dieser Vorschrift ist kein Raum, soweit die Mitarbeit der Ehefrau unterhaltsrechtlich erforderlich ist. Zur Begründung ist auf Sinn und Zweck des § 845 BGB, seine Entstehungsgeschichte und m. E. auch auf die Systematik der §§ 844, 845 BGB hinzuweisen. In der Rechtsprechung wird dieses Ergebnis — entgegen früheren Entscheidungen — seit dem Beschluß des Großen Zivilsenats vom 9. 7. 1968 und dem Urteil vom 26. 11. 1968 vertreten. Im einzelnen wird auf die Darstellung im 1. Abschnitt B bezug genommen.

2. Fallgruppe

Die Mitarbeit der Ehefrau war zwar zum Unterhalt der Familie nicht erforderlich, aber *üblich* (nach Fenn: Pflichtmitarbeit) § 1356 Abs. 2 BGB:

a) Hinsichtlich des Schadensersatzanspruchs der verletzten Ehefrau ist ebenso wie bei der 1. Fallgruppe zu entscheiden: Die *Ehefrau* ist gemäß den §§ 823, 842, 843 BGB zum Ersatz des gesamten Schadens berechtigt[61].

---

[58] M. E. terminologisch präziser: Unterhaltsmitarbeit.
[59] S. o. 1. Abschnitt A I 2.
[60] S. o. 1. Abschnitt A III 3 d, bb.
[61] BGHZ 59, 172 ff. Urt. v. 11. 7. 1972 („Estil").

C. Schadensersatz bei den verschiedenen Stufen der Mitarbeit

b) Hinsichtlich der Ansprüche des *Mannes* ist die Rechtslage streitig. Es erhebt sich nämlich die Frage, ob auch dem Ehemann ein Schadensersatzanspruch (§ 845 BGB) zusteht, wenn die Pflicht der Ehefrau zur Mitarbeit nur auf § 1356 Abs. 2 BGB beruhte. Insoweit hat selbst der Beschluß des Großen Zivilsenats vom 9. 7. 1968 keine Klarheit gebracht. In der Entscheidung vom 24. 6. 1969 führt der BGH[62] aus, § 845 BGB sei durch den Wandel der Rechtsprechung, die der verletzten Ehefrau einen eigenen Schadensersatzanspruch zuerkennt, nicht insgesamt aufgehoben, sondern nur soweit ein anderer Weg gegeben sei. In einem obiter dictum wird dann angedeutet, im Bereich des § 1356 Abs. 2 BGB sei die Frage *zweifelhaft*. Aus der Rechtsprechung ist auf das Urteil des OLG Celle[63] vom 6. 2. 1969 aufmerksam zu machen. Es entschied, daß die Unkosten, die durch einen vom Ehemann einer unfallgeschädigten Ehefrau aufgenommenen Kredit zur Einstellung von Ersatzkräften im landwirtschaftlichen Betrieb des Mannes erwachsen sind, gemäß § 845 BGB vom Ehemann geltend gemacht werden können.

Im Schrifttum ist die Frage, ob bei dieser Fallgruppe für einen Schadensersatzanspruch des Ehemannes nach § 845 BGB Raum bleibt, von Hauß, Kropholler, Berg und Jayme[64] verneint worden. Demgegenüber halten Klingsporn, Habscheid und neuerdings Fenn[65] die Bestimmung des § 845 BGB noch für anwendbar. So argumentiert Fenn[66], für die Pflichtmitarbeit hausangehöriger Kinder (§ 1619 BGB) stehe die Anwendbarkeit des § 845 BGB außer Frage. Die Verpflichtung, zum Familienunterhalt beizutragen, und die Verpflichtung der Ehefrau zur Mitarbeit im Rahmen des Üblichen seien selbständig nebeneinanderstehende Verpflichtungsgrundlagen, wobei die Beeinträchtigung letzterer den Weg über § 845 BGB eröffne. Würde § 845 BGB hingegen ausgeschlossen, so führe dies zu einer nicht verständlichen Schlechterstellung des dienstberechtigten Ehegatten gegenüber dem früheren Rechtszustand.

Fenn und Klingsporn gehen zunächst zutreffend davon aus, daß die Mitarbeitspflichten aus § 1356 Abs. 2 und § 1360 S. 2 Halbs. 2 BGB rechtlich grundsätzlich unabhängig nebeneinander stehen. Dies ist bereits vorweg erörtert und im einzelnen begründet worden[67]. Die gesetzliche Trennung von unterhaltsrechtlich erforderlicher und üblicher Mitarbeit spricht daher für die Rechtsauffassung, dem Ehemann nach wie vor

---

[62] BGH NJW 1969, 2006 (r. Sp. oben), VI ZR 53/67.
[63] OLG Celle NJW 1969, 1671 ff. (1671/1672).
[64] *Hauß*, LM 16/17 zu § 845 BGB (Bl. 1), *Kropholler*, FamRZ 1969, 241 ff., 246 (IV 1 c), *Berg* JA 1970, ZR S. 39 ff., 40, *Jayme* S. 82.
[65] Habil. *Fenn* S. 547, 548, z. T. unter Berufung auf *Habscheid*, JuS 1966, 180 ff., 184, *Klingsporn*, FamRZ 1961, 54 ff., 55.
[66] *Fenn* S. 547 (Fußnote 263) u. S. 549 a. A.
[67] S. o. 3. Abschnitt B II 2 d, bb.

einen Schadensersatzanspruch aus § 845 BGB zuzusprechen[68], soweit die Mitarbeit der verletzten Ehefrau allein aus § 1356 Abs. 2 BGB (als üblich) geschuldet war. Es ist jedoch schon an anderer Stelle angedeutet worden[69], daß die gesetzestechnische Trennung von Unterhalts- und Mitarbeitspflicht im Bereich des Haftpflichtrechts zu ungünstigen Konsequenzen führt. Bejaht man nämlich die alleinige Gläubigerstellung der Ehefrau auch bei Beeinträchtigung ihrer Arbeitsleistung, die *nur* aus § 1356 Abs. 2 BGB geschuldet war, so entgeht man der unerfreulichen Folge, daß die Ehefrau bis zur Grenze des § 1360 Satz 2 Halbs. 2 BGB allein aktivlegitimiert ist, während der Ehemann legitimiert ist, soweit die Mitarbeitspflicht der Ehefrau nur auf § 1356 Abs. 2 BGB beruhte (Hauß[70]). Da sich bei Klageerhebung oft noch nicht sicher voraussagen läßt, ob das Gericht die Mitarbeit der Ehefrau als zum Unterhalt erforderlich oder lediglich als üblich einstufen wird, riskiert jeder Ehegatte die Teilabweisung seiner Klage — mit der nachteiligen Kostenfolge des § 92 ZPO. Mit Recht hat daher *Hauß* darauf aufmerksam gemacht, daß schon aus Gründen der Praktikabilität vermieden werden sollte, von der Art der rechtlichen Begründung die Gläubigerstellung abhängig zu machen[70]. Im übrigen ist für einen Schadensersatzanspruch des Ehemannes aus § 845 BGB auch deshalb kein Raum mehr, weil die verletzte Ehefrau im Falle üblicher Mitarbeit zum Ersatz des *gesamten*[63] Schadens berechtigt ist. Die Bestimmung des § 845 BGB ist jedoch, wie dargelegt[70a], nur *Auffangtatbestand*. Ihr liegt die Konzeption zugrunde, Ansprüche der Verletzten selbst seien nicht gegeben[71].

3. Fallgruppe

Die Mitarbeit der Ehefrau geht *über* das Maß des Üblichen gemäß § 1356 Abs. 2 BGB hinaus.

Bei dieser Fallgruppe liegt der Mitarbeit der Ehefrau an sich weder eine unterhaltsrechtliche noch eine gesetzliche Verpflichtung aus § 1356

---

[68] Für den Fall, daß außer der verletzten Ehefrau, die im Rahmen des Üblichen demäß § 1356 Abs. 2 BGB mitgearbeitet hat, auch dem Ehemann ein Schadensersatzanspruch gem. § 845 BGB zugebilligt wird, ergibt sich das Problem, in welchem Verhältnis die Schadensersatzansprüche dieser Personen zueinander stehen. Gesamtgläubigerschaft? — so *Wilts* NJW 1963, 2156 ff. (2157), ebenso neuerdings *Fenn* (Habil. S. 561, 562 mit näherer Begründung und *Vollkommer* JZ 1969, 528 f. (529).
[69] S. o. 3. Abschnitt B II 2 d, bb (a. E.).
[70] *Hauß*, LM 16/17 zu § 845 BGB (Bl. 1).
[70a] S. o. 1. Abschnitt B II 2 b, dd.
[71] Nach dieser Rechtsauffassung würde sich auch der Fall, der der Entscheidung OLG Nürnberg VersR 64, 954 zugrunde liegt, ohne Schwierigkeiten lösen: dort war die Mitarbeit der Ehefrau *üblich und zugleich unterhaltsrechtlich notwendig*. Das OLG bejahte einen eigenen Anspruch der verletzten Ehefrau auf Ersatz des gesamten Schadens in Fortführung der Grundsätze BGHZ 38, 55 ff.

Abs. 2 BGB zugrunde (Fenn: Gefälligkeitsarbeit). Die über den Rahmen des Üblichen hinausgehende Mitarbeit der Ehefrau kann sich aber auch auf arbeits- oder gesellschaftsvertraglicher Grundlage vollziehen.

Es steht außer Zweifel, daß der verletzten Ehefrau, deren Mitarbeit den Rahmen des Üblichen überstieg, ein eigener Schadensersatzanspruch gemäß den §§ 823, 842, 843 BGB zusteht. Ein Schadensersatzanspruch des Ehemannes kommt daneben nicht in Betracht, weil er einen deliktischen Schadensersatzanspruch aus § 845 BGB nur beim Entzug solcher Leistungen geltend machen kann, die ihm „kraft Gesetzes" zugestanden hätten.

Indessen ergibt sich bei dieser Fallgruppe folgendes Problem: Wie steht es, wenn sich *gesetzliche* Verpflichtung zur Mitarbeit — sei es gemäß § 1360 S. 2, sei es gemäß § 1356 Abs. 2 BGB — und *vertragliche* Verpflichtung *überschneiden?*[72] Es ist sehr wohl denkbar, daß die Mitarbeit einer Ehefrau, die im Rahmen eines Gesellschaftsverhältnisses geschieht, zumindest teilweise zum Unterhalt der Familie erforderlich oder üblich ist. Hat der Ehemann zumindest *insoweit* — auch wenn die Mitarbeit seiner Ehefrau vertraglich geregelt worden ist — einen Schadensersatzanspruch aus § 845 BGB? Soweit die vertragliche Mitarbeit der Ehefrau auch und zugleich *unterhaltsrechtlich* geboten war, wird man einen Schadensersatzanspruch des Ehemannes verneinen müssen, weil § 845 BGB als eine ergänzende Regelung dort gerade nicht zur Anwendung gelangt, wo die Tätigkeit der Ehefrau in den Bereich ihrer Unterhaltspflicht fällt. Soweit ihre vertraglich ausgestaltete Mitarbeit zugleich *üblich* war, wird man § 845 BGB nicht[73] anwenden können, weil die gesetzliche Verpflichtung zu üblicher Mitarbeit dispositiv[74] ist und durch die vertragliche Regelung abbedungen wird. Hierzu wird auf die Ausführungen im 3. Abschnitt B III 4 b Bezug genommen. Eine Überlagerung vertraglicher Vereinbarungen durch die gesetzliche Mitarbeitspflicht gemäß § 1356 Abs. 2 BGB — mit der Folge, daß der Ehemann insoweit gemäß § 845 BGB ersatzberechtigt wäre — ist daher *nicht* anzunehmen.

II. Die Schadensersatzansprüche bei Tötung der mitarbeitenden Ehefrau

1. Fallgruppe

Die Mitarbeit der Ehefrau war zum Unterhalt der Familie *erforderlich* (Unterhaltsarbeit), § 1360 S. 2 BGB.

---

[72] Denn die Ehegatten können auch im Bereich der nach § 1356 Abs. 2 BGB geschuldeten Mitarbeit Verträge schließen; vgl. BVerfG 29, 104 ff. (113), B. v. 22. 7. 1970.
[73] Vgl. *Fenn* S. 551.
[74] Vgl. BVerfG 29, 104 ff. (113).

Ein Schadensersatzanspruch des Ehemannes ist allein aus § 844 Abs. 2 BGB begründet. Denn die Mitarbeit der Frau diente der Erfüllung ihrer Unterhaltspflicht. Infolge der Tötung ist dem Ehemann das Recht auf Unterhalt entzogen worden. Ein Schadensersatzanspruch aus § 845 BGB kommt daneben nicht in Betracht. Diese Vorschrift findet keine Anwendung mehr, wo die Tätigkeit der Ehefrau in den Rahmen ihrer Unterhaltspflicht fällt[75]. Die Argumente — Sinn, Zweck und Entstehungsgeschichte des § 845 BGB — sind bereits an anderer Stelle eingehend erörtert worden[76]. Da § 844 Abs. 2 BGB unmittelbar zutrifft, wäre es auch verfehlt, eine analoge Anwendung des § 845 BGB in Erwägung zu ziehen[77].

2. Fallgruppe

Die Mitarbeit der Ehefrau war zwar nicht zum Unterhalt erforderlich, aber *üblich* (Pflichtmitarbeit), § 1356 Abs. 2 BGB:

Bei dieser Fallgruppe ist die Lösung gegenwärtig nach wie vor umstritten. Feststeht, daß die Bestimmung des § 844 Abs. 2 BGB für diesen Bereich nicht zutrifft. Ihre analoge Anwendung, die von Berg[78] vorgeschlagen wird, kann m. E. nicht befürwortet werden, weil eine Gesetzeslücke nicht vorhanden und ein anderer Lösungsweg über *§ 845 BGB* gegeben ist. Dieser wird freilich von Kropholler[79] im Anschluß an Gernhuber[80] abgelehnt. Denn der Zweck des § 845 BGB lasse sich nach der Neuregelung des Eherechts nicht mehr für eine Ausdehnung des Schadensersatzanspruchs auf den Fortfall der gesetzlichen Ehegattenmitarbeit anführen, soweit diese über das Maß des unterhaltsrechtlich Gebotenen hinausgehe. Kropholler ist sich dessen bewußt, daß seine Rechtsansicht eine Einschränkung der Schadensersatzpflicht bewirkt, indem sie dem Ehemann entgegen dem früheren Recht Schadensersatz versagt, wenn die Mitarbeitspflicht der Ehefrau über die Unterhaltspflicht hin-

---

[75] BGHZ 51, 109 ff., BGH FamR 1969, 408 m. Anm. Bosch.

[76] S. o. 2. Abschnitt B I und II.

[77] Abzulehnen ist die Ansicht von *Fenn*, der neben § 844 Abs. 2 anscheinend auch § 845 anwenden will im Anschluß an *Habscheid* von einem einheitlichen, mehrfach begründeten Anspruch spricht (Habil. *Fenn*, S. 547). Die Ausführungen *Fenn's* beziehen sich offenbar auf den Deckungsbereich üblicher und unterhaltsrechtlich gebotener Mitarbeit, denn unter dem Abschnitt „familienhafter" Mitarbeit (S. 543) faßt er Pflichtmitarbeit und Unterhaltsarbeit zusammen (S. 39).

[78] *Berg*, JA 1970, ZR S. 39 ff., 42 a. E.

[79] *Kropholler*, FamRZ 1969, 241 ff. (247, 248).

[80] *Kropholler* S. 247 Fußn. 83; *Gernhuber*, FamRZ 1958, 251.

C. Schadensersatz bei den verschiedenen Stufen der Mitarbeit

ausging. Zugleich werde — so Kropholler — die erwünschte Parallelität mit den Gefährdungshaftungsgesetzen[81] erreicht.

Entgegen Kropholler ist eine schadensersatzrechtliche Schlechterstellung des Ehemannes in denjenigen Fällen, in denen die Mitarbeit der getöteten Ehefrau nicht in ihrer ganzen Ausdehnung vom Unterhaltsrecht erfaßt wurde, nicht gerechtfertigt. Eine derartige Schlechterstellung entsprach auch nicht der Absicht des Gleichberechtigungsgesetzes[82]. Dem Versuch, die an sich erwünschte Parallelität der deliktischen und der Gefährdungshaftung im Wege der Versagung des Anspruchs aus § 845 und der Einschränkung des Deliktsrechts zu erreichen, muß m. E. mit Entschiedenheit entgegengetreten werden. Es fehlt durchaus nicht an einem vernünftigen Grund, wenn das Deliktsrecht weitergehende Ansprüche als die Gefährdungshaftungsgesetze gewährt, die eine dem § 845 BGB entsprechende Bestimmung nicht vorsehen[83]. Denn warum sollte derjenige, der schuldhaft (!) gehandelt hat, nicht weiter haften als derjenige, der nur aus einem Gefährdungstatbestand haftet? Die These des BGH[84], unter der Herrschaft des neuen Eherechts sei § 845 BGB „jedenfalls insoweit nicht mehr anwendbar, als ein anderer Weg gegeben ist, den Schädiger zum Ersatz des durch Beeinträchtigung in der Haushaltsführung entstandenen Schadens heranzuziehen", ist als richtig erkannt und bereits im einzelnen begründet[85] worden. Ist die Ehefrau gestorben und war sie nur aufgrund des § 1356 Abs. 2 BGB zur Mitarbeit verpflichtet, so läßt sich ein Ersatzanspruch des Ehemannes nur aus § 845 BGB herleiten. Für diese Fallgruppe ist die Anwendung des § 845 BGB weiterhin erforderlich[86]. Es wäre zu wünschen, wenn die höchstrichterliche Rechtsprechung — die das Problem aber bislang offengelassen hat[87] — bald Gelegenheit zur Entscheidung finden würde.

Die Streitfrage ist in der „*Estil*-Entscheidung"[88] erneut offen geblieben. Dort hat der 6. Zivilsenat am 11. 7. 1972 ausgeführt: „Ob ... eine

---

[81] §§ 10 II StVG, 35 II LuftVG, 3 II RHaftPflG, 28 II AtomG.
[82] *Fenn* S. 548 a. E. / 549 a. A.; *Staudinger-Schäfer*, § 845 BGB Randnr. 13 a.
[83] Ausgenommen § 53 Abs. 2 LuftVG.
[84] BGHZ 51, 109 ff. (111), Urt. v. 26. 11. 1968, BGH NJW 1969, 2006 (r. Sp. oben), Urt. v. 24. 6. 1969.
[85] S. o. 1. Abschnitt B II 2, III und 2. Abschnitt B IV.
[86] Ebenso *Hauß*, LM 16/17 zu § 845 BGB (a. E.); *Fenn* S. 549; *Jayme* S. 81/82; vgl. bereits *Klingsporn*, FamRZ 1961, 54 ff. (60): § 845 ... als Anspruchsgrundlage nur noch insoweit heranzuziehen, als die Dienstleistungspflicht sich allein aus § 1356 Abs. 2 ergibt, ohne daß die Mitarbeit zugleich als gesetzlich geschuldete Unterhaltsleistung i. S. des § 1360 S. 1 anzusehen ist.
[87] Vgl. BGH NJW 1969, 2006 (r. Sp. oben): „zweifelhaft". In BGH FamRZ 1969, 407 ff. war die Ehefrau zur (üblichen) Mitarbeit zugleich auch unter dem Gesichtspunkt der Unterhaltspflicht verpflichtet. Der BGH konnte daher, ohne daß es auf § 845 BGB ankam, nach § 844 Abs. 2 BGB entscheiden. Ähnlich BGH Betrieb 1969, 1554 (betr. LuftVG).
[88] BGHZ 59, 172 ff. (174).

wenigstens unterhaltsähnliche Leistung anzunehmen ist und jedenfalls im Falle der Tötung zugunsten des überlebenden Ehegatten die Grundsätze des Unterhaltsrechts teilweise entsprechend anzuwenden sind oder ob § 845 BGB mit verändertem Inhalt weiter gilt, braucht der Senat derzeit nicht zu entscheiden. Es kann auch offen bleiben, welchen Einfluß die veränderte Betrachtungsweise *insoweit* auf den Umfang der Gefährdungshaftung nach den Sondergesetzen hat".

3. Fallgruppe

Die Mitarbeit der Ehefrau ging *über* das Maß des Üblichen gemäß § 1356 Abs. 2 BGB hinaus (Gefälligkeitsarbeit und vertragliche Mitarbeit).

Dem Ehemann steht kein Schadensersatzanspruch als mittelbar Geschädigtem zu, weil sich sowohl § 844 Abs. 2 als auch § 845 BGB nur auf Verpflichtungen „kraft Gesetzes" beziehen.

Lagen die individuellen Verhältnisse der Ehegatten indessen so, daß die vertraglich gestaltete Mitarbeit der Ehefrau zugleich zum Unterhalt der Familie erforderlich oder üblich war, so ergibt sich: Eine Überlagerung vertraglicher Vereinbarungen durch die gesetzliche Mitarbeitspflicht gemäß *§ 1356 Abs. 2 BGB* und mithin ein Schadensersatzanspruch aus § 845 BGB entfällt, weil die gesetzliche Verpflichtung zu üblicher Mitarbeit dispositiv[89] ist. War hingegen die vertraglich gestaltete Mitarbeit der Ehefrau gleichzeitig und zumindest teilweise zum *Familienunterhalt erforderlich*, wird man dem Ehemann insoweit einen Schadensersatzanspruch aus § 844 Abs. 2 BGB nicht absprechen können[90]. Man wird argumentieren müssen, daß die gesetzliche Unterhaltsverpflichtung zwar unabdingbar ist und daher nicht verdrängt werden kann, daß aber für eine vertragliche Vereinbarung über Art und Weise der Unterhaltsgewährung sehr wohl Raum ist. Inwieweit die vertraglich geregelte Mitarbeit der Ehefrau unterhaltsrechtlich erforderlich war und inwieweit ggfs. Schadensersatz aus § 844 Abs. 2 BGB zu leisten ist, ist eine Frage des Einzelfalles und der individuellen Verhältnisse der Ehegatten.

---

[89] BGH FamRZ 1962, 357 ff. (358), Urt. v. 28. 5. 1962.

[90] Die „*Überlagerungsfälle*" werden selten beachtet, siehe *Fenn* S. 552, 553 und *Kropholler*, FamRZ 1969, 241 ff., 247 (Fußn. 72). Aus der Rechtsprechung vgl. RG, Recht 1944, 771 (Nr. 12): Im Verhältnis ... zwischen Unterhaltspflichtigen schließt ein Gutsüberlassungsvertrag ... den gesetzlichen Unterhaltsanspruch nicht aus. Vielmehr ruht in solchen Fällen der Anspruch auf den Unterhalt, soweit der gesetzliche und der vertragliche Anspruch einander decken, auf einer doppelten Rechtsgrundlage. In diesem Umfang entzieht der Tod des Übernehmers dem Überlasser nicht nur den vertraglichen, sondern auch den gesetzlichen Unterhaltsanspruch (Urt. v. 23. 5. 1944).

4. Abschnitt

**Die Schadensersatzansprüche der Kinder
bei Verletzung oder Tötung der im Haushalt tätigen
oder mitarbeitenden Mutter**

**A. Die Schadensersatzansprüche der Kinder
im Falle der Verletzung der Mutter**

Wird die Mutter durch eine zum Schadensersatz verpflichtende Handlung verletzt, so sieht das Schadensersatzrecht einen Anspruch der Kinder nicht vor. Die Kinder können sich auch nicht auf § 845 BGB berufen, wonach der Ersatzpflichtige einem Dritten für entgehende Dienste Ersatz zu leisten hat. Diese Norm kann schon deshalb nicht zur Anwendung kommen, weil die Mutter sicherlich nicht zur Leistung von „Diensten im Hauswesen der Kinder" verpflichtet ist[1]. Vielmehr ist die Verletzte selbst berechtigt, Schadensersatz zu verlangen, soweit sie in der Führung des Haushalts oder in ihrer Mitarbeit beeinträchtigt ist.

B. Die Schadensersatzansprüche der Kinder im Falle der Tötung

**I. Die Schadensersatzansprüche wegen
Tötung der im Haushalt tätig gewesenen Mutter**

Anspruchsgrundlage ist § 844 Abs. 2 BGB, der dem mittelbar geschädigten Dritten Schadensersatz gewährt, wenn dessen Recht auf Unterhalt entzogen ist. Die Mutter ist den Kindern zur Gewährung von Unterhalt verpflichtet. Ihre Unterhaltspflicht beruht auf den §§ 1601, 1602 Abs. 2 BGB. Über Art und Weise der Unterhaltsgewährung bestimmt § 1606 Abs. 3 n. F. BGB, daß die Mutter ihre Verpflichtung, zum Unterhalt eines minderjährigen unverheirateten Kindes beizutragen, in der Regel durch die Pflege und Erziehung des Kindes erbringt. Der Unter-

---
[1] Ebenso *Eißer*, FamRZ 1961, 49 ff. (54).

haltsanspruch des Kindes umfaßt den gesamten Lebensbedarf einschließlich der Kosten der Erziehung und Vorbildung zu einem Beruf und bestimmt sich nach seiner Lebensstellung (§ 1610 BGB). Er umfaßt auch den Anspruch auf Barleistungen und die für die Versorgung und Betreuung des Kindes erforderlichen persönlichen Leistungen. Dieser Anspruch ist den Kindern durch den Tod der Mutter verloren gegangen, so daß den Kindern nach Maßgabe des § 844 Abs. 2 BGB Schadensersatz zu leisten ist.

II. Die Schadensersatzansprüche wegen Tötung der erwerbstätig gewesenen Mutter

Ein Schadensersatzanspruch der Kinder aus § 844 Abs. 2 BGB kann sich nicht nur bei Wegfall der persönlichen Leistungen und Fürsorge, sondern auch dann ergeben, wenn die Mutter erwerbstätig war. Dies gilt aber nur, wenn ihre Mitarbeit *erforderlich*[2] war, um den Familienunterhalt in angemessener Weise bestreiten zu können (§ 1360 S. 2, 2. Halbs. BGB). Hatte die Mutter hingegen nur im Rahmen des Üblichen (§ 1356 Abs. 2 BGB) oder nur auf vertraglicher Grundlage mitgearbeitet, so erwächst den Kindern aus § 844 Abs. 2 BGB kein Schadensersatzanspruch.

III. Der Umfang des Unterhaltsschadens der Kinder

Bei der Bemessung des Unterhaltsschadens ist zu beachten, daß die Mutter — außer im Falle der Ersatzhaftung[3], wenn der Unterhaltsanspruch des Kindes gegen den Vater nicht realisierbar war — sehr oft nicht zur Leistung des vollen Unterhalts verpflichtet war. Der Schädiger kann daher — ebensowenig wie zu Lebzeiten die Mutter — auf den gesamten Unterhaltsbedarf des Kindes in Anspruch genommen werden. Denn der von der Mutter geschuldete Unterhaltsbeitrag ist Teilschuld. Vater und Mutter sind hinsichtlich der dem Kind geschuldeten Unterhaltsbeiträge nicht Gesamtschuldner, weil § 1606 Abs. 3 S. 1 BGB in

---

[2] *Habscheid*, JuS 1966, 180 ff. (182). Vgl. hierzu die Entscheidung BGH NJW 1971, 1983 ff., 1984 (Urt. v. 13. 7. 1971): Dort wird einem Kind, dessen Mutter durch einen Verkehrsunfall verunglückte, ein Schadensersatzanspruch aus den §§ 844 Abs. 2 BGB, 10 Abs. 2 StVG zugesprochen und u. a. ausgeführt: Da das Einkommen des Vaters nicht ausreiche, um den gesamten Lebensbedarf der Familie einschließlich der Aufwendungen für den Wohnhaus-Neubau zu bestreiten, war die Mutter verpflichtet, ihren als Plätterin erzielten Arbeitsverdienst zum Familienunterhalt beizusteuern.

[3] § 1607 Abs. 2 S. 1 BGB.

der geltenden Neufassung[4] ausdrücklich bestimmt, daß mehrere gleich nahe unterhaltspflichtige Verwandte *„anteilig"* nach ihren Erwerbs- und Vermögensverhältnissen haften. Im Hinblick auf die Neufassung des § 1606 Abs. 3 BGB hat auch der BGH[5] (unter ausdrücklicher Aufgabe seiner früheren[6] Rechtsprechung) inzwischen entschieden, daß die Unterhaltspflicht der Eltern eine Teilschuld[7] sei. Das Gericht erwägt allerdings, ob eine gesamtschuldnerische Haftung beider Elternteile möglicherweise im Interesse des Kindes zur Erleichterung der von ihm zu führenden Unterhaltsprozesse „im Grundsatz" zu bejahen wäre. Im übrigen macht sich das Urteil die Begründung des Gesetzgebers zu eigen: Dieser hatte die im Regierungsentwurf vorgesehene gesamtschuldnerische Haftung beider Eltern fallen gelassen, weil insbesondere die Mutter u. U. über ihre Leistungsfähigkeit belastet würde...[8]

Es ist demnach Aufgabe richterlicher Entscheidung im Einzelfalle, inwieweit die Ehefrau zu ihren Lebzeiten anteilig zum Unterhalt des Kindes beizutragen verpflichtet war. Danach bestimmt sich der Umfang des deliktischen Schadensersatzanspruchs des Kindes aus § 844 Abs. 2 BGB entsprechend.

IV. Die Schadensersatzansprüche des nichtehelichen Kindes wegen Tötung der Mutter

Auch der Schadensersatzanspruch des *nichtehelichen* Kindes ergibt sich aus § 844 Abs. 2 BGB, der auf das Unterhaltsrecht Bezug nimmt. Für die Unterhaltspflicht gegenüber nichtehelichen Kindern gelten nunmehr auf Grund des Gesetzes über die rechtliche Stellung der nichtehelichen Kinder[9] die allgemeinen Vorschriften, soweit sich aus den §§ 1615 a ff. BGB nicht ein anderes ergibt. Die Unterhaltspflicht der Mutter gegenüber dem nichtehelichen Kind folgt — wie gegenüber dem

---

[4] § 1606 BGB ist durch das Gesetz über die rechtliche Stellung der nichtehelichen Kinder vom 19. 8. 1969 (BGBl. I S. 1243) neu gefaßt worden.

[5] BGH NJW 1971, 2069 ff. (2070), Urt. v. 13. 7. 1971 — VI ZR 260/69; BGH NJW 1971, 1983 ff. (1985), Urt. v. 13. 7. 1971 — VI ZR 245/69.

[6] BGHZ 22, 51 ff. (52/53), Urt. v. 19. 10. 1956 und BGH St 12, 185 ff. (189), Urt. v. 21. 11. 1958.

[7] In der Entscheidung BGH NJW 1971, 1983 ff., 1985 (Urt. v. 13. 7. 1971) bestätigt der BGH die Auffassung des Berufungsgerichts, das nach Sachlage eine Rechtspflicht des Mannes bejaht hatte, einen Teil der zum Unterhalt des Kindes gehörenden persönlichen Leistungen (Haushaltsführung und Kinderbetreuung) zu erbringen. Beide Elternteile waren berufstätig. In welchem Umfang dem Vater die Pflicht zur Ausübung der persönlichen Unterhaltsleistungen obliegt, hänge im wesentlichen von dem Ausmaß der beiderseitigen beruflichen Belastung ab.

[8] BGH NJW 1971, 1983 ff. (1985 1. Sp.), Urt. v. 13. 7. 71 — VI ZR 245/69.

[9] Vom 19. 8. 1969 (BGBl. I S. 1243) mit Wirkung vom 1. 7. 70.

ehelichen — aus § 1601 BGB. Vater und Mutter haften dem nichtehelichen Kind nach § 1603 Abs. 3 S. 1 BGB gleichfalls „anteilig" nach ihren Erwerbs- und Vermögensverhältnissen. Die bisherige vorrangige Haftung des Vaters (§ 1709 Abs. 1 a. F. BGB) ist aufgegeben. Doch erfüllt die Mutter ihre Verpflichtung, zum Unterhalt eines nichtehelichen minderjährigen unverheirateten Kindes beizutragen, ebenso wie beim ehelichen in der Regel durch die Pflege und Erziehung des Kindes, § 1603 Abs. 3 S. 2 BGB. Bei der Bemessung des Unterhalts ist, solange das Kind noch keine selbständige Lebensstellung erlangt hat, nicht allein die Lebensstellung der Mutter, sondern beider Eltern maßgeblich, § 1615 c BGB.

Schon vor dem Inkrafttreten des Gesetzes über die rechtliche Stellung der nichtehelichen Kinder am 1. 7. 1970 war ein Schadensersatzanspruch des unehelichen Kindes wegen Tötung der Mutter gemäß § 844 Abs. 2 BGB überwiegend anerkannt[10]. Der Anspruch wurde damit begründet, daß die Mutter, soweit sie Dienste, die zur Erfüllung der Personensorge erforderlich sind, selbst erbringe, mithin einen Teil des Lebensunterhalts des Kindes gewähre[11]. Die Frage, ob der Schadensersatzanspruch auch dann gegeben sei, wenn der außereheliche Vater dem Kind Unterhalt zahlte, wurde bereits früher überwiegend bejaht[12]. Für das neue Recht, das im Interesse des Kindes und aus Gründen der Vereinfachung das Institut des Regelunterhaltes eingeführt hat (§ 1615 f—h), dürfte nichts anderes gelten[13].

---

[10] Vgl. *Eißer*, FamRZ 1961, 49 ff. (53) m. w. N.; *Feaux de la Croix*, Anm. NJW 1965, 1710 f. (1710).
[11] BGHZ 8, 374 ff. (376/377), Urt. v. 26. 1. 1953; *Eckelmann* S. 11 und S. 16.
[12] *Eißer* S. 53.
[13] Ebenso *Jayme* S. 83.

5. Abschnitt

Konkurrenz der Schadensersatzansprüche des Ehemannes und der Kinder

A. Die Fälle der Gläubigermehrheit

Aus der vorhergegangenen Erörterung der einzelnen Schadensersatzansprüche ergibt sich, daß die Ansprüche des Ehemannes und der Kinder in Konkurrenz treten können (*Gläubigermehrheit*). Dieses ist der Fall, wenn die Ehefrau *getötet* und sowohl dem Ehemann als auch den Kindern das Recht auf Unterhalt entzogen worden ist. Das Recht auf Unterhalt kann — wie wir gesehen haben — einmal dann entzogen werden, wenn die Ehefrau den *Haushalt* geführt und zum Unterhalt des Kindes durch Pflege und Erziehung beigetragen hat (Regelfall des § 1360 S. 2, 1. Halbs. und Regelfall des § 1606 Abs. 3 S. 2 BGB). Ein Unterhaltsschaden des Ehemannes und der Kinder liegt aber auch dann vor, wenn die Ehefrau erwerbstätig war, weil ihre Mitarbeit zum Unterhalt der Familie *erforderlich* war und die Arbeitskraft des Mannes und die Einkünfte der Ehegatten zum Unterhalt der Familie nicht ausreichen (§ 1360 S. 2, 2. Halbs. BGB). In beiden Fällen fragt es sich, welche Rechtsform der Gläubigermehrheit anzunehmen ist. Hat jeder der hinterbliebenen Familienmitglieder (Ehemann und Kinder) Anspruch auf Ersatz des *gesamten* Schadens oder nur einen *anteiligen* Anspruch?

B. Das Problem: Ehemann und Kinder als Gesamtgläubiger oder Teilgläubiger?

I. Die getötete Ehefrau war im Haushalt tätig

1. Wandlung der Rechtsprechung: die Urteile des Bundesgerichtshofs vom 18. 5. 1965 und 14. 3. 1972

Im Falle der Tötung der im Haushalt tätig gewesenen Ehefrau sind der Ehemann gemäß §§ 844 Abs. 2, 1360 S. 2, 1. Halbs. BGB, die Kinder gemäß §§ 844 Abs. 2, 1601, 1602 Abs. 2, 1606 Abs. 3 S. 2 BGB zum Schadensersatz berechtigt. Die Rechtsprechung hat zunächst eine *differenzierte* Lösung der Gläubigermehrheit vertreten. Diese gründete seinerzeit auf der Annahme, dem Ehemann stehe neben dem Schadensersatzanspruch aus § 844 Abs. 2 BGB ein Ersatzanspruch aus § 845 BGB zu. So hat die Entscheidung des Bundesgerichtshofs vom 18. 5. 1965 die Schadensersatzansprüche des Ehemannes und der Kinder — soweit sie auf § 844 Abs. 2 BGB beruhen — als Teilforderungen qualifiziert[1]. Danach sollen sich die Ansprüche des Ehemannes und der Kinder nach dem Anteil der Arbeitsleistung der Ehefrau bemessen, der ihnen zu deren Lebzeiten zugekommen war. Die anteiligen[2] Unterhaltsansprüche des Vaters und der Kinder seien der Höhe nach gemäß § 287 ZPO zu ermitteln. Soweit die Frau indessen zum Zwecke der Unterhaltsgewährung an die Kinder zugleich Dienste im Hauswesen leistete, brauche sie diese Dienste zwar nur einmal zu leisten, habe sie diese Dienste aber sowohl dem Manne auf Grund der Ehe als auch den Kindern auf Grund ihrer Unterhaltspflicht geleistet. Der Ehemann und die Kinder seien daher, soweit dem Ehemann ein Ersatzanspruch aus § 845 BGB zustehe, Gesamtgläubiger[3] im Sinne des § 428 BGB. In einer ausführlichen Rezension dieser Entscheidung hat *Habscheid* die These begründet, § 428 BGB müsse für den „Ersatzanspruch des Vaters schlechthin"[4] gelten, d. h. sowohl aus § 845 als auch aus § 844 Abs. 2 BGB. Die Rechtsauffassung Habscheids ist vorübergehend von *Werner Wussow*[5] übernommen worden und hat noch 1970 in der Habilitation *Fenn*[6] Gefolgschaft gefunden. Nachdem der BGH die Bestimmung des § 845 BGB jedenfalls für Beeinträchtigungen des Unterhalts nicht mehr anwendet, ist er der Gesamtgläubigerschaft des Ehemannes und der Kinder in einer neuen Entscheidung vom 14. 3. 1972 ausdrücklich entgegengetreten und zur *Teilgläubigerschaft* zurückgekehrt[7].

---

[1] BGH NJW 1965, 1710 ff.

[2] BGH, S. 1711 (r. Sp.).

[3] BGH, S. 1712 (l. Sp. Mitte). Das Urteil wendet sich abschließend gegen eine im Schrifttum vertretene Meinung, § 845 BGB gehe als speziellere Vorschrift der Bestimmung des § 844 Abs. 2 BGB vor und schließe Ansprüche der Kinder aus, falls ein Anspruch des Ehemannes aus § 845 BGB in Betracht komme.

[4] *Habscheid*, JuS 1966, 180 ff. (S. 186 a. E. und S. 187 Ziffer IV 3). Bei dem Ersatzanspruch des Vaters soll es sich — so *Habscheid* — um einen einzigen, freilich mehrfach begründeten Anspruch handeln.

[5] *Werner Wussow*, FamRZ 1967, 189 ff. (192 a. E.); a. A. wohl in NJW 1970, 1393 ff. (1393).

[6] *Fenn* S. 559/560 a. A. (betr. Mitarbeit).

[7] BGH NJW 1972, 1130 f. (1130 r. Sp. oben), Urt. v. 14. 3. 1972; ähnlich schon BGH NJW 1972, 251, Urt. v. 23. 11. 1971 (betr. allerdings den umgekehrten Fall der Schadensersatzansprüche der Witwe und der Kinder bei Tötung des Ehemannes).

B. Ehemann und Kinder als Gesamtgläubiger oder Teilgläubiger? 101

2. Stellungnahme

a) Jede der genannten Rechtsformen der Gläubigermehrheit hat Argumente für sich: Die Befürworter einer Gesamtgläubigerschaft machen geltend, die gesamte Arbeitsleistung der Ehefrau bei der Führung des Haushalts komme sowohl dem Ehemann als auch den Kindern zugute. Jeder von ihnen könne sich die Besorgung des Haushalts (durch eine Ersatzkraft) nur beschaffen, wenn er den Schadensersatz in voller Höhe erhalte[8]. Auch wäre, billige man den Kindern nur einen anteiligen Anspruch zu, für die Kinder bei vorzeitigem Tod des Vaters[9] ein Ersatz für den entfallenen Unterhaltsanspruch gegen die Mutter nicht hinreichend gewährleistet. Schließlich werde der Schuldner geschützt[10], weil er an jeden der Gesamtgläubiger voll zu leisten berechtigt sei. Er brauche also kein Risiko zu übernehmen und müsse nicht prüfen, welchem Familienmitglied der Anspruch letzten Endes zustehe.

Demgegenüber argumentieren die Vertreter der Gegenmeinung, die Gesamtgläubigerschaft entspreche nicht immer der Interessenlage: Sie sei nur so lange brauchbar, wie das Verhältnis zwischen den Familienmitgliedern gut sei[11]. Denn das Risiko der zweckgerechten Verwendung des Schadensersatzbetrages bleibe dem Ausgleichsverhältnis zwischen den Familienmitgliedern überlassen. Die Rechtfertigung einer Gesamtgläubigerschaft entfalle gänzlich, wenn die Familienmitglieder nicht zusammenleben[12]. Auch stehe es den Familienmitgliedern bei Teilersatz frei, die Ersatzsumme zusammenzulegen und gemeinsam eine Ersatzkraft für den Haushalt einzustellen[13]. Außerdem gehe es nicht an, Gesamtgläubigerschaft nur deshalb anzunehmen, um eine Doppelbeanspruchung des Schädigers zu verhindern; statt dessen solle allein das Mit- oder Gegeneinander der Gläubigerinteressen ausschlaggebend sein[14]. Der BGH[15] hat die Gesamtgläubigerschaft in seinem Urteil vom 14. 3. 1972 deswegen abgelehnt, weil die Mutter die Haushaltsführung nicht in der Weise schulde, daß sie diese nur einmal — „entweder dem Witwer oder den Kindern" — zu erbringen verpflichtet wäre[16]; viel-

---

[8] *Habscheid*, JuS 1966, 180 ff. (185).
[9] *Habscheid* S. 186, ebenso schon BGH NJW 1965, 1710 ff. (1712).
[10] *Werner Wussow*, FamRZ 1967, 189 ff. (191).
[11] So auch *Wussow* S. 191.
[12] *Jayme* S. 96.
[13] *Jayme* S. 96.
[14] *Jayme* S. 97.
[15] BGH NJW 1972, 1130 f. (1130), Urt. v. 14. 3. 1972.
[16] Vgl. § 428 BGB.

mehr stehe jedem Berechtigten ein eigener Anspruch zu, der nach Höhe und Dauer sein eigenes rechtliches Schicksal habe ...[17].

b) Die Ansicht von Habscheid und die Annahme einer Gesamtgläubigerschaft des Ehemannes und der Kinder hinsichtlich ihrer Schadensersatzansprüche aus § 844 Abs. 2 BGB läßt sich m. E. zumindest nach Inkrafttreten des Nichtehelichengesetzes nicht mehr halten. Dies ergibt sich m. E. aus folgendem:

Habscheid argumentiert, die Schadensersatzansprüche des Mannes und der Kinder seien inhaltsgleich und stünden somit nebeneinander, weil der Anspruch der Kinder gegen ihre Mutter als auch der Anspruch des Ehemannes gegen seine Frau „auf Besorgung des Haushalts schlechthin, also des gesamten Familienhaushaltes" gerichtet seien[17a]. Die Ansprüche der Kinder sind indessen durchaus nicht auf Besorgung des „gesamten" Familienhaushaltes und auch nicht auf einen Beitrag zum Familienunterhalt gerichtet. Zwar hat das Gleichberechtigungsgesetz die frühere Regelung aufgegeben, die in der (Klein-)Familie auftretenden Unterhaltspflichten in eine Reihe von selbständigen individuellen Beziehungen aufzuspalten. Es hat den Begriff des *Familienunterhalts* geschaffen, der nicht nur den Unterhalt der Eheleute und der Kinder, sondern den erforderlichen Aufwand umfaßt, mit dem die Kosten des gesamten Haushalts zu bestreiten und die persönlichen Bedürfnisse der Ehegatten und der Lebensbedarf der unterhaltsberechtigten Kinder zu befriedigen sind[18]. Dabei muß aber beachtet werden, daß nur die *Ehegatten* selbst einen Beitrag zum Unterhalt der gesamten Familie zu fordern berechtigt sind (§ 1360 BGB). Das entspricht auch ihrer elterlichen Veranwortung für die Familie insgesamt. Demgegenüber hat das Kind einen so weitgehenden Unterhaltsanspruch nicht[19]. Sein Anspruch beruht auf den §§ 1601, 1602 Abs. 2, 1606, 1610 BGB und ist nicht auf einen Beitrag zum „Familienunterhalt", sondern auf Gewährung des gesamten Lebensbedarfs *seiner selbst* gerichtet. Dies gilt umso mehr als § 1606 Abs. 3 BGB, der durch das Gesetz über die rechtliche Stellung der nichtehelichen Kinder vom 19. 8. 1969 neu gefaßt worden ist, entgegen S. 2 a. F. nicht mehr auf § 1360 BGB Bezug nimmt. Daher fehlt es schon an der Voraussetzung, daß jeder Gläubiger „die ganze Leistung" fordern kann (§ 428 BGB). Die Ansprüche des Vaters und des Kindes sind auch deshalb nicht inhaltsgleich, weil die Unterhaltsberech-

---

[17] Ebenso — z. T. wörtlich übereinstimmend — BGH VersR 1973, 84 ff. (85), Urt. v. 17.10.1972. Die Schadensersatzansprüche der Hinterbliebenen (§ 844 Abs. 2 BGB) wegen entgangenen Unterhalts (Entziehung der Haushaltsführung) „erwachsen jedem einzelnen Berechtigten gesondert".

[17a] *Habscheid*, JuS 1966, 180 ff. (185 a. E.).

[18] So *Dölle* § 36 A I 3 (s. 427).

[19] Vgl. *Dölle* § 36 A I 1 b (S. 428).

B. Ehemann und Kinder als Gesamtgläubiger oder Teilgläubiger?

tigung des Vaters aus § 1360 BGB nicht von der Bedürftigkeit (§ 1602 Abs. 1 BGB) abhängt.

Aus der Neufassung des § 1606 Abs. 3 BGB ergibt sich m. E. ein zweites Argument: Es ist bereits erörtert worden[20], daß Mutter und Vater hinsichtlich der dem Kind geschuldeten Unterhaltsbeiträge gemäß § 1606 Abs. 3 S. 1 n. F. BGB „*anteilig*" haften und daher von der Rechtsprechung als Teilschuldner angesehen werden. Das Kind ist deshalb nicht berechtigt, von jedem der Eltern den ganzen Unterhalt in Höhe seines gesamten Lebensbedarfs zu verlangen. Es ist nun nicht einzusehen, daß das Kind nach dem Tode der Mutter neben dem Vater Gesamtgläubiger aus § 844 Abs. 2 BGB sein soll und Anspruch auf die ganze Leistung erheben könnte. § 844 Abs. 2 S. 1 (1. Halbs.) läßt vielmehr erkennen, daß das deliktische Schadensersatzrecht das Unterhaltsrecht nicht inhaltlich modifiziert, sondern tatbestandsmäßig voraussetzt und ihm umfangmäßig korrespondiert[21]. War der Unterhaltsanspruch des Kindes gegen seine Mutter zu deren Lebzeiten nur ein anteiliger, so kann die Schadensersatzberechtigung ebenfalls nur eine anteilige sein.

II. Die Mitarbeit der getöteten Ehefrau war zum Unterhalt der Familie erforderlich (§ 1360 S. 2 Halbs. 2 BGB)

Aus der bisherigen Darstellung ergibt sich, daß die Schadensersatzansprüche des Ehemannes und der Kinder auch dann konkurrieren können, wenn die Ehefrau erwerbstätig war, weil die Arbeitskraft des Mannes und die Einkünfte der Ehegatten zum Unterhalt der Familie nicht ausreichten. Der Ehemann ist gemäß den §§ 844 Abs. 2, 1360 S. 2 Halbs. 2 BGB, die Kinder sind gemäß den §§ 844 Abs. 2, 1601, 1602 Abs. 2, 1606 Abs. 3 S. 1 BGB zum Schadensersatz berechtigt. Auch in diesem Falle ist die Rechtsform der Gläubigermehrheit streitig und wird im Anschluß an das Urteil[22] des BGH vom 18. 5. 1965 von einer Mindermeinung[23] als Gesamtgläubigerschaft qualifiziert. Das zitierte Urteil dürfte jedoch als überholt anzusehen sein. Zugunsten einer Teilgläubigerschaft des Mannes und der Kinder sprechen hier im wesentlichen dieselben Gründe[24], die bereits im Falle der Haushaltsführung der Ehe-

---

[20] S. o. 4. Abschnitt B III.
[21] ...war der Getötete unterhaltspflichtig... und ist dem Dritten... das Recht auf Unterhalt entzogen, so... ist *insoweit* Schadensersatz zu leisten, als... (§ 844 Abs. 2 S. 1 BGB).
[22] BGH NJW 1965, 1710 ff. (die getötete Ehefrau hatte den Haushalt geführt und darüber hinaus im Gewerbebetrieb des Ehemannes mitgearbeitet).
[23] Habil. *Fenn* (1970) S. 560.
[24] S. o. 5. Abschnitt B I 2.

frau angeführt wurden, zumal die Tätigkeit der Ehefrau in beiden Fällen der Erfüllung der Unterhaltspflicht dient: Die Schadensersatzansprüche des Ehemannes und des Kindes aus § 844 Abs. 2 BGB sind nicht inhaltsgleich. Der Unterhaltsanspruch des Kindes ist nicht wie der des Vaters auf einen Beitrag zum „gesamten Familienunterhalt" gerichtet. Es fehlt m. E. auch hier an der Voraussetzung des § 428 BGB, daß jeder Gläubiger „die ganze Leistung" fordern kann. Schließlich ergibt sich auch in diesem Falle aus der Neufassung des § 1606 Abs. 3 S. 1 BGB ein m. E. wesentliches Argument: Sowohl die erwerbstätig gewesene Mutter als auch der Vater hafteten für den Unterhalt des Kindes „anteilig" nach ihren Erwerbs- und Vermögensverhältnissen. War der Unterhaltsanspruch des Kindes gegen seine Mutter zu deren Lebzeiten nur ein anteiliger, so kann die korrespondierende Schadensersatzberechtigung aus § 844 Abs. 2 BGB keine andere sein. Die Entscheidung des BGH[25] vom 14. 3. 1972, die eine Gesamtgläubigerschaft des Mannes und der Kinder ablehnt, hatte sich nur mit dem Unterhaltsschaden durch Verlust der Haushaltsführung zu befassen.

---

[25] BGH NJW 1972, 1130 f. (1130); ebenso BGH VersR 1973, 84 ff., Urt. v. 17. 10. 1972.

6. Abschnitt

Die Höhe des Schadensersatzes bei Verletzung oder Tötung der Ehefrau

A. Vorbemerkung

Steht die Schadensersatzpflicht auf Grund unerlaubter Handlung dem Grunde nach fest, so empfiehlt es sich, bei der Berechnung der Schadenshöhe nach einzelnen „Schadensposten" zu differenzieren. So hat das BGB den Ersatz der Heilungskosten in § 249 S. 2, des Erwerbsschadens in § 842, den Ersatz der Beerdigungskosten in § 844 Abs. 1 und die Schadensersatzansprüche Dritter in den §§ 844, 845 BGB geregelt. Die folgenden Ausführungen sollen sich bewußt auf die Berechnung des *Unterhaltsschadens* beschränken, der durch Beeinträchtigung oder Ausfall der Tätigkeit der Ehefrau im Haushalt oder Beruf infolge Verletzung oder Tötung entsteht. Wegen der übrigen Schadensposten und wegen der Art und Weise des zu leistenden Schadensersatzes, insbesondere wegen der zahlreichen Fragen zur Kapitalisierung von Renten (§ 843 Abs. 1 bis 3 BGB) sei auf die Darstellungen von Wussow[1] und Geigel[2] hingewiesen.

Bei der Berechnung des Unterhaltsschadens wegen Verletzung oder Tötung der Ehefrau ist die Rechtsprechung lange Zeit der sog. *Pauschalierungsmethode*[3] gefolgt. Sie hat die Leistungen der Ehefrau im Haushalt und in der Familie entsprechend dem Zahlungsunterhalt bemessen, wie ihn der Vater eines unehelichen Kindes vormals schuldete. So hat die Pauschalierungsmethode zwangsläufig zu einer mißbilligenswerten Unterbewertung[4] der Tätigkeit der Frau geführt. Neuerdings wird sie von der höchstrichterlichen Rechtsprechung[5] mit Recht als ein

---

[1] *Werner Wussow,* Das Unfallhaftpflichtrecht, 11. Aufl. Tz 1054.
[2] *Geigel,* Der Haftpflichtprozeß, 15. Au. Anhang I.
[3] Vgl. *Eckelmann,* 3. Aufl. S. 23—25, m. w. N. u. S. 31, *Feaux de la Croix,* NJW 1965, 1710 f. (1711).
[4] *Feaux de la Croix,* NJW 1965, 1710 f. (1711).
[5] BGH NJW 1971, 2069 ff. (2070 a. E.), Urt. v. 13. 7. 1971.

verfehlter und ungeeigneter Bewertungsmaßstab abgelehnt. Die Berechnung des Schadens bei Tötung oder Verletzung der Ehefrau krankt jedoch nach wie vor daran, daß über die einzelnen Faktoren Unsicherheit besteht, die die Höhe des Schadensersatzes bestimmen: Von welcher Ersatzkraft, welcher Entlohnung, welcher Arbeitszeit usw. hat die Schadensberechnung auszugehen? Es ist das Verdienst *Eckelmanns*[6], sich dieser Fragen auf der Grundlage von Untersuchungen der Bundesforschungsanstalt für Hauswirtschaft angenommen und auf die unbefriedigenden schadensersatzrechtlichen Ergebnisse eindringlich aufmerksam gemacht zu haben.

Hinsichtlich der Kriterien der Schadensberechnung ist indessen im einzelnen noch manches streitig. Im Interesse der Einheitlichkeit der Rechtsprechung sollte jedoch tunlichst versucht werden, einheitliche Grundsätze und Maßstäbe der Schadensberechnung anzuwenden, zumal das Schadensersatzrecht wegen der Vielzahl der Schadensfälle im Straßenverkehr eine bedeutende Rolle in der Rechtspraxis spielt. Nicht zuletzt ist die lange Dauer zahlreicher Schadensersatzprozesse mit darauf zurückzuführen, daß — ist endlich über den Grund des Anspruchs entschieden — die Höhe des Schadens streitig bleibt; eine u. U. zeitsparende vergleichsweise Regelung kommt nicht zustande. Es besteht daher ein echtes Bedürfnis, den Gerichten, den Rechtssuchenden und den Versicherern sichere Anhaltspunkte für die Schadensberechnung zu geben. Hierzu mit einer gerafften Darstellung der Kriterien beizutragen, ist das Anliegen dieses Abschnitts.

B. Grundsätzliches zur Berechnung des Unterhaltsschadens bei Verletzung oder Tötung der Ehefrau

I. Ersatz des tatsächlich geleisteten[6a] oder des geschuldeten Unterhalts?

Ziel der Schadensberechnung ist es, die verletzte Ehefrau bzw. die hinterbliebenen Familienangehörigen der getöteten Ehefrau durch die Gewährung von Schadensersatz so zu stellen, wie sie stehen würden,

---

[6] *H. Eckelmann*, Schadensersatz bei Verletzung oder Tötung einer (erwerbstätigen) Frau oder Ehefrau wegen Beeinträchtigung oder Ausfalls in der Haushaltsführung und Kinderbetreuung und wegen Ausfalls eines Barbeitrags aus ihrem Einkommen zum Familienunterhalt und Schadensersatz bei Verletzung oder Tötung eines Ehemannes wegen Ausfalls des Barunterhalts und der Mitarbeit im Haushalt, 3. Aufl. 1970.

[6a] Für den Fall der Verletzung der Ehefrau vgl. BGH NJW 1974, 1651, Urt. v. 7. 5. 1974.

B. Grundsätzliches zur Berechnung des Unterhaltsschadens

wenn die Ehefrau ihren Unterhaltsbeitrag weiter leisten würde[7]. Im Falle des *§ 844 Abs. 2 BGB* kommt es nicht auf den Unterhalt an, den die Ehefrau vor Eintritt der zum Schadensersatz verpflichtenden Handlung *tatsächlich* geleistet hat, sondern auf denjenigen, den sie hätte leisten *müssen*, den sie zu leisten gesetzlich „verpflichtet"[8] war (vgl. § 844 Abs. 2, 1. Halbs. BGB). Maßgebend ist hier also nicht, ob die Ehefrau vor dem Schadensereignis mehr oder weniger geleistet hat als ihrer Unterhaltspflicht entsprach. Allenfalls mögen die in der Vergangenheit erbrachten Leistungen ein Indiz für den Umfang des angemessenen Unterhalts geben. Können Unterhaltsrückstände nicht mehr beigetrieben werden, so ist zwar durch den Tod des Unterhaltsverpflichteten ein Schaden erwachsen. Er beruht aber gerade nicht darauf, daß dem Dritten (Kind) das „Recht" auf Unterhalt entzogen worden ist, sondern allenfalls darauf, daß die „Verwirklichung" des Rechts beeinträchtigt oder vereitelt ist. Die höchstrichterliche Rechtsprechung[9] hat daher jüngst entschieden, daß der Schadensersatzanspruch wegen Tötung des Unterhaltspflichtigen nicht die *Unterhaltsrückstände* vor der Tötung umfaßt.

II. Konkrete Berechnung oder objektivierende Bewertung?

Bei der Berechnung des Unterhaltsschadens wegen Beinträchtigung oder Ausfalls der Haushaltsführung ist sodann zu unterscheiden, ob für die persönlichen Leistungen tatsächlich Mittel aufgewandt worden sind oder ob sich die Familienmitglieder ohne Einstellung einer Ersatzkraft beholfen haben:

Im ersten Falle bestimmt sich der zur Schadensbeseitigung objektiv erforderliche Geldbetrag (§ 249 S. 2 BGB) nach den tatsächlich entstandenen Aufwendungen. Die Höhe des Schadens bemißt sich „konkret" nach der Höhe dessen, was der Unterhaltsberechtigte für die ausgefallenen persönlichen Leistungen aufwenden muß[10].

---

[7] Vgl. BGH NJW 1971, 2066 ff. (2067), Urt. v. 13. 7. 1971.

[8] Ganz herrschende Meinung. Vgl. u. a. BGH NJW 1971, 1983 ff. (1985), Urt. v. 13. 7. 1971 (VI ZR 245/69), RGZ 92, 57 ff. (58), Urt. v. 17. 1. 1918; *Fenn* S. 554/555, *Werner Wussow*, Ersatzansprüche bei Personenschaden Tz 69.

[9] BGH NJW 1973, 1073 f. (1073), Urt. v. 9. 3. 1973: Das Urteil hatte über die Schadensersatzansprüche des nichtehelichen Kindes wegen Tötung des Vaters zu befinden. Die Entscheidungsgründe geben — offenbar zustimmend — die Rechtsansicht wieder, daß auch die Formulierung („als der Getötete während der mutmaßlichen Dauer seines Lebens zur Gewährung des Unterhalts verpflichtet gewesen sein würde") auf eine Beschränkung auf zukünftige (!) Unterhaltsansprüche hindeute. Außerdem berufen sich die Entscheidungsgründe auf den Ausnahmecharakter des § 844 Abs. 2 BGB, der lediglich bestimmten mittelbar Geschädigten einen Schadensersatzanspruch gewähre. Der Beschränkung des Personenkreises — so die Entscheidung — entspreche auch eine gegenständliche Begrenzung des zu ersetzenden Schadens.

Im zweiten Falle, in dem von der Einstellung einer Ersatzkraft abgesehen wurde, nimmt die Rechtsprechung „eine bis zu einem gewissen Grade objektivierende, nicht in alle Einzelheiten der tatsächlichen Haushaltstätigkeit der Ehefrau eindringende Bewertung"[11] vor. Soweit der Anspruch der verletzten Ehefrau selbst[12] in Rede steht, wird dies von der gewandelten Rechtsprechung mit dem normativen Schadensbegriff begründet, wie er dem früheren Mannesanspruch aus § 845 BGB zugrunde lag. Nach § 845 BGB ist „für die entgehenden Dienste" Ersatz zu leisten, d. h. der Wert des verletzten Vermögensgutes nach der Verkehrsauffassung objektiv zu ermitteln und zu ersetzen. Soweit es sich um die Schadensersatzansprüche des Ehemannes und der Kinder wegen Tötung der Ehefrau handelt, ist die Haushaltstätigkeit der Ehefrau ebenfalls objektivierend zu bewerten. Diese Ansprüche beruhen zwar auf § 844 Abs. 2 BGB, doch soll eine pauschalierte Berechnung, wie sie im Falle des § 845 geboten sei, nach neuerer Rechtsprechung[13] auch im Rahmen des § 844 Abs. 2 BGB statthaft sein.

III. Kosten einer Ersatzkraft als „Anhaltspunkt" der Schadensberechnung — Einschränkungen aus dem Gesichtspunkt der Schadensminderungspflicht (§ 254 BGB)?

Nachdem die Rechtsprechung die Grundsätze der Schadensberechnung, wie sie ehedem nur für § 845 BGB galten, auch auf den eigenen Schadensersatzanspruch der verletzten Ehefrau übertragen hatte, hat sie der verletzten Ehefrau[14] folgerichtig auch dann Schadensersatz gewährt, wenn eine Ersatzkraft für die Führung der Haushalts nicht eingestellt worden ist. Auch der Ehemann[15], dessen Ehefrau getötet worden ist, kann die zum Ersatz der geschuldeten Haushaltstätigkeit erforderlichen Mittel unabhängig davon fordern, ob er sich im Zeitpunkt der gerichtlichen Entscheidung oder möglicherweise später ohne eine Ersatzkraft behilft. Die Kosten einer Ersatzkraft sind — so die Rechtsprechung — natürlicher „Anhaltspunkt"[16] für die Bewertung der Unterhaltsleistungen der verletzten oder getöteten Ehefrau. Sie sind der Schadensberechnung aber nicht schematisch zugrunde zu legen:

---

[10] BGH NJW 1971, 2069 ff. (2069 a. E.), Urt. v. 13. 7. 1971 (VI 260/69).
[11] BGH NJW 1971, 2066 ff. (2067), Urt. v. 13. 7. 1971.
[12] BGH GSZ 50, 304 ff. (306) = Beschluß v. 9. 7. 1968.
[13] So ausdrücklich BGH NJW 1971, 2066 ff. (2067 r. Sp. a. E.), Urt. v. 13. 7. 1971.
[14] BGH GSZ 50, 304 ff. (305).
[15] BGH NJW 1971, 2066 (2067 r. Sp.); 1972, 1130 f. (1130 r. Sp.), *Jayme* S. 84 und Fußn. 131.
[16] BGH NJW 1971, 2069 ff. (2070), Urt. v. 13. 7. 1971 (VI ZR 260/69); *Eckelmann*, NJW 1971, 355 ff. (356); *Werner Wussow*, NJW 1970, 1393 ff. (1395).

B. Grundsätzliches zur Berechnung des Unterhaltsschadens

So hat der BGH gerade in jüngeren Entscheidungen betont, der Wert der durch den Tod der Mutter weggefallenen persönlichen Unterhaltsleistungen bemesse sich „nicht stets"[17] nach den gedachten Kosten, die bei Einstellung einer Ersatzkraft anfallen würden. Vielmehr sei darauf abzustellen, wie dieser Schaden unter Berücksichtigung des Kindesinteresses auszugleichen sei und ausgeglichen werde. Wenn das Kind, dessen Mutter nach einem Verkehrsunfall verstorben war, zunächst von seinen Großeltern und dann von einer in den Haushalt des Vaters aufgenommenen Frau versorgt und erzogen werde, so bestimme sich der Wert der entgangenen Unterhaltsleistungen nach dem, was bei einer „gleichwertigen Familienunterbringung" bezahlt zu werden pflege[18]. In einem anderen Urteil[19] hat der BGH den Unterhaltsschaden eines Kindes ebenfalls nicht nach den marktüblichen Kosten einer Ersatzkraft oder einer Heimunterbringung berechnet: In diesem Falle, in dem die Mutter bei einem Verkehrsunfal ums Leben gekommen und der Vater des Kindes unbekannten Aufenthalts war, hat der BGH unter Hinweis auf die Schadensminderungspflicht (§ 254 BGB) als maßgebend angesehen, was „ein verständiger für das Wohl des Kindes besorgter Elternteil an Vorsorge treffen und an Mitteln aufwenden würde, wenn er diese selbst zu tragen hätte und tragen könnte"[20], wobei allerdings Einschränkungen aus Anlaß des Schadensereignisses nicht in Betracht kommen sollen. Das Gericht hat der Schadensberechnung die Kosten einer Familienunterbringung (an Hand der üblichen Kosten in einer fremden Familie) zugrunde gelegt, zumal das Kind fortan bei Verwandten versorgt wurde, diese Unterbringung angestrebt wurde und ohne unzumutbare Schwierigkeiten und Einschränkungen möglich war.

Die zuletzt zitierten Entscheidungen lassen die Tendenz erkennen, den Umfang des Schadensersatzes einzuschränken[20a]. In einem weiteren Urteil vom 17. 10. 1972 formulierte der 6. Zivilsenat, es stehe mit seiner Rechtsprechung im Einklang, wenn das Berufungsgericht einen Anhaltspunkt für die Bewertung der entgangenen Unterhaltsleistungen in den Aufwendungen sehe, die für eine vergleichbare Ersatzkraft zu erbringen wären, „wenn sie auch nicht unbesehen eingesetzt werden dür-

---

[17] BGH NJW 1971, 1983 ff. (1985 a. E.), Urt. v. 13. 7. 1971 (VI ZR 245/69).

[18] BGH NJW 1971, 1986.

[19] BGH NJW 1971, 2069 ff. (2070), Urt. v. 13. 7. 1971 (VI ZR 260/69).

[20] Ähnlich *Müller-Freienfels*, JZ 1960, 372 ff. (375): Nach dem Sinn des Schadensausgleichs müsse in Betracht gezogen werden, wie sich der Witwer in seinen konkreten Lebensverhältnissen helfen würde, wenn er seine Frau durch Krankheit oder deren alleiniges Verschulden verloren hätte. A. A. *Eckelmann* S. 25, 26.

[20a] Dieses Fazit hat schon *Herbert Fenn* in einer Anmerkung zum Urteil BGHZ 56, 389 ff. gezogen (*Fenn*, Anm. AP Nr. 17 zu § 844 BGB).

fen"[20b]. Hierin läßt sich die den Umfang des Schadensersatzes einschränkende neue Rechtsentwicklung ebenfalls aufzeigen.

IV. Kosten einer Ersatzkraft — Aufteilung nach Unterhaltsberechtigten?

Im Falle der Tötung der Ehefrau ist zu beachten, daß der für die Einstellung einer Ersatzkraft entstandene Gesamtaufwand im Verhältnis der Unterhaltsansprüche des Ehemannes und der unterhaltsberechtigten Kinder *anteilig* aufzuteilen[21] ist. Dies ergibt sich aus dem Umstand, daß Ehemann und unterhaltsberechtigte Kinder nicht Gesamtgläubiger sind, ihre Schadensberechtigung vielmehr eine anteilige ist. Die Rechtsform der Gläubigermehrheit ist bereits im 5. Abschnitt (B) im einzelnen dargestellt und begründet worden.

V. Mitwirkendes Verschulden — § 254 und § 846 BGB

Weiter ist bei der Berechnung des Schadensersatzes der verletzten Ehefrau deren mitwirkendes Verschulden nach allgemeinen Grundsätzen gemäß § 254 BGB zu berücksichtigen. Im Falle der Tötung müssen sich die schadensberechtigten Dritten ein mitwirkendes Verschulden der Ehefrau ebenfalls anrechnen lassen. Letzteres mußte angesichts der grundsätzlichen Selbständigkeit der Ansprüche aus §§ 844, 845 BGB (originäre Ansprüche) besonders bestimmt werden und ist geregelt in § 846 BGB[22].

VI. Die Beweiserleichterung des § 287 ZPO, insbesondere hinsichtlich Höhe und Dauer des Unterhaltsschadens

Die vorstehenden Grundsätze zur Berechnung des Unterhaltsschadens wären unvollständig ohne den Hinweis auf die in der Praxis bedeutsame Bestimmung des § 287 ZPO[23]. Sie kommt dem Richter bei der Fest-

---

[20b] So BGH VersR 1973, 84 ff., 85 (l. Sp. a. E., r. Sp. Mitte), Urt. v. 17. 10. 72, vgl. BGH FamRZ 1973, 535 ff., Urt. v. 12. 6. 1973.

[21] Vgl. BGH NJW 1972, 1130 f. (1131), Urt. v. 14. 3. 1972.

[22] Über die Frage der Wirkung eines vertraglichen oder gesetzlichen Haftungsausschlusses gegenüber den schadensersatzberechtigten Dritten und andere Einzelfragen zu § 846 BGB vgl. *Palandt-Thomas* m. w. N.

[23] Zu den Vorschriften der §§ 287 ZPO und 252 S. 2 BGB sowie zur Frage der erforderlichen Wahrscheinlichkeit vgl. *Weitnauer*, AP Nr. 14 zu § 252 BGB (= Anm. zum Urteil des BAG v. 14. 7. 1967 — 5 AZR 101/66; zur Grenze zwischen den §§ 286 und 287 ZPO vgl. BGH JZ 1973, 427 = JA 1973 ZR S. 181, Urt. v. 27. 2. 1973.

stellung und Bemessung des Schadens als Beweiserleichterung zustatten. Sie erlaubt es, im Wege der Schätzung den Schaden zu ermitteln, wenn unter den Parteien streitig ist, ob ein Schaden entstanden ist oder wie hoch sich der Schaden beläuft. Das Urteil muß allerdings die tatsächlichen Grundlagen der Schätzung und ihre Auswertung in nachprüfbarer Weise angeben. Der Revision ist zugänglich, ob die Schadensermittlung grundsätzlich falsch ist, etwa auf unsachlichen Erwägungen beruht oder ob wesentliche Tatsachen unberücksichtigt geblieben sind[24]. Als Rechtsfehler ist es namentlich anzusehen, wenn die Schätzung des Wertes der Unterhaltsleistungen der Mutter auf einem „fehlerhaften Bewertungsmaßstab" beruht[25]. Auch bei der Festsetzung der Dauer der Rente kommt § 287 ZPO große Bedeutung zu. Hier ist im Wege der Schätzung festzustellen, wie lange die Ehefrau nach den persönlichen, gesundheitlichen und beruflichen Verhältnissen mutmaßlich ihre Unterhaltspflicht hätte erfüllen können. Eine schematische Bemessung der Rente bis zum 65. Lebensjahr der unterhaltsverpflichteten Ehefrau wird — soweit ersichtlich — einhellig abgelehnt[25a].

C. Einzelne Bewertungsfaktoren

Bei der Schätzung des Unterhaltsschadens wegen Beeinträchtigung oder Ausfalls der Haushaltsführung der Ehefrau sind im einzelnen insbesondere folgende Bewertungsfaktoren einzubeziehen:

I. „Vergleichbare" Ersatzkraft

Art und Umfang der Haushaltsführung bestimmen sich sehr wesentlich nach der Anzahl der Familienmitglieder, nach den Lebensverhältnissen der Familie, beruflichen und gesellschaftlichen Verpflichtungen, Alter und Gesundheitsstand der Familienmitglieder[26]. Größe und Ausstattung der Wohnung dürften hinzukommen. Anhaltspunkt für den

---

[24] *Werner Wussow*, Ersatzansprüche bei Personenschaden, Tz 26 m. w. N.; BGH VersR 1973, 84 ff., 85 (r. Sp.), Urt. v. 27. 10. 1972; BGH NJW 1974, 1651 ff., 1652 (r. Sp.), Urt. v. 7. 5. 1974: Bei Nachprüfung der im Bereich des § 287 ZPO liegenden tatrichterlichen Würdigung sind dem Revisionsgericht enge Grenzen gesetzt.
[25] BGH NJW 1971, 2069 ff. (2070 a. E.), Urt. v. 13. 7. 1971 (VI ZR 260/69).
[25a] Vgl. etwa BGH NJW 1974, 1651 ff. (1653), Urt. v. 7. 5. 1974 (in dem zu entscheidenden Einzelfall hat die Rechtsprechung der verletzten Ehefrau eine monatliche Rente wegen Beeinträchtigung in der Haushaltsführung sogar bis zum 75. Lebensjahr zugesprochen).
[26] BGH NJW 1971, 2066 ff. (2067), Urt. v. 13. 7. 1971 (VI ZR 31/70); BGH NJW 1972, 1130 f. (1130), Urt. v. 14. 3. 1972.

Wert der Haushaltsführung sind die Kosten einer „*vergleichbaren*"[27] Ersatzkraft. Im allgemeinen wird die Tätigkeit einer *Hauswirtschafterin*[28] als vergleichbar angesehen. Die Kenntnisse einer Wirtschaftsleiterin werden für einen Privathaushalt regelmäßig nicht erforderlich, die unselbständige Tätigkeit einer Hausgehilfin andererseits nicht ausreichend sein. In einem einfachen Zweipersonenhaushalt will der BGH die Haushaltstätigkeit der Frau allerdings nicht ohne weiteres mit der Tätigkeit einer geprüften Hauswirtschafterin vergleichen; hier sei im *Einzelfall* zu prüfen, ob es genüge, den Lohn einer Haushaltshilfe[29] zugrunde zu legen.

II. Arbeitszeit

Bei der Schätzung des Unterhaltsschadens ist weiter zu berücksichtigen, welche Arbeitszeit eine vergleichbare Ersatzkraft aufwenden müßte. *Eckelmann*[30] führt aus, eine Ersatzkraft benötige (mindestens!) die gleiche Arbeitszeit wie vormals die Ehefrau, z. B. in einem Vierpersonenhaushalt ca. 70 Wochenstunden. Demgegenüber lehnen es Werner Wussow[31] und neuerdings auch die Rechtsprechung[32] ab, aus der Gesamtdauer der Haushaltstätigkeit der Ehefrau ohne weiteres auf eine gleiche Arbeitszeit einer beruflich tätigen Ersatzkraft zu schließen: Beide Tätigkeiten seien wegen unterschiedlicher Arbeitsintensität nicht gleichzustellen, wie denn auch eine berufstätige Frau, sofern sie den Haushalt führe, hierzu infolge strafferer Organisation weniger Zeit benötige. So hat die Rechtsprechung[33] bei der Versorgung eines alleinstehenden Witwers erwogen, ob eine „nach Stunden zu bezahlende" Haushaltshilfe ausreiche. Sie hat beispielsweise die Haushaltstätigkeit einer Ehefrau, die als Sprechstundenhilfe halbtags tätig war, mit 6 Std.

---

[27] BGH a.a.O. NJW 1971, 2068 und NJW 1972, 1130.

[28] *Eckelmann*, NJW 1971, 355 ff. (358) und *Werner Wussow*, NJW 1970, 1393 ff. (1396). — Insgesamt betrachtet ist freilich auch die Tätigkeit einer geprüften Hauswirtschafterin nicht „gleichwertig": Man denke etwa an die Erziehung der Kinder; hier ist die Mutter selbst durch eine noch so gewissenhafte Wirtschafterin letztlich nie ersetzbar. Daher bemerkt *Feaux de la Croix* m. E. mit Recht, die Tätigkeit der Hausfrau sei im allgemeinen qualitativ und quantitativ wertvoller (NJW 1965, 1710 f., 1711).

[29] BGH NJW 1971, 2066 ff. (2068), Urt. v. 13. 7. 1971 (VI ZR 31/70), BGH NJW 1972, 1130 f. (1131): betr. die Versorgung eines alleinstehenden Witwers; ebenso BGH VersR 1974, 32 f. (32), Urt. v. 10. 7. 1973; kritisch *Fenn*, Anm. AP Nr. 17 zu § 844 BGB (2 b, dd).

[30] *Eckelmann* S. 26.

[31] *Werner Wussow*, NJW 1970, 1393 ff. (1394 und 1395).

[32] BGH NJW 1971, 2066 ff. (2068), Urt. v. 13. 7. 71 (VI ZR 31/70).

[33] BGH NJW 1972, 1130 f. (1131), Urt. v. 14. 3. 1972; ebenso BGH VersR 1974, 32 f. (32/33), Urt. v. 10. 7. 1973.

C. Einzelne Bewertungsfaktoren

täglich bemessen[34]. Dabei ist zu beachten, daß es auch hier nicht auf die tatsächliche Arbeitszeit, sondern auf das im Rahmen des § 1360 BGB geschuldete (!) Maß ankommt[35]. War die Ehefrau berufstätig, muß sich der Ehemann eine gewisse Kürzung seines Schadensersatzanspruchs deshalb gefallen lassen, weil er einen Teil der Hausarbeiten hätte übernehmen müssen. Das hängt im wesentlichen von dem Ausmaß der beiderseitigen beruflichen Belastung ab. In einem Falle, in dem die Ehefrau voll erwerbstätig gewesen war, hat der BGH[36] die Auffassung gebilligt, der Vater sei verpflichtet gewesen, ein Drittel der zum Unterhalt des Kindes erforderlichen Dienste selbst zu leisten. Bei der Bemessung der Arbeitszeit kommt dem Richter wiederum die Beweiserleichterung des § 287 ZPO zugute.

III. Brutto- oder Nettolohn?

Bezüglich der Einzelheiten besteht Streit, wie die Kosten der Ersatzkraft zu bemessen sind. Wussow[37] wil vom Nettolohn und von der ortsüblichen Vergütung einer Wirtschafterin ausgehen, wohingegen Eckelmann[38] den Bruttolohn, den Tariflohn nach BAT zuzüglich einem Überstundenzuschlag[39] der Schadensberechnung zugrunde legen will. Im Falle der Verletzung einer erwerbstätigen Ehefrau wird man den Schadensersatz entsprechend der modifizierten Nettolohn-Theorie[40] des 6. Zivilsenats nach dem Nettolohn berechnen und hinzurechnen müssen, was die Ehefrau zur Deckung ihres Schadens hinsichtlich der Steuern und Sozialversicherungsbeiträge braucht. Denn nur so wird die Ehefrau einen ebensogroßen Beitrag zum Familienunterhalt wie vor der

---

[34] BGH NJW 1971, 2066 ff. (2067 a. E.), Urt. v. 13. 7. 1971 (VI ZR 31/70).
[35] Das ist deshalb zutreffend, weil § 844 Abs. 2 BGB auf das „Recht auf Unterhalt" abstellt und insoweit Schadensersatz zu leisten ist, als der Getötete zur Unterhaltsgewährung „verpflichtet" gewesen sein würde. Die tatsächlichen Umstände lassen aber möglicherweise einen Schluß auf den Umfang der rechtlich geschuldeten Hausarbeiten zu. Vgl. BGH NJW 1971, 1983 ff. (1985), Urt. v. 13. 7. 1971 (VI ZR 245/69) und BGH NJW 1971, 2066 ff. (2067 a. E.).
[36] BGH NJW 1971, 2066 ff. (2068 a. A.) und NJW 1971, 1983 ff. (1985); vgl. auch BGH VersR 1974, 32 f. (33) zur Mitarbeitspflicht des Ehemannes im Haushalt, wenn die Ehefrau als Sekretärin halbtags tätig war.
[37] *Werner Wussow*, NJW 1970, 1393 ff. (1396).
[38] *Eckelmann*, NJW 1971, 355 ff. (358)).
[39] Str.; gegen den Ansatz einer Überstundenvergütung hat sich BGH NJW 1971, 2066 ff. (2068) ausgesprochen (Urt. v. 13. 7. 1971, VI ZR 31/70); hierzu kritisch *Fenn*, Anm. Nr. 17 zu § 844 BGB (2 b, cc).
[40] Vgl. hierzu *Werner Wussow*, Ersatzansprüche bei Personenschaden, Tz. 43 ff., sowie BGH NJW 1970, 1271 (zu Ziff. 1), Urt. v. 28. 4. 1970: Die Beklagten haben der unfallverletzten erwerbstätigen Ehefrau nicht nur das Nettogehalt zu ersetzen, sondern sind auch verpflichtet, die darauf entfallenden Steuerbeträge einschließlich der Kirchensteuer zu erstatten.

Verletzung erbringen können, zumal die Schadensersatzleistung der Einkommensteuer unterliegt (§ 24 I 1 a EStG). Bei den Schadensersatzansprüchen des Ehemannes und der Kinder wegen Tötung der Ehefrau und Mutter wird man nicht anders zu entscheiden haben. Demgegenüber geht die Erwägung W. Wussows[41], es komme darauf an, ob der Ehemann oder die Kinder auch für die Mutter bei deren unterstelltem Fortleben Sozialbeiträge oder Lohnsteuer hätten aufwenden müssen, m. E. fehl. Man wird sich vielmehr den Grundsatz vergegenwärtigen müssen, daß das Schadensersatzrecht die geschädigten Familienmitglieder in die Lage versetzen soll, eine gleichwertige Ersatzkraft zu beschaffen. Dieser Gesichtspunkt dürfte eher für die Auffassung sprechen, der Schadensberechnung den *Bruttolohn*[42] der vergleichbaren Ersatzkraft *nebst* Sozialleistungen zugrunde zu legen.

Schließlich bleibt zu erörtern, ob und inwieweit ersparte Aufwendungen auf den Schadensersatzanspruch anzurechnen sind. Diese Frage führt von dem Abschnitt „Höhe des Schadensersatzes" unmittelbar zu dem nachfolgenden Abschnitt „Vorteilsausgleichung".

---

[41] *Werner Wussow*, NJW 1970, 1393 ff. (1396 l. Sp. a. E.).
[42] A. A. anscheinend BGHZ 4, 123 ff. (131), wo vom Ersatz mindestens des „Barlohns" und „den zu erbringenden sozialen Leistungen" gesprochen wird; gegen das Urteil des BGH wendet sich u. a. OLG Stuttgart, FamRZ 1955, 172 f., Urt. v. 22. 6. 1954 (Leitsatz 3 und Entscheidungsgründe III.).

7. Abschnitt

Die Vorteilsausgleichung bei Schadensersatzansprüchen wegen Verletzung oder Tötung der Ehefrau

Das Problem

Bei der Vorteilsausgleichung geht es allgemein um die Frage, ob Vorteile, die dem Verletzten im Zusammenhang mit der Rechtsgutsverletzung zufließen, auf den Schadensersatzanspruch anzurechnen sind. Im Falle der *Verletzung* der Ehefrau sind es häufig Unterhaltsleistungen des Ehemannes, die der Verletzten zugute kommen. Im Falle der *Tötung* wird man dagegen fragen müssen, inwieweit der Wegfall der Unterhaltspflicht gegenüber der Ehefrau auf die Schadensersatzansprüche des Ehemannes und der Kinder anzurechnen ist: Soll eine etwaige Ersparnis für Verpflegung, Unterkunft, Kleidung, ärztliche Behandlung oder für den nicht mehr benötigten Zweitwagen berücksichtigt werden? Schließlich: Entfallen oder vermindern sich die Schadensersatzansprüche bei Wiederverheiratung des Mannes? Wie steht es etwa, wenn beide Eltern verunglückt sind und die Kinder von Pflegeeltern unterstützt oder von Adoptiveltern aufgenommen werden? Oder: Welche Versicherungsleistungen sind auf die Schadensersatzansprüche anzurechnen?

Einige dieser Fragen können unter dem Problemkreis „Zusammentreffen von Unterhalts- und Schadensersatzansprüchen" zusammengefaßt werden. Hierfür sieht das BGB die spezielle Regelung des § 843 Abs. 4 vor, mit deren Auslegung wir uns im folgenden eingehender zu befassen haben. Soweit diese Bestimmung nicht Platz greift, wird die Lösung sodann aus den allgemeinen Regeln der Vorteilsausgleichung zu suchen sein.

A. Die Unterhaltsgewährung Dritter an die verletzte Ehefrau

I. Hinweis auf den normativen Schadensbegriff

Hier sei zunächst auf die Ausführungen zum normativen Schadensbegriff im 1. Abschnitt[1] hingewiesen. Dort ist der eigene Schadensersatz-

---
[1] 1. Abschnitt A III 3 d.

anspruch der verletzten Ehefrau auf Ersatz des ganzen, durch den Ausfall ihrer Haushaltstätigkeit entstehenden Schadens, bereits im einzelnen dargestellt worden. Unter Bezug auf § 843 Abs. 4 BGB wurde begründet, daß es unerheblich ist, ob dieser Schaden innerhalb der Familie ganz oder teilweise aufgefangen wird. Zur Auslegung dieser Vorschrift soll folgendes ergänzt werden:

II. § 843 Abs. 4 BGB — Ausdruck eines allgemeinen Rechtsgedankens

§ 843 Abs. 4 BGB bestimmt: „Der Anspruch wird nicht dadurch ausgeschlossen, daß ein anderer dem Verletzten Unterhalt zu gewähren hat." Nach seiner systematischen Stellung scheint sich § 843 Abs. 4 BGB nur auf den Schadensersatzanspruch wegen Aufhebung oder Minderung der Erwerbsfähigkeit oder Vermehrung der Bedürfnisse zu beziehen (§ 843 Abs. 1 BGB). Indessen sieht die Rechtsprechung unter Berufung auf die Motive[2] des Gesetzgebers in § 843 Abs. 4 BGB den Ausdruck eines *„allgemeinen* Rechtsgedankens"[3]. Die in dieser Bestimmung enthaltene *„gesetzliche Wertung"* zeige, daß in gewissen Fällen auch dann Schadensersatz zu leisten sei, wenn die konkrete wirtschaftliche Lage im Ergebniss nicht nachteilig verändert worden sei, weil gewisse Leistungen ihrer Natur nach dem Schädiger nicht zugute kommen sollen[4]. Es soll dem Schädiger somit nicht zugute kommen, daß ein subsidiär Verpflichteter Unterhalt zu gewähren hat. Demgemäß hat die Rechtsprechung die in § 843 Abs. 4 BGB enthaltene Wertung als allgemeinen Grundsatz auf den „ganzen Inhalt" der Schadensersatzpflicht wegen Verletzung des Körpers oder der Gesundheit erstreckt, insbesondere auf die Heilungskosten[5].

III. § 843 Abs. 4 BGB — Anrechnung erfolgter (vollzogener, bereits erbrachter) Unterhaltsleistungen?

1. Das Problem: Unterhalt „zu gewähren hat"

Streitig ist, ob § 843 Abs. 4 BGB auch dann Anwendung findet, wenn der Unterhaltspflichtige zuerst geleistet hat. Diese Fälle dürften in der

---

[2] Mot. II S. 782, Begründung zu § 726 des 1. Entwurfs, RGZ 65, 162 ff. (163), Urt. v. 7. 2. 1907.

[3] Eine Reihe von Vorschriften verweisen ausdrücklich auf die Bestimmung des § 843 IV BGB. Sie findet nach den §§ 844 II 1, 618 III BGB, 62 III HGB und nach den Sondergesetzen entsprechende Anwendung. Vgl. § 13 II StVG, § 7 II 1 HaftpflG und § 38 II 1 LuftVG.

[4] BGHZ 21, 112 ff. (116), Urt. v. 22. 6. 1956; BGHZ 22, 72 ff. (75), Urt. v. 24. 10. 1956; BGH NJW 1963, 1051 f., Urt. v. 5. 2. 1963; aus der neueren Rechtsprechung vgl. BGH NJW 1970, 2061 ff. (2063), Urt. v. 22. 9. 1970.

[5] RGZ a.a.O. 65, 162 ff. (163) sowie RGZ 132, 223 ff. (224), Urt. v. 26. 3. 1931.

A. Unterhaltsgewährung Dritter an die verletzte Ehefrau

Praxis die Mehrzahl bilden. Denn oftmals ist der Ehemann „eingesprungen" und hat auf die Heilungskosten Vorschuß geleistet oder die Kosten einer Ersatzkraft für die verletzte Ehefrau bereits beglichen, wenn die Ehefrau ihren Schadensersatzanspruch einklagt. Oder der Ausfall der Ehefrau in der Haushaltsführung wurde zunächst durch erhöhte Unterhaltsleistungen der anderen Familienmitglieder intern aufgefangen. Der Wortlaut des § 843 Abs. 4 BGB („Unterhalt *zu gewähren hat*") trifft diese Fälle nicht. Dennoch interpretiert die Rechtsprechung[6] § 843 Abs. 4 BGB so, daß auch der „tatsächlich *gewährte*" Unterhalt — ebenso wie das Bestehen eines Unterhaltsanspruchs — den Schadensersatzanspruch nicht ausschließe. Sie lehnt einen Umkehrschluß des Inhalts, daß § 843 Abs. 4 BGB auf bereits gewährte (vollzogene) Unterhaltsleistungen gerade keine Anwendung finde, ab.

2. Die kontroversen Rechtsansichten im Schrifttum, insbesondere der Zweck der Drittleistung in der neueren Lehre

a) Im Schrifttum ist das Problem schon sehr früh von *Bach, Josef* und *Marcuse*[7] erörtert worden. Marcuse hat die Gegenmeinung im wesentlichen damit begründet, der Schadensersatzanspruch des Verletzten müsse wegfallen, weil er infolge der erbrachten Unterhaltsleistung nicht mehr geschädigt sei. Auch *Esser*[8] und *Selb*[9] sind für die Gegenmeinung eingetreten und begründen diese mit der These, § 843 Abs. 4 befasse sich nur mit der Anrechnung „ausstehender" Leistungen.

b) Demgegenüber heben neuere Untersuchungen von Marschall von Bieberstein[10], Wolfgang Thiele[11] und Horst Ehmann[12] die Nichtanrechnung der Unterhaltsleistung auf den Schadensersatzanspruch hervor. Diese Untersuchungen gehen — mit gewissen Nuancen, wie zu zeigen sein wird — jeweils vom Zweck der Leistung aus und messen dem *Zweck* der *Drittleistung* (des Unterhaltsverpflichteten) entscheidendes Gewicht bei. So führt *Marschall von Bieberstein* aus, daß die Beziehungen im Dreiecksverhältnis Geschädigter, Drittleistender und Schädiger nicht isoliert betrachtet werden dürfen[13], vielmehr die Frage der An-

---

[6] RGZ 138, 1 ff. (3), Urt. v. 4. 7. 1932; BGH 22, 72 ff. (78) unter ausdrücklicher Bestätigung der reichsgerichtlichen Rechtsprechung; aus der neueren Rechtsprechung vgl. BGH NJW 1970, 2061 ff. (2063), Urt. v. 22. 9. 1970.

[7] *Bach*, JW 1914, 730 ff.; *Josef*, AcP Bd. 118 S. 378 ff.; *Marcuse*, JW 1915, 264 ff. (265).

[8] *Esser*, MDR 1957, 522 ff. (523).

[9] *Selb*, Schadensbegriff und Regreßmethoden (1963), S. 74/75.

[10] *Marschall v. Bieberstein*, Reflexschäden und Reflexrechte, 1967.

[11] *Thiele*, Gedanken zur Vorteilsausgleichung, AcP Bd. 167 (1967), S. 193 ff.

[12] *Ehmann*, Die Gesamtschuld, 1972.

[13] *Marschall v. Bieberstein* S. 195.

rechnung nach Sinn und Zweck der Drittleistung[14] zu beurteilen sei. Thiele hält den Inhalt der Leistungspflicht des Dritten für mitentscheidend, ob seine Leistung auf den Schaden angerechnet werden könne[15]. Eine „nähere Analyse der Unterhaltspflicht unter Berücksichtigung ihres Zwecks und ihrer Voraussetzungen"[16] ergebe, daß der geleistete Unterhalt als eine nur vorläufige Bedarfsdeckung[17], als eine Art von Vorschuß oder Kredit erscheine. Letztlich — das erscheint wesentlich — stehe die Leistung des Unterhaltsschuldners unter einem „Ausgleichsvorbehalt" und sei deshalb kein in die Schadensrechnung einsetzbarer Vorteil. Es fehle an einer wirtschaftlich „endgültigen" Bereicherung des Geschädigten[18]. *Ehmann* untersucht die Frage, ob der Schadensersatzanspruch auch bei erbrachter Unterhaltsleistung bestehen bleibe und die Auslegung des § 843 Abs. 4 mittels eines argumentum e contrario oder eines Analogieschlusses zutreffend sei, unter Zuhilfenahme der Materialien über Sinn und Zweck dieser Norm[19]. Ehmann faßt seine eingehende Untersuchung der Entstehungsgeschichte, die hier nicht im einzelnen wiedergegeben werden soll, dahin zusammen, daß eine Mehrheit klargestellt wissen wollte, daß im Falle der Verletzung oder Tötung einer Person der deliktische Schaden durch die Leistungen eines (subsidiär) Unterhaltspflichtigen nicht vermindert oder beseitigt wird[20]. Unter Berufung auf den *Zweck* der Unterhaltsleistung, der nicht dahin gehe, die Schadensersatzforderung zu tilgen, sondern die Bedürfnisse des Verletzten zu befriedigen, kommt Ehmann zu dem Ergebnis[21], die Anrechnung der Unterhaltsleistung auf den Schadensersatzanspruch zu verneinen.

3. Stellungnahme

Einige Anmerkungen zur Streitfrage bleiben nachzutragen. Vorab zum *Wortlaut*: Es nimmt wunder, wie selbstverständlich bisweilen vorgetragen wird, § 843 Abs. 4 beziehe sich nur auf „künftige" Unterhaltsleistungen. Hier sind Zweifel angebracht. Seltsamerweise vermißt man Hinweise, daß die Fassung „Unterhalt zu gewähren hat" sprachlich ebensowohl als *Imperativ* verstanden werden könnte. Demnach wäre § 843 Abs. 4 wie folgt zu lesen: Der Anspruch auf Schadensersatz wird nicht dadurch ausgeschlossen, daß ein anderer dem Verletzten zur Ge-

---

[14] *Marschall v. Bieberstein* S. 201.
[15] *Thiele* a.a.O. S. 220.
[16] *Thiele* S. 220.
[17] *Thiele* S. 221.
[18] *Thiele* S. 222.
[19] *Ehmann* S. 303.
[20] *Ehmann* S. 309.
[21] *Ehmann* S. 320; vgl. auch S. 286, 287.

A. Unterhaltsgewährung Dritter an die verletzte Ehefrau

währung von Unterhalt „gesetzlich verpflichtet ist" = „Unterhalt gewähren muß". Auch eine andere Interpretationsmöglichkeit liegt nahe: Der Wortlaut „Unterhalt zu gewähren hat" korrespondiert mit der Vorstellung des Gesetzgebers, daß Unterhalt stets *im voraus*[22] zur Verfügung zu stellen ist. — Keine der Interpretationsmöglichkeiten soll hier zum „Dogma" erhoben werden. Es soll lediglich erhärtet werden, daß sowohl Umkehrschluß als auch Analogie „logisch gleichwertig"[23] sind. Es erscheint daher zutreffend, auf Sinn und Zweck des § 843 Abs. 4 unter Berücksichtigung der Entstehungsgeschichte abzuheben, wie dies bei Horst Ehmann geschehen ist. Seine Untersuchung, die an anderer Stelle[24] auf die im Bereich der Vorteilsausgleichung in Vergessenheit geratene übergeordnete Bedeutung des *Zweckgedankens* hinweist, hat zur Wiedergabe nachstehender Gedanken angeregt, die schon bemerkenswerterweise bei *Rabel*[25] zur Auslegung des § 843 Abs. 4 nachzulesen sind:

Es ist „die Fremdheit des Zweckes, die die vertragsmäßige Versicherung von der Haftung aus unerlaubter Handlung fernhält; d. h. nicht bloß der objektive Zweck der Versicherung für sich allein, sondern auch auf der anderen Seite der Wille der Rechtsordnung, den Deliktschuldner die Folgen seiner Tat tragen zu lassen. Es entscheidet also der ‚Rang' der Verpflichtungen im Innenverhältnis, derjenige Gedanke, bei dem § 67 VVG ohne weiteres einsetzen konnte.

Auf diesen Gedanken dürfen wir sehen. Niemals kann der Schädiger dem Beschädigten entgegenhalten, daß dieser durch Versicherung gedeckt sei und entschädigt werde. Ebenso geht es den Schädiger nichts an, ob der Beschädigte durch Unterhaltsforderung gedeckt ist; und ebenso nicht, ob sie schon erfüllt, der Unterhalt also nicht erst ‚zu gewähren', sondern ‚gewährt' ist ...

Es gibt eben Reflexwirkungen der Schädigung, die sich der Täter nicht zugute rechnen darf ..."

IV. Das Regreßproblem

Hat der Unterhaltspflichtige vorgeleistet und steht dem Verletzten (hier: der verletzten Ehefrau) dessen ungeachtet in voller Höhe Schadensersatz zu, so entsteht die Gefahr einer *Doppelentschädigung* des Verletzten. Nur über das Ergebnis, daß eine Doppelentschädigung des Verletzten zu verhindern ist, herrscht Einigkeit. Darüber aber, *wie* der Regreß des vorleistenden Unterhaltspflichtigen gegen den Schädiger zu begründen ist, bestehen abweichende Rechtsauffassungen:

---

[22] Vgl. bereits *Bach*, JW 1914, 730 ff. (731).
[23] *Ehmann* S. 303.
[24] *Ehmann* S. 290.
[25] *Ernst Rabel*, „Ausbau oder Verwischung des Systems? Zwei praktische Fragen", Gesammelte Aufsätze Bd. 1, S. 309 ff. (323).

Das *Reichsgericht*[26] gewährte dem vorleistenden Unterhaltspflichtigen Regreßansprüche aus Geschäftsführung ohne Auftrag (§§ 677, 683 BGB) und ungerechtfertigter Bereicherung (§ 812 BGB). Die Kritiker[27] tadelten diese Rechtsprechung mit Recht als widersprüchlich und hoben hervor, daß es an einer Bereicherung des Schädigers fehle, weil die erbrachte Unterhaltsleistung des Dritten den Schadensersatzanspruch des Verletzten analog § 843 Abs. 4 BGB nicht zum Erlöschen gebracht hat. Auch die Erwägung des *BGH*[28], der Gefahr doppelter Inanspruchnahme des Schädigers könne mit der Einrede der Arglist begegnet werden, überzeugt methodisch nicht. Vielmehr ist die Überleitung des Schadensersatzanspruchs, sei es kraft Rechtsgeschäfts (Abtretung) oder kraft Gesetzes „die logische Folge aus der Auffassung, daß die gewährte Unterhaltsleistung den Schadensersatzanspruch unberührt läßt und auch der Unterhaltsberechtigte nicht doppelt entschädigt werden soll"[29]. Allerdings ist die Abtretung analog § 255 BGB[30], wie sie von *Selb*[31] vertreten wurde, nicht haltbar, wie Rudolf Schmidt[32] im einzelnen nachgewiesen hat. Andere Autoren vermeiden die rechtlichen Zweifel und die praktischen Schwierigkeiten einer Abtretungskonstruktion analog § 255 oder analog § 1648 BGB[33], indem sie eine cessio legis in Analogie zu § 1607 Abs. 2 S. 2 BGB[34] befürworten. Sinn dieser Vorschrift sei, ebenso wie in § 1608 S. 2 und § 1709 Abs. 2 S. 1 BGB, bei mehreren Verpflichteten einem im Range Fernerstehenden, der die Leistung erbrachte, den Regreß gegen den „Näherverpflichteten" zu ermöglichen.

Alle Regreßmethoden, die sich der Analogie bedienen, werden indessen entbehrlich, ja sogar mangels einer Gesetzeslücke unzulässig, wenn man (im Anschluß an *Rudolf Schmidt*[35]) wie *Horst Ehmann*[36] von einem

---

[26] RG JW 1909, 137[15], Urt. v. 4. 1. 1909; RG JW 1910, 389[6] f., Urt. v. 24. 2.1910; RGZ 138, 1 ff. (2), Urt. v. 4. 7. 1932; vgl. auch *Esser*, MDR 1957, 522 ff. (524).
[27] So bereits *Bach*, JW 1914, 730 ff. (732); aus dem neuen Schrifttum, vgl. *Thiele* S. 222 und *Jayme* S. 100, 101.
[28] BGHZ 22, 72 ff. (78 a. E.).
[29] *Ehmann* S. 320.
[30] Zu §§ 255, 426 BGB vgl. neuerdings BGH NJW 1972, 1802 ff. (Urt. v. 29. 6. 1972) und JABl. 1972, ZR S. 251 f.
[31] *Selb*, Schadensbegriff und Regreßmethoden (1963), S. 80.
[32] *Rud. Schmidt*, AcP 163 (1963) S. 530 ff. (532); gegen den Regreß über § 255 BGB auch *Jayme* (S. 102) unter Hinweis auf die Schwierigkeit, daß der Übergang der Forderung von einem Rechtsgeschäft abhängt, das zwischen dem Verletzten und dem Drittleistenden abzuschließen ist.
[33] *Larenz*, SchuldR Bes. Teil, 6. Aufl., § 69 I (S. 437).
[34] *Jayme* S. 103; ebenso anscheinend *Thiele* S. 223, ohne sich allerdings festzulegen.
[35] Für den Regreß über § 426 BGB: *Rud. Schmidt* S. 533; *Rudloff* S. 454; für Übergang des Schadensersatzanspruchs des Verletzten auf den (vorleistenden) Unterhaltspflichtigen, sei es analog § 1607 II 2, sei es gemäß § 840 i. V. m. § 426 II BGB, bereits *Bach*, JW 1914, 730 ff. (732); vgl. auch *von Caemmerer*,

gewandelten Verständnis der *Gesamtschuld* ausgeht. Danach liegt, ungeachtet mangelnder Gleichstufigkeit, ein Gesamtschuldverhältnis deswegen vor, „weil Unterhaltsanspruch und Schadensersatzanspruch den Schutz des gleichen Rechtsguts bezwecken"[37]: Der „Zweck der Unterhaltsleistung, der nicht dahingeht, die Schadensersatzforderung zu tilgen, sondern die Bedürfnisse des Verletzten zu befriedigen, verhindert seine Anrechnung auf die Schadensersatzforderung und zugleich die Doppelentschädigung des verletzten Bedürftigen". Leistet der Unterhaltspflichtige zuerst, geht die Schadensersatzforderung auf ihn über, weil sie — so Ehmann[38] — „dem gleichen Zweck dient wie die Unterhaltsforderung, d. h. weil die Unterhaltsleistung weder dem Schädiger zugute kommen noch der Geschädigte mehrfach entschädigt werden soll".

Fassen wir zusammen: Der Schadensersatzanspruch steht, auch wenn ein unterhaltspflichtiger Dritter Unterhalt bereits erbracht hat, analog § 843 Abs. 4 BGB der verletzten Ehefrau zu. Insoweit der Dritte (z. B. der Mann) Unterhalt geleistet hat, geht der Schadensersatzanspruch gemäß § 426 Abs. 2 BGB auf ihn über.

B. Die Vorteilsausgleichung bei Schadensersatzansprüchen wegen Tötung der Ehefrau

I. Anrechnung von Unterhaltsleistungen Dritter?

Diese Frage beantwortet das Gesetz, indem es sowohl in § 844 Abs. 2 Halbs. 1 als auch in § 845 S. 2 BGB die entsprechende Anwendung des § 843 Abs. 4 BGB ausdrücklich vorsieht. Der Schadensersatzanspruch des Kindes wegen Tötung der Mutter wird hier nicht dadurch ausgeschlossen, daß es Unterhaltsansprüche gegen den Vater hat oder — wenn dieser etwa vorverstorben ist — aus Anlaß des Schadensereignisses einen neuen Unterhaltsanspruch gegen Verwandte gemäß § 1606 BGB erlangt. Im übrigen darf auf die Darstellung zu § 843 Abs. 4 BGB Bezug genommen werden.

Wandlungen des Deliktrechts, S. 69: Hat (der Rückgriffsberechtigte) an den Geschädigten geleistet, die Kosten ärztlicher Behandlung bestritten oder den Lohn fortgezahlt, so kann er auch ohne solche Abtretung (§ 255 BGB) aus dem Gesichtspunkt mehrstufiger Solidarität gegen den Verantwortlichen vorgehen, der den Schaden letztlich zu tragen hat. Vielfach hilft ihm gesetzlicher Forderungsübergang.

[36] *Ehmann* S. 319 ff. m. w. N.
[37] *Ehmann* S. 319
[38] *Ehmann* S. 320/321.

II. Anrechnung „ersparten" Unterhalts? — Die sog. „teilweise Vorteilsausgleichung"

1. Das Problem

Es geht um die Frage, ob ersparte Aufwendungen für den Unterhalt der Ehefrau, die nach ihrem Tode entfallen sind, auf den Schadensersatzanspruch des Mannes[39] *ganz* oder nur *teilweise* anzurechnen sind. Ist die Rechtsansicht[40] zutreffend, daß die Vorteilsausgleichung wegen Wegfalls der Unterhaltspflicht für die getötete Ehefrau gegenüber dem Schadensersatzanspruch aus § 844 Abs. 2 BGB in gleicher Weise *beschränkt* sei wie früher gegenüber dem Anspruch aus § 845 BGB? Ist sie nur insoweit zulässig als etwa Ausgaben für Wohnung und Verpflegung für die Getötete entfallen?

2. Die Entscheidungen RGZ 152, 208 ff. und BGHZ 4, 123 ff.

Zwei grundlegende Entscheidungen haben die Rechtsentwicklung zu dieser Frage bislang geprägt: Das Urteil des Reichsgerichts RGZ 152, 208 ff.[41] lehnte es ab — damals noch gestützt auf § 845 BGB — von dem Anspruch des Ehemannes Ersparnisse abzusetzen, die dadurch eintreten, daß er durch den Tod der Frau von seiner Unterhaltspflicht ihr gegenüber frei wird. Das Urteil befaßt sich mit der Entstehungsgeschichte des § 845 BGB (anstelle der Fassung „Schadensersatz zu leisten" wurde die Formulierung „Ersatz zu leisten" gewählt) und führt sodann aus: Zu ersetzen sei nicht der „Vermögensschaden", sondern der „Wert der Dienste", und dieser sei „unabhängig davon, ob mit dem Wegfall der Dienste zugleich die Unterhaltspflicht gegenüber dem Dienstverpflichteten wegfällt"[42]. Im übrigen bedeute es eine Verkennung des „Wesens der Ehe"[43], wollte man ... die Beendigung der Ehe deshalb, weil mit der Ehe Aufwendungen für den Unterhalt der Ehefrau verbunden gewesen sind, als einen „Vorteil" für den Ehemann ansehen[44].

---

[39] Gegenüber dem Schadensersatzanspruch des *Kindes* dürfte eine Anrechnung ersparten Unterhalts nicht in Betracht kommen, weil der Vater vorrangig unterhaltspflichtig war (§ 1608 BGB!). Im Ergebnis ebenso *Eckelmann* S. 29.

[40] *Eckelmann,* NJW 1971, 355 ff. (355 a. A.).

[41] Urt. v. 1. 10. 1936.

[42] RG S. 213.

[43] RG S. 210.

[44] Später verteidigte das Reichsgericht seine Entscheidung RG 152, 208 ff. in einem ausführlichen Urteil vom 4. 4. 1944: „Ist hiernach daran festzuhalten, daß das BGB im Falle des § 845 BGB dem Dritten einen Anspruch auf Ersatz des Wertes der ihm entgehenden Dienste gewährt und damit die Erstattung

Unter Änderung dieser Rechtsprechung hat der Bundesgerichtshof in BGHZ 4, 123 ff. den Anspruch aus § 845 unter Berufung auf den systematischen Standort im 25. Titel des BGB und unter Hinweis auf § 846 (der vom „Schaden" im Falle des § 845 spricht) nicht mehr als *Wertersatz-*, sondern fortan als *„Schadensersatzanspruch besonderer Art"*[45] qualifiziert: Da der mittelbar geschädigte Dritte nicht den gesamten Schaden, sondern nur den Wert der Dienste ersetzt verlangen könne, ... verbiete sich auch eine Anrechnung sämtlicher mit dem Schadensereignis zusammenhängender Vermögensersparnisse[46]. Der Zweck des § 845 BGB, die durch den Wegfall der Dienste des Getöteten in der Familie entstehende Lücke zu schließen, werde erreicht durch Ersatz der „zusätzlichen Aufwendungen" für die Beschaffung einer gleichwertigen Hilfskraft; die zusätzlichen Aufwendungen bestünden mindestens in dem Barlohn und den sozialen Leistungen, dagegen nicht in den Aufwendungen für Verpflegung und Wohnung der Hilfskraft. Was der Dienstberechtigte sonst aufgewendet habe oder infolge des Todes der Ehefrau nicht mehr aufzuwenden brauche, könne nicht berücksichtigt werden[47]. In einer wenig später ergangenen Entscheidung[48] bemerkt der BGH unterstützend, für die *„teilweise Vorteilsausgleichung"* und *„Beschränkung der Vorteilsausgleichung"* seien auch Billigkeitserwägungen maßgebend gewesen.

3. Das Urteil des BGH vom 13. 7. 1971 —
Abkehr von der bisherigen Rechtsprechung?

Trotz anfänglicher Gegenstimmen[49], die die Billigkeitserwägungen für zu unbestimmt und die Grenzziehung (Beschränkung der anzurechnenden Vorteile Verpflegung und Wohnung) für nicht überzeugend hielten, blieb die Entscheidung BGHZ 4, 123 für die folgende Rechtsprechung richtungsweisend. Umso nachdrücklicher ist auf die Bedeutung

---

des Geldwertes der Dienste meint, dann können auf diesen reinen Wertersatzanspruch auch nicht die Grundsätze der Vorteilsausgleichung Anwendung finden, da diese ... nur bei Schadensersatzansprüchen anwendbar sind". So RG in „Deutsches Recht" 1944, 771 ff. (773) mit Anm. von *Werner Wussow*.

[45] BGHZ 4, 123 ff. (129), Urt. v. 3. 12. 1951; BGH NJW 1970, 1127 ff. (1128), Urt. v. 16. 2. 1970 spricht von einem „echten Schadensersatzanspruch", daher unterliege der Anspruch nach § 845 BGB „den allgemeinen Grundsätzen der Vorteilsausgleichung und Schadensminderung bzw. Schadensausgleichung" (3. Senat).

[46] BGHZ 4, 123 ff. (129/130).

[47] BGH S. 131/132.

[48] BGH NJW 1953, 97 ff. (98), Urt. v. 9. 10. 1952.

[49] *Beitzke*, JZ 1952, 333 f., *G. u. D. Reinicke*, MDR 1952, 460 ff.; *Emil Böhmer*, VersR 1954, 160 f., OLG Stuttgart, FamRZ 1955, 172 f., Urt. v. 22. 6. 1954, mit Anm. *Bosch*.

der neuen Entscheidung[50] des BGH vom 13. 7. 1971 hinzuweisen, die mit der nahezu zwanzig Jahre hindurch maßgebenden Entscheidung BGH 4, 123 gebrochen hat. In seinem neuen Urteil hält der BGH unter *Aufgabe* seiner früheren Rechtsprechung die Beschränkung der Vorteilsausgleichung auf Verpflegung und Unterkunft nicht mehr aufrecht. Der Senat führt aus: Es komme darauf an, den Überlebenden so zu stellen, wie er stehen würde, wenn der getötete Ehegatte seinen *Unterhaltsbeitrag* in dem geschuldeten Maße weiter leisten würde. Darum ergebe sich ... die Notwendigkeit, nach den Regeln der Vorteilsausgleichung zu prüfen, inwieweit der Wegfall der eigenen Unterhaltsverpflichtung aus § 1360 BGB bei Würdigung aller Umstände zugunsten des Ersatzpflichtigen zu berücksichtigen sei ... Dem Schadensersatzanspruch wegen Entziehung des Rechts auf Unterhalt liege „eine andere Betrachtungsweise" als dem Ersatzanspruch aus § 845 BGB zugrunde. Deshalb sei es nicht mehr gerechtfertigt, die Haushaltsführung ... zum Gegenstand eines „herausgelösten" Schadensersatzanspruchs zu machen ... Vielmehr müsse geprüft werden, welche Ersparnisse durch den Tod der Frau im Rahmen der ihr vom Manne geschuldeten Unterhaltsleistungen eintreten und inwieweit deren Berücksichtigung „im Verhältnis des Unterhaltsgeschädigten zum Schädiger der Billigkeit entspricht". Soweit ... diese Anrechnung auf den Bereich von „Verpflegung und Unterkunft" beschränkt worden sei und „innerhalb des Rahmens der gesetzlichen Unterhaltspflicht" eine Ersparnis bei Kleidung, Körperpflegemitteln, Reisen und sonstigen, vom Taschengeld zu bestreitenden täglichen Bedarf der Frau schlechthin unberücksichtigt bleiben mußte, könne daran *nicht* festgehalten werden ... Der Begründung der Beschränkung der Anrechnung von Vorteilen sei durch die Änderung des Wesens des Ersatzanspruchs in einen Anspruch auf Ersatz des Unterhaltsschadens die Grundlage entzogen ...

4. Kritische Bemerkungen zum Urteil des BGH vom 13. 7. 1971

Es erstaunt, daß die Literatur[51] bis kurze Zeit vor der Entscheidung[52] vom 13. 7. 1971 auf der teilweisen Vorteilsausgleichung verharrte, obwohl bereits das Urteil[53] des BGH vom 26. 11. 1968 den Schadensersatzanspruch des Ehemannes wegen Tötung der Ehefrau aufgrund veränderter Betrachtungsweise aus § 844 Abs. 2 begründete und daher Anlaß

---

[50] BGHZ 56, 389 ff. (393) = NJW 1971, 2066 ff. (2067) — VI ZR 31/70.

[51] *Eckelmann*, NJW 1971, 355 ff. (355); *Werner Wussow*, NJW 1970, 1393 ff. (1397).

[52] BGHZ 56, 389 ff.

[53] BGHZ 51, 109 ff. = NJW 1969, 321 f.

B. Vorteilsanrechnung bei Tötung der Ehefrau

genug bestanden hatte, die Konsequenzen für die Frage der Vorteilsausgleichung zu bedenken.

M. E. überzeugt das Urteil vom 13. 7. 1971 in der Begründung und im Ergebnis nicht in vollem Umfang:

Richtig ist zwar, daß der Anspruch aus § 844 Abs. 2 BGB ein echter Schadensersatzanspruch ist. Die Regeln der Vorteilsausgleichung finden daher grundsätzlich Anwendung. Einen gewissen Widerspruch könnte man aber schon darin erblicken, daß einerseits der gesetzlich geschuldete[54] Unterhalt zu ersetzen ist, daß es also nicht darauf ankommt, ob Unterhalt tatsächlich gewährt worden ist, während andererseits im Rahmen der Vorteilsausgleichung die tatsächlichen Ersparnisse im einzelnen errechnet und abgesetzt werden sollen.

In der Entscheidung vom 13. 7. 1971 vermißt man auch eine nähere Begründung, weshalb denn die Anrechnung der ersparten Unterhaltsleistungen im Verhältnis des Unterhaltsgeschädigten zum Schädiger der „Billigkeit" entspreche: Immerhin stellen Beitzke[55] und die Oberlandesgerichte Stuttgart[56] und Celle[57] eine Einsparung von Unterhaltsleistungen in Frage und tendieren — wenn auch aus anderen Gründen — ebenso wie das Reichsgericht zur Versagung der Anrechnung.

Besonders fragwürdig erscheint die Aussage, der „Beschränkung" der Anrechnung von Vorteilen sei durch die Änderung des Wesens des Ersatzanspruchs in einen Anspruch auf Ersatz des Unterhaltsschadens die Grundlage entzogen. Hier befinden sich die Entscheidungsgründe mit dem Urteil[58] desselben (6.) Senats vom 9. 3. 1973 in eklatantem Widerspruch, wenn letzteres unter Hinweis auf den Ausnahmecharakter des § 844 Abs. 2 BGB ausführt: Der Beschränkung des (ersatzberechtigten) Personenkreises entspricht auch eine gegenständliche Begrenzung des zu ersetzenden Schadens. Der Schädiger hat die in § 844 Abs. 2 BGB begünstigten Personen nicht etwa so zu stellen, wie sie ohne die Tötung ihres Unterhaltsverpflichteten stünden. Vielmehr ist der Anspruch „begrenzt"[59] auf Ersatz des Unterhaltsschadens. Die Entscheidung BGHZ 4, 123 ff.[60] hatte seinerzeit ausgeführt: Da der mittelbar geschädigte Dritte nicht den gesamten Schaden, sondern nur den Wert der Dienste (hier: Unterhaltsschaden) ersetzt verlangen könne, ... verbiete sich auch eine Anrechnung sämtlicher mit dem Schadensereignis zusammenhängender

---

[54] Einhellige Meinung, s. o. 6. Abschnitt B I.
[55] *Beitzke*, JZ 1952, 333 f. (334 a. E.).
[56] OLG Stuttgart a.a.O. FamRZ 1955, 172 f. (173 a. E.).
[57] OLG Celle NJW 1969, 1353 f. (1354 l. Sp. a. E.), Urt. v. 10. 10. 1968.
[58] BGH NJW 1973, 1076 f. (1076), Urt. v. 9. 3. 1973 (betr. Unterhaltsrückstände).
[59] BGH NJW 1973, 1076 r. Sp.
[60] BGHZ 4, 123 ff. (129/130), Urt. v. 3. 12. 1951.

Vermögensersparnisse. Weshalb — so fragt sich m. E. — halten die Entscheidungsgründe vom 13. 7. 1971 diese Gedankenführung nicht mehr für tragfähig, wo doch auch der Schadensersatzanspruch aus § 844 Abs. 2 BGB gegenständlich begrenzt ist?

Schließlich gibt auch das Ergebnis der neuen Rechtsprechung zu Bedenken Anlaß: Wohin die neue Entscheidung des BGH führen kann, zeigt die im Urteil zitierte[61] Revisionsbegründung eindrucksvoll: Sie hielt die in Betracht kommenden Ersparnisse schlechthin für höher (!) als den Unterhaltsschaden. Es entspricht gewiß nicht der Intention des Gesetzgebers[62], wenn die Anrechnung sämtlicher mit dem Tode der Ehefrau zusammenhängender Unterhaltsersparnisse letztlich dahin führen würde, in vielen Fällen einen Unterhaltsschaden entfallen zu lassen.

III. Anrechnung anderer Vorteile?

1. In denjenigen Fällen, in denen dem Geschädigten nicht gesetzliche Unterhaltsleistungen Dritter, sondern andere Vorteile zugute kommen und weder eine spezielle Regelung wie § 843 Abs. 4 BGB noch eine cessio legis[63] eingreift, muß die Frage der Anrechnung mit Hilfe der *„allgemeinen Regeln"* der Vorteilsausgleichung gelöst werden. In diese Gruppe gehören namentlich die freiwilligen und vertraglichen Leistungen Dritter aus Anlaß des Schadensereignisses, wie Schenkungen, Versicherungsleistungen, aber auch der Anfall einer Erbschaft und die Ersparnis von Aufwendungen[64].

2. Diese Fälle, deren Lösung die Verfasser des BGB bewußt der Rechtsprechung und Wissenschaft überlassen hatten, glaubte die ältere Rechtsprechung des Reichsgerichts anfangs nach der Adäquanztheorie beurteilen zu können. Bei Leistungen Dritter aus Anlaß des Schadensereignisses hat aber schon das Reichsgericht selbst auf die *„Absicht des Zuwendenden"*[65] und damit auf den *„Zweck der Leistung des Dritten"*[66] abgestellt. Die gegenwärtige Rechtsprechung des Bundesgerichtshofs, die die Notwendigkeit einer *wertenden* Entscheidung betont, läßt

---

[61] BGH NJW 1971, 2066 ff. (2068 a. E.).

[62] Ähnlich BGHZ 4, 123 ff. (133).

[63] Vgl. § 1542 RVO, § 67 VVG, § 52 a BRRG, § 87 BBG und § 4 LfortG.

[64] Hierher gehört auch der vorstehend erörterte Fall, bei dem nicht Unterhaltsleistungen Dritter, sondern die Ersparnis eigener Unterhaltsleistungen für die getötete Ehefrau und deren Anrechnung in Frage stand.

[65] RGZ 92, 57 ff. (59), Urt. v. 17. 1. 1918 (Pflegesohnentscheidung): Sonst (= bei Anrechnung der freiwilligen Unterhaltsgewährung des Pflegevaters)... würde die „wohltätige Absicht des Zuwendenden, der den Unterstützungsbedürftigen besser stellen will, nicht erreicht werden".

[66] *Ehmann*, Die Gesamtschuld S. 279 a. E. und S. 281 a. E.

sich auf die Formel bringen: Die Adäquanz allein genüge nicht, um einen Vorteil auf den Schaden anzurechnen. „Die Vorteilsanrechnung muß auch dem *Zweck* des Schadensersatzes entsprechen, und sie darf nicht zu einer *unbilligen* Entlastung des Schädigers führen"[67].

3. In der Literatur hat vor allem *Klaus Cantzler* die Abkehr von der Adäquanztheorie[68] vollzogen. Den Kern seiner These prononciert Esser[69] wie folgt: Das Anwendungsgebiet der Adäquanz sei „der haftbar machende Tatbestand, nicht der haftungserleichternde". Soweit jedenfalls die Berücksichtigung von Leistungen Dritter in Frage steht, ist es ein Verdienst Cantzlers, den Zweckgedanken als „maßgebend"[70] hervorgehoben zu haben. Dem ist neuerdings Horst *Ehmann,* aus dem Rechtsgeschäftsbegriff folgernd, mit der Begründung beigetreten, daß die Rechtsfolgen einer Leistung nach dem „Leistungszweck und nicht nach Kausalitätserwägungen" zu beurteilen seien...[71]. Bei der rechtlichen Wertung, ob die durch die Leistung erfolgte Mehrung des Vermögens des Geschädigten in die Differenzhypothese einzubeziehen sei, dürfe von dem *„Leistungswillen"* (Zweck) des *Leistenden* nicht abstrahiert werden. Der Leistende „bestimme", zu welchem Zweck er einen Vermögensgegenstand einem anderen zuwende, ob als Schenkung, Erfüllung einer eigenen oder fremden Schuld (§§ 267, 362 BGB), als Darlehen oder um einer anderen Gegenleistung willen[72]. Die Befugnis zu dieser Zweckbestimmung sei unmittelbar „Ausfluß der Privatautonomie". Gegen dieses elementare Prinzip werde verstoßen, wenn eine Leistung — als Rechtsgeschäft — als „bloßer Kausalvorgang" gewertet werde...[73]. Bei Leistungen Dritter an einen Geschädigten sei der Zweck dieser Leistungen, nicht die Kausalität „Kriterium" der Anrechenbarkeit[74].

Im übrigen, soweit die Anrechnung anderer Vorteile in Rede steht, versucht die Literatur, den „Filter der Zumutbarkeit"[75] durch Bildung

---

[67] BGH NJW 1970, 2061 ff. (2063), Urt. v. 22. 9. 1970.

[68] *Cantzler,* AcP 156 (1957), 29 ff.: Die Adäquanz habe ihre Bedeutung nur im Hinblick auf nachteilige, schädigende Eingriffe..., nicht in bezug auf Vorteile... Warum sollen dem Schädiger gerade die Vorteile zugute kommen, die er voraus berechnen konnte? (S. 48). Auch den Gesichtspunkt der Billigkeit lehnt Cantzler als zu weit ab (S. 56).

[69] *Esser,* MDR 1957, 522 ff. (524 a. A.).

[70] *Cantzler,* AcP 156, 58 a. A.

[71] *Ehmann,* Die Gesamtschuld, S. 286.

[72] *Ehmann* S. 286.

[73] *Ehmann* S. 287.

[74] *Ehmann* S. 290 (Zusammenfassung).

[75] *Rudloff,* in: Festschrift für *Fritz v. Hippel,* 1967, S. 423 ff. (459).

von Fallgruppen zu konkretisieren. Die gebotene Präzisierung ist jedoch auch *Rudloff*[76] nicht gelungen. So können das Problem der Vorteilsausgleichung und der Versuch einer systematischen Erfassung aller Fallgruppen durchaus nicht als ausdiskutiert und gelöst gelten. Die Problematik geht indes bei weitem über den Rahmen dieser Abhandlung hinaus.

C. Ausgewählte Einzelfälle zur Vorteilsausgleichung

I. Wiederverheiratung des Ehemannes

1. Entfällt der Schadensersatzanspruch des mittelbar geschädigten Ehemannes bei seiner Wiederverheiratung?

a) Das Urteil[77] *des 3. Senats vom 16. 2. 1970*

hat die Frage grundsätzlich bejaht. Nach Lage des Falles hatte die getötete Ehefrau zu Lebzeiten im Einzelhandelsgeschäft des Mannes mitgearbeitet. Die zweite Ehefrau leistete ihren Beitrag zum Familienunterhalt, indem sie ihren Beruf als Posthauptsekretärin auch nach der Eheschließung weiter ausübte. Der BGH entschied: Wenn sie auf diese Weise ihrem Ehemann... die Beschäftigung einer Hilfskraft für seinen Gewerbebetrieb ermögliche, so werde durch einen Umstand, der durch das schadensstiftende Ereignis „mitbedingt" sei, der Schaden... „ganz oder teilweise ausgeglichen"[78]. Die Vorschrift des § 843 Abs. 4 BGB i. V. m. §§ 844 Abs. 2, 845 BGB trifft nach Auffassung des BGH auf den Fall der Wiederverheiratung nicht zu. Diese Vorschrift beziehe sich nur auf diejenigen Fälle, in denen ein anderer Unterhaltspflichtiger entweder bereits im Zeitpunkt des Unfalls vorhanden ist oder — unabhängig von dem Schadensereignis — später hinzutritt, der „aus *Anlaß* des Unfalls" („in unmittelbarem Ursachenzusammenhang zu dem Schadensereignis") nunmehr die Unterhaltspflicht zu erfüllen habe[79]. Die Entscheidung fährt fort, das Berufungsurteil lasse einen Widerspruch gegen die §§ 286, 287 ZPO nicht erkennen, wenn es die Tätigkeit der verstorbenen Ehefrau im Erwerbsgeschäft und die Tätigkeit der zweiten Ehefrau als Posthauptsekretärin wertmäßig gleich erachtet habe. Allen-

---

[76] *Rudloff* will die durch Zufall, Sorge oder Fürsorge entstandenen Vorteile unterscheiden (S. 459). Das „Ausmaß der Sorge um den Vorteil" entscheide über dessen Anrechenbarkeit... Die Vorteilsausgleichung sei zumutbar, sofern die Vorteile „unumsorgt zufallen, sorgeleicht erzielt oder glückhaft erlangt sind und letzterenfalls der Schädiger dessen würdig und — in Fällen glückbereitender Freigebigkeit — auch bedürftig ist" (S. 460).

[77] BGH NJW 1970, 1127 ff.

[78] BGH S. 1128 r. Sp.

[79] BGH S. 1129 l. Sp.

falls — so bemerkt das Urteil — könnte hinsichtlich der Schadenshöhe eine weiterhin „zu ersetzende Differenz dann verblieben sein, wenn der Unterhaltsbeitrag, den die jetzige Ehefrau ... leistet, geringer wäre als der Wert der Dienste, den die erste Ehefrau im Geschäftsbetrieb des Ehemannes erbracht hatte"[80].

b) *Stellungnahme*

Die Entscheidung des 3. Senats[81] mag im Ergebnis richtig sein, hingegen befriedigt die Begründung nicht. Sie ist m. E. schon im Ansatz nicht zweifelsfrei gelungen, wenn es dort heißt, der Ersatzanspruch aus § 845 unterliege den ... „allgemeinen Grundsätzen der Vorteilsausgleichung und Schadensminderung bzw. Schadensausgleichung"[82]. Aus allen Gesichtspunkten — ohne sich eindeutig festzulegen — leitet der 3. Senat die „Grundgedanken des Schadensersatzrechts" ab, die er sodann zur Begründung bemühte. Ein Blick in das Schrifttum läßt erkennen, daß der Fall der Wiederverheiratung dort teils unter dem Gesichtspunkt der *Vorteilsausgleichung*[83], teils unter dem der *Schadensminderungspflicht*[84] erörtert wird. Das erstere dürfte m. E. näher liegen; denn es geht hier nicht um die Abwendung eines erst bevorstehenden Schadens oder um einen Schaden, der bei Beachtung der Schadensminderungspflicht nicht in gleicher Höhe hätte eintreten dürfen, sondern um den — vielleicht erst nach vielen Jahren erfolgenden — nachträglichen Wegfall des Schadens durch Wiederheirat. Auch die Ausführungen des 3. Senats zu § 843 Abs. 4 BGB bedürfen der Ergänzung: Die Wendung, § 843 Abs. 4 erfasse nur Leistungen, die „in einem unmittelbaren kausalen Zusammenhang mit dem Schadensereignis"[85] stehen, will m. E. folgendes aussagen: § 843 Abs. 4 (i. V. m. § 844 Abs. 2) erfaßt Unterhaltsleistungen, die eine im Zeitpunkt des Schadensereignisses vorhandene, bis dahin aber nur subsidiär unterhaltspflichtige Person *„an Stelle"* der Getöteten, d. h. gemäß der Reihenfolge des § 1606 BGB zu gewähren hat. Steht also fest, daß § 843 Abs. 4 BGB auf den Falle der Wiederverheiratung und auf Unterhaltsleistungen der zweiten Ehefrau nicht unmittelbar zutrifft, so legt die Auslegung dieser Vorschrift die Frage nahe, ob nicht wenigstens der darin enthaltene *allgemeine* Rechtsgedanke auf den

---

[80] BGH S. 1129.
[81] Im Ergebnis wie BGH: *Werner Wussow*, NJW 1970, 1393 ff. (1398); *Eckelmann* S. 30; a. M. (gegen Berücksichtigung der Wiederverheiratung im Falle der Wiederverheiratung der Ehefrau) *Weimar*, NJW 1960, S. 2181 f.
[82] BGH S. 1128 r. Sp. a. A.
[83] *Werner Wussow*, Unfallhaftpflichtrecht, 10. Aufl. 1969, Tz. 1079.
[84] *Eckelmann* S. 30.
[85] BGH NJW 1970, 1127 ff. (1129 l. Sp.).

Fall der Wiederverheiratung übertragen werden kann. Der 3. Senat geht — soweit ersichtlich — nicht auf diese Frage ein. Schließlich fällt auf, daß die Entscheidung des 3. Senats nachträglich dem 6. *Senat*[86] zu folgenden unterstützenden Ausführungen Veranlassung gab: Die gesetzliche Regelung (wonach der Ehegatte einen von seiner eigenen Bedürftigkeit unabhängigen Unterhaltsanspruch hat, § 1360 BGB) würde bei Nichtanrechnung des von der zweiten Ehefrau geleisteten Unterhalts... dazu führen, daß der wiederverheiratete Ehegatte die Schadensersatzleistung wegen Entziehung des Unterhalts der ersten Ehefrau „neben" der Unterhaltsleistung der zweiten bezöge. Das — so wertet der 6. Senat — erscheint „unter *Billigkeitsgesichtspunkten* allerdings ungerechtfertigt". Wenn der 6. Senat anschließend noch von einer „*Häufung* der Leistungen" spricht, so läßt er allerdings ganz außer acht, daß die Wiederverheiratung des Ehemannes nicht nur einen neuen Unterhaltsanspruch, sondern auch eine neue Unterhaltsverpflichtung (!) gegenüber der zweiten Ehefrau begründet...

2. Die Schadensersatzansprüche der Kinder bei Wiederverheiratung des Vaters

Ihre Schadensersatzansprüche aus § 844 Abs. 2 BGB entfallen durch die Wiederverheiratung des Vaters nicht[87]. Die Kinder erlangen durch die Wiederverheiratung ihres Vaters *keinen*[88] gesetzlichen Unterhaltsanspruch gegen die Stiefmutter. Ebenso berührt es die Schadensersatzansprüche der Kinder nicht[89], wenn sie von der Stiefmutter — ohne daß diese unterhaltsrechtlich dazu verpflichtet wäre — *tatsächlich* versorgt werden. Dieses ergibt sich aus dem von ihr bestimmten Zweck ihrer Leistung. Schwierigkeiten bereitete allerdings der Umstand, daß Vater und Kinder hinsichtlich ihrer Schadensersatzansprüche wegen Tötung der Ehefrau als Gesamtgläubiger angesehen wurden. Läßt die Wiederverheiratung des Mannes seinen Schadensersatzanspruch und auch gemäß den §§ 428, 429, 425 BGB die Schadensersatzansprüche der Kinder entfallen? Dieses Problem ist gegenstandslos geworden, nachdem sich der BGH in seiner gewandelten Rechtsprechung mit Urteil[90] vom 14. 3. 1972 zutreffend zur *Teil*gläubigerschaft bekannt hat.

---

[86] BGH NJW 1970, 2061 ff. (2063 l. Sp.), Urt. v. 22. 9. 1970 (VI ZR 28/69).

[87] *Eckelmann* S. 31.

[88] *Palandt-Diederichsen,* 33. Aufl. 1974, § 1360 a Anm. 1 b; ebenso BGH NJW 1969, 2007 f., Urt. v. 24. 6. 1969 (VI ZR 66/67) — betr. Stiefvater.

[89] LG Münster, FamRZ 1970, 415, Urt. v. 23. 1. 1968.

[90] BGH NJW 1972, 1130 f. (1130); zur Konkurrenz der Schadensersatzansprüche s. o. 5. Abschnitt B I 1 und 2 dieser Abhandlung.

C. Ausgewählte Einzelfälle

II. Versorgung der Kinder durch Pflegeeltern

Schon das Reichsgericht[91] hat entschieden, daß sich das Kind den Unterhalt, den es von einem Dritten lediglich aus Wohltätigkeit erhält, nicht auf seinen Schadensersatzanspruch aus § 844 Abs. 2 BGB anrechnen lassen muß. Es schloß zunächst den Fall des § 267 BGB aus und führte seinerzeit unter Hinweis auf den in § 843 Abs. 4 BGB enthaltenen allgemeinen Grundsatz aus, der Schaden bleibe bestehen, gleichviel ob die Schadensfolgen tatsächlich durch Eingreifen des Unterhaltspflichtigen behoben sind ... Etwas anderes könne naturgemäß auch für den hier gegebenen Fall nicht gelten, wo ein Dritter eingegriffen habe, ohne unterhaltspflichtig zu sein. Sonst würde ... die *wohltätige Absicht* des Zuwendenden, der den Unterstützungsbedürftigen besser stellen will, nicht erreicht werden..."[92]. Der darin anklingende Zweckgedanke[93] ist noch heute tragfähig, auch wenn man den Fall unter dem Aspekt der Vorteilsausgleichung sehen muß, der in der Entscheidung des Reichsgerichts nur beiläufig angesprochen ist[94]. Dementsprechend hat auch der Bundesgerichtshof anerkannt, daß freiwillige Unterstützungen Dritter aus Anlaß des Unfallereignisses nicht auf den Unterhaltsschaden angerechnet werden dürfen. Das gelte vor allem auch für *freiwillige* Unterhaltsleistungen. In diesem Zusammenhang hat der BGH die „Pflegesohn-Entscheidung" RG 92, 57 ff. (59) in jüngerer Zeit bestätigt[95].

III. Annahme von Unfallwaisen an Kindes Statt

1. Der Standpunkt des Bundesgerichtshofs

Nach der Rechtsprechung[96] wird der Schadensersatzanspruch von Unfallwaisen wegen Verlusts des Unterhalts nach §§ 10 Abs. 2 StVG, 844 Abs. 2 BGB — beide Eltern waren bei einem Verkehrsunfall getötet worden — nicht dadurch gemindert, daß die Unfallwaisen an Kindes Statt angenommen werden. Das *Urteil vom 22. 9. 1970* bejaht zwar einen adäquaten Kausalzusammenhang, betont aber, die Vorteilsanrechnung müsse „auch dem Zweck des Schadensersatzes entsprechen und dürfe nicht zu einer unbilligen Entlastung des Schädigers führen".

---

[91] RGZ 92, 57 ff., Urt. v. 17. 1. 1918 (betr. allerdings den Fall der Tötung des Ehemannes).
[92] RG S. 59.
[93] *Ehmann* S. 279.
[94] RG a.a.O. S. 60.
[95] BGH NJW 1970, 2061 ff. (2063 r. Sp.), Urt. v. 22. 9. 1970.
[96] BGH NJW 1970, 2061 ff. (2063), Urt. v. 22. 9. 1970.

Die Entscheidungsgründe setzen sich alsdann mit der Ansicht auseinander, die Entscheidung müsse ebenso ausfallen wie im Falle der Wiederverheiratung des Witwers. Nach Auffassung der Bundesrichter liegen jedoch beide Fälle „unter Billigkeitsgesichtspunkten"... verschieden. So bestehe, anders als am Falle der Wiederverheiratung, die Gefahr einer Verdoppelung[97] der Unterhaltsansprüche nicht, weil es hier auf die Bedürftigkeit ankomme. Der Senat beruft sich alsdann auf den in § 843 Abs. 4 BGB zum Ausdruck kommenden allgemeinen Rechtsgedanken und die Rechtsprechung über die Nichtanrechnung freiwilliger Unterstützungen und freiwilliger Unterhaltsleistungen (Pflegekinderverhältnis). Nach seiner Auffassung steht die Annahme an Kindes Statt diesen Fällen schadensrechtlich näher als dem der Wiederverheiratung eines verwitweten Ehegatten.

2. Die Kritik

Die Entscheidung ist von *Rother*[98] und von Gertraud *Schultze-Bley*[99] heftig angegriffen worden. Der Bemerkung[100], im Falle der Anrechnung würde die Adoption von Pflegekindern in vielen Fällen erschwert, ist nicht zu Unrecht entgegengehalten[101] worden, bei der Adoption hätten vermögensrechtliche Gesichtspunkte als Motive auszuscheiden. Gleichwohl erscheint das Ergebnis, zu dem Rother und Schultze-Bley gelangen, m. E. befremdend: Die freiwilligen Unterhaltsleistungen der Pflegeeltern während des sog. Anpassungsjahres sind mit Recht nicht anzurechnen. Weshalb — so fragt sich — sollen sie alsdann auf den Schadensersatzanspruch angerechnet werden, sobald der Adoptionsvertrag geschlossen und rechtswirksam geworden ist? Vorher wie nachher wird doch der Zweck der Leistenden (= der Adoptiveltern) in gleicher Weise nicht darauf gerichtet sein, den Schädiger zu entlasten, sondern ihre Unterhaltsleistungen ausschließlich dem Pflege- bzw. Adoptivkind zugute kommen zu lassen. Leider hat die Entscheidung nicht auf den Zweck „des Leistenden"[102] abgestellt, sondern farblos und allzu allgemein auf den Zweck „des Schadensersatzes"[103] abgehoben. Es mag sein — wie Rother meint[104] — daß hinter der Konstruktion des BGH letzt-

---

[97] *Werner Wussow*, Unfallhaftpflichtrecht, 10. Aufl. 1969, Tz. 1123.
[98] *Rother*, Anmerkung JZ 1971, 659 ff.
[99] *Schultze-Bley*, Anmerkung NJW 1971, 1137.
[100] BGH NJW 1970, 2061 ff. (2063/2064).
[101] *Schultze-Bley*, NJW 1971, 1137 l. Sp. a. E.
[102] *Ehmann* S. 286, 287, 290.
[103] BGH NJW 1970, 2063 l. Sp. (Mitte).
[104] *Rother*, JZ 1971, 660 a. E.

lich unausgesprochen die Absicht steht, das Kind durch Erhaltung seines Schadensersatzanspruchs zu sichern und zu bevorteilen, wogegen man dem Erwachsenen im allgemeinen zumuten kann, nach dem Schadensfall durch Aufnahme eines Berufes oder durch Wiederverheiratung für sich selbst zu sorgen.

IV. Anrechnung der Erbschaft und Anrechnung privater Versicherungsleistungen?

1. Im Falle der Tötung der Ehefrau mutet man weder dem Ehemann noch den Kindern zu, sich den Stammwert der *Erbschaft* oder des Pflichtteils auf ihre Schadensersatzansprüche anrechnen zu lassen. Andernfalls müßten sie — um ihren Unterhalt zu bestreiten — den Substanzwert der Erbschaft angreifen. Die laufenden *Erträge* hieraus sind dagegen nach vielfach vertretener Ansicht[105] im Wege der Vorteilsausgleichung anrechenbar. Diese Einkünfte werden als der Vorteil angesehen, den der vorzeitige Erbschaftsanfall bewirkt[105a].

Im Ergebnis richtig, in der Diktion allerdings mißverständlich, entschied der BGH[106] den Fall, in dem die Unterhaltsansprüche der Kinder nach dem Tode des Vaters (Flugzeugabsturz) in vollem Umfang von ihrer Mutter aus dem vom Verunglückten ererbten Vermögen erfüllt worden waren. Der Mutter stand bis zum 25. Lebensjahr des Hoferben gemäß § 14 Abs. 2 HöfeO die Nutznießung am Hofe zu.

Der Leitsatz der Entscheidung lautet mißverständlich:

Die in § 843 Abs. 4 BGB enthaltene Regel gilt nicht, wenn nur die Person des Unterhaltspflichtigen, nicht aber die Quelle[107] des Unterhalts gewechselt hat.

In der Begründung heißt es u. a.:

Von § 843 Abs. 4 BGB sei nach Sinn und Zweck eine „Ausnahme zu machen, wenn der nunmehr unterhaltspflichtig gewordene Dritte dem

---

[105] Vgl. *Palandt-Heinrichs*, 33. Aufl. 1974, Vorbem. 7 d, aa vor § 249.

[105a] Vgl. nun aber BGH NJW 1974, 1236 f., Urt. v. 19. 3. 1974: Mit dem Sinn und Zweck des Schadensersatzrechtes steht nur die Auffassung im Einklang, lediglich solche ererbten Vermögenswerte anzurechnen, die auch vor dem Tod des Unterhaltspflichtigen zur Bestreitung des Unterhalts dienten — gleich ob es sich hierbei um Erträgnisse des Vermögens oder um den Stamm des Vermögens handelte. Ist dies nicht festzustellen, dann muß... davon ausgegangen werden, daß... der sich um die Erträgnisse ständig vermehrende Stamm des Vermögens *ohnehin*, wenn auch erst in späterer Zeit, zugefallen wäre, also nicht als Vorteil anzurechnen ist.

[106] BGH NJW 1969, 2008, Urt. v. 24. 6. 1969.

[107] Der bildhafte Ausdruck „Quelle" ist nachweislich den Protokollen entlehnt, vgl. *Ehmann* S. 313 (Text und Fußnote 36).

Geschädigten den Unterhalt aus denselben Einkünften gewährt, aus denen sie der Getötete geleistet hat, wie das vor allem dann der Fall ist, wenn dessen Vermögen, dem der Unterhalt entnommen war, infolge seines Todes auf den nunmehr leistungspflichtig gewordenen anderen im Erbwege übergegangen ist. Denn dann ist der ‚andere' (vgl. § 843 Abs. 4 BGB) nur der Person nach, nicht aber der Vermögensmasse nach an die Stelle des Getöteten getreten; die *Quelle* des Unterhalts ist dieselbe geblieben...". Der BGH habe schon früher darauf hingewiesen, daß bei einer Sachlage, wie soeben beschrieben, der Möglichkeit nachgegangen werden muß, ob nicht der dem Geschädigten „erwachsene Unterhaltsanspruch im Wege der Vorteilsausgleichung wieder weggefallen ist..."[108].

Ehmann[109] bemerkt hierzu, es müsse trotz (!) der Anwendung des § 843 Abs. 4 noch geprüft werden, ob dem ... Schadensersatzberechtigten nicht durch den Tötungsfall anzurechnende Vorteile zugeflossen sind. Der letzte der zitierten Entscheidungssätze läßt in der Tat erkennen, daß der BGH die Frage der Vorteilsausgleichung hinsichtlich des ererbten Vermögens gesehen und von § 843 Abs. 4 BGB — wo sie nicht geregelt ist — zutreffend getrennt hat.

2. Bei *Versicherungsleistungen* unterscheidet die Rechtsprechung, ob es sich um eine Versicherung mit Sparcharakter oder um eine Versicherung mit Risikocharakter handelt, bei der der Eintritt des Versicherungsfalles nicht gewißt ist. Im letzteren Falle habe die Anrechnung des Stammwerts und etwaiger Erträge zu unterbleiben, weil der Versicherungsvertrag den Schädiger nichts angehe und die Anrechnung dem Zweck der Risikoversicherung zuwiderlaufe. Bei einer Sparversicherung seien dagegen die Erträge der Versicherungssumme zu berücksichtigen. Die umfangreiche Kasuistik soll hier jedoch nicht im einzelnen wiedergegeben werden[110].

---

[108] BGH S. 2008 (r. Sp. Mitte).
[109] *Ehmann* S. 313.
[110] Zum Forderungsübergang bei der Schadensversicherung (§ 67 VVG) vgl. *Ehmann* S. 239, 240, 291 ff. Zur Insassenunfallversicherung vgl. *Wussow*, Unfallhaftpflichtrecht, 11. Aufl., Tz. 1292, sowie *Rudloff* S. 456 f.; ein Überblick m. w. N. findet sich bei *Palandt-Heinrichs*, 33. Aufl. 1974, Vorbem. 7 c, 66 vor § 249 BGB.

8. Abschnitt

Der Schadensersatz bei Verletzung oder Tötung der Ehefrau nach den Sondergesetzen der Gefährdungshaftung

A. Die spezialgesetzlichen Grundlagen

Der *Umfang* des Schadensersatzanspruchs bei Personenschaden ist im Straßenverkehrsgesetz, im Reichshaftpflichtgesetz, im Luftverkehrsgesetz und im Atomgesetz *besonders* geregelt. Er soll im folgenden in den Grundzügen dargestellt werden. Diese dürfen sich darauf beschränken, die Besonderheiten gegenüber dem deliktischen Schadensersatzanspruch des BGB hervorzuheben.

I. Straßenverkehrsgesetz

Im Straßenverkehrsgesetz[1] entsprechen den §§ 842 bis 844 BGB die Vorschriften der §§ 10 bis 13 StVG. Die Bestimmungen der §§ 10 und 11 lauten:

§ 10

„(1) Im Falle der Tötung ist der Schadensersatz durch Ersatz der Kosten einer versuchten Heilung sowie des Vermögensnachteils zu leisten, den der Getötete dadurch erlitten hat, daß während der Krankheit seine Erwerbsfähigkeit aufgehoben oder gemindert oder eine Vermehrung seiner Bedürfnisse eingetreten war. Der Ersatzpflichtige hat außerdem die Kosten der Beerdigung demjenigen zu ersetzen, dem die Verpflichtung obliegt, diese Kosten zu tragen.

(2) Stand der Getötete zur Zeit der Verletzung zu einem Dritten in einem Verhältnis, vermöge dessen er diesem gegenüber kraft Gesetzes unterhaltspflichtig war oder unterhaltspflichtig werden konnte, und ist dem Dritten infolge der Tötung das Recht auf Unterhalt entzogen, so hat der Ersatzpflichtige dem Dritten insoweit Schadensersatz zu leisten, als der Getötete während der mutmaßlichen Dauer seines Lebens zur Gewährung des Unterhalts verpflichtet gewesen sein würde. Die Ersatzpflicht

---

[1] Vom 19. 12. 1952 (BGBl. I S. 837), Neubekanntmachung des Gesetzes über den Verkehr mit Kraftfahrzeugen vom 3. 5. 1909 (RGBl. S. 437).

tritt auch dann ein, wenn der Dritte zur Zeit der Verletzung erzeugt, aber noch nicht geboren war."

§ 11

„Im Falle der Verletzung des Körpers oder der Gesundheit ist der Schadensersatz durch Ersatz der Kosten der Heilung sowie des Vermögensnachteils zu leisten, den der Verletzte dadurch erleidet, daß infolge der Verletzung zeitweise oder dauernd seine Erwerbsfähigkeit aufgehoben oder gemindert oder eine Vermehrung seiner Bedürfnisse eingetreten ist."

II. Reichshaftpflichtgesetz

Das Reichshaftpflichtgesetz[2] erfaßt in § 1 die Ersatzpflicht des Betriebsunternehmers für Personenschäden beim Betrieb einer Eisenbahn, in § 1 a die Ersatzpflicht des Inhabers einer Anlage zur „Fortleitung oder Abgabe von Elektrizität oder Gas" und in § 2 die Haftung bestimmter Betriebsunternehmer für fremdes Verschulden. Der Umfang der Haftung ergibt sich aus den §§ 3, 3 a, 7, 7 a, 7 b HaftpflG. Die §§ 3 und 3 a HaftpflG über den Umfang der Schadensersatzpflicht bei Tötung und Körperverletzung sind mit den §§ 10 und 11 StVG nahezu wörtlich identisch.

III. Atomgesetz

Im Atomgesetz[3], das in den §§ 25 ff. eigene Haftungsvorschriften enthält, entsprechen die §§ 28 bis 30 AtomG den §§ 842 bis 844 BGB. Die §§ 28 und 29 AtomG über den Umfang des Schadensersatzes bei Tötung und Körperverletzung sind — mit einer Ausnahme — mit den §§ 10 und 11 gleichfalls identisch: Sie erstrecken die Schadensersatzpflicht auf den Ersatz des Vermögensnachteils, den der Verletzte dadurch erleidet oder der Getötete dadurch erlitten hat, daß sein Fortkommen erschwert ist bzw. erschwert war (§ 29 und § 28 Abs. 1 S. 1 AtomG).

IV. Luftverkehrsgesetz

Das Luftverkehrsgesetz[4] regelt und unterscheidet:

1. Die (Gefährdungs-)Haftung des *Halters* des Luftfahrzeugs gegenüber beim Betrieb Beschäftigten und unbeteiligten Dritten[5] gemäß § 33

---

[2] Gesetz, betr. die Verbindlichkeit zum Schadensersatz für die beim Betrieb von Eisenbahnen, Bergwerken usw. herbeigeführten Tötungen und Körperverletzungen (Reichshaftpflichtgesetz) vom 7. Juni 1871 (RGBl. S. 207).
[3] Gesetz über die friedliche Verwendung der Kernenergie und den Schutz gegen ihre Gefahren (Atomgesetz) vom 23. 12. 1959.
[4] I. d. F. vom 4. 11. 1968 (BGBl. I S. 1113), Neubekanntmachung des Luftverkehrsgesetzes vom 1. 8. 1922 (RGBl. I S. 681).

LuftVG. Für den Umfang des Schadensersatzanspruchs gelten die gleichen Regeln wie nach den §§ 10 und 11 StVG, jedoch ebenso wie im Atomgesetz mit der Erweiterung, daß für die Erschwerung des Fortkommens Ersatz zu leisten ist (§§ 35, 36, 38 LuftVG);

2. Die Haftung des *Luftfrachtführers* gegenüber Fluggästen bei Tötung, körperlicher Verletzung oder gesundheitlicher Beschädigung gemäß § 44 LuftVG. Diese Haftung ist — wie sich aus der Eröffnung des Entlastungsbeweises (§ 45) ergibt — *keine*[6] Gefährdungshaftung. Ihr Umfang entspricht der Haftung des Halters gemäß Ziffer IV 1. Vgl. § 47 i. V. m. §§ 35, 36, 38 LuftVG sowie — für internationale Luftbeförderung — § 51 LuftVG und die dort näher zitierten Warschauer Abkommen vom 12. 10. 1929, Haager Protokolle vom 28. 9. 1955 und Zusatzabkommen von Guadalajara vom 18. 9. 1961;

3. Die (Gefährungs-)Haftung des Halters *militärischer* Luftfahrzeuge

a) gegenüber unbeteiligten Dritten gemäß § 53 Abs. 1 LuftVG. Ihr Umfang entspricht Ziffer IV 1 mit zusätzlichen Erweiterungen, daß für entgangene Dienste Dritter Ersatz zu leisten ist (§ 53 Abs. 2 LuftVG) und wegen Nichtvermögensschadens Schmerzensgeld verlangt werden kann (§ 53 Abs. 3 LuftVG);

b) für den Schaden bei einer Beförderung gemäß § 54 LuftVG. Ihr Umfang entspricht Ziffer IV 1. Vgl. § 54 S. 3, 47 i. V. m. §§ 35, 36, 38 LuftVG.

B. Vergleichende Betrachtung

Sie ergibt folgendes Bild:

Im Unterschied zu § 842 BGB werden Vermögensnachteile durch Erschwerung des „*Fortkommens*" nach dem StVG und dem HaftpflG nicht ersetzt. Wegen entgangener gesetzlicher *Dienste* (§ 845 BGB) gewähren StVG, HaftpflG, AtomG und grundsätzlich auch das LuftVG keine Ersatzansprüche. Auch *Schmerzensgeldansprüche* (§ 847 BGB) sind nach den Sondergesetzen nicht vorgesehen. Des weiteren ist der Umfang der Haftung auf *Höchstbeträge*[7] beschränkt. Lediglich die Haftung des Halters militärischer Luftfahrzeuge gegenüber unbeteiligten Dritten kommt dem Umfang des deliktischen Schadensersatzanspruchs bei Personenschaden gleich: Er haftet für Vermögensnachteile infolge Erschwerung

---

[5] *Hofmann*, Kommentar zum Luftverkehrsgesetz, § 33 RNr. 5.
[6] *Hofmann*, LuftVG, § 44 RNr. 9.
[7] Vgl. § 12 StVG, §§ 7 a u. 7 b HaftpflG, § 31 AtomG, §§ 37, 46 LuftVG.

des Fortkommens, für entgehende Dienste, für Nichtvermögensschaden und summenmäßig[8] unbeschränkt (§ 53 Abs. 1, 2. Halbs., Abs. 2 und 3 LuftVG). Im übrigen findet § 843 Abs. 4 BGB nach allen Sondergesetzen entsprechende Anwendung[9].

C. Die Erweiterung des Umfangs der Schadensersatzpflicht bei Verletzung und Tötung der Ehefrau im Bereich der Gefährdungshaftung durch die neuere Rechtsprechung

I. Der Umfang des Schadensersatzes bei Verletzung der im Haushalt tätigen Ehefrau

Im Falle der *Verletzung* der im Haushalt tätigen Ehefrau ging die frühere Rechtsprechung regelmäßig davon aus, daß nur dem Manne ein Schaden entstanden und daher nur der Ehemann nach § 845 BGB schadensersatzberechtigt sei[10]. Im Bereich der Gefährdungshaftung fehlt indessen — von § 53 Abs. 2 LuftVG abgesehen — eine dem § 845 BGB entsprechende Norm. Hieraus folgte das als unbillig und als unbefriedigende Abwertung empfundene Ergebnis, daß der durch Ausfall der Haushaltstätigkeit der Ehefrau entstandene Schaden nicht erstattungsfähig war, wenn sich ein Verschulden des Schädigers nicht nachweisen ließ und ausschließlich von den Sondergesetzen der Gefährdungshaftung auszugehen war.

Hier brachte bereits das Urteil BGHZ 38, 55 ff. vom 25. 9. 1962 die gebotene Wende, indem es die Haushaltstätigkeit der Ehefrau nicht mehr als Dienstleistung gemäß § 845 BGB, sondern als ihren Beitrag zum Familienunterhalt qualifizierte und einen eigenen Schadensersatzanspruch der verletzten Ehefrau begründete. Daneben ist — wie der Große Zivilsenat[11] in seinem Beschluß vom 9. 7. 1968 entschied — für einen Anspruch des Mannes aus § 845 BGB kein Platz mehr. Der Schadensersatzanspruch der Ehefrau wegen ihrer Beeinträchtigung in der Haushaltsführung ist demnach auch im Bereich der Sondergesetze gemäß den §§ 11 StVG, 3 a HaftpflG, 29 AtomG, 36, 44 Abs. 1, 53 Abs. 1 LuftVG i. V. m. dem jeweiligen Haftpflichttatbestand gegeben.

---

[8] *Hofmann*, LuftVG, § 53 RNr. 18.
[9] Vgl. § 13 Abs. 2 StVG, § 7 Abs. 2 Satz 1 HaftpflG, § 30 Abs. 2 AtomG, §§ 38 Abs. 2 Satz 1, 47, 53 Abs. 1 LuftVG.
[10] S. o. 1. Abschnitt A I 1.
[11] BGH GSZ 50, 304 ff.

II. Der Umfang des Schadensersatzes bei Tötung der im Haushalt tätig gewesenen Ehefrau

In Fortführung des Beschlusses des Großen Zivilsenats vom 9. 7. 1968 hat der 6. Zivilsenat in seinem Urteil[12] vom 26. 11. 1968 entschieden, daß der Schadensersatzanspruch des Ehemannes bei *Tötung* der im Haushalt tätig gewesenen Ehefrau ebenfalls nicht unter dem Gesichtspunkt entgangener Dienste, sondern unter dem der Beeinträchtigung des Unterhaltsrechts zu beurteilen ist. Diese Begründung hatte zur Folge, daß der Ersatz des durch Wegfall der Haushaltsführung entstehenden Schadens im Bereich der Gefährdungshaftung gesichert ist, wie der Bundesgerichtshof inzwischen für die §§ 10 Abs. 2 StVG[13] und 3 Abs. 2 HaftpflG[14] ausdrücklich entschieden hat.

III. Der Umfang des Schadensersatzes im Falle der Mitarbeit der Ehefrau

Hatte die getötete Ehefrau mitgearbeitet und ist ein Verschulden des Schädigers nicht nachweisbar, sind Schadensersatzansprüche mittelbar Geschädigter wegen Wegfalls der Mitarbeit nicht schlechthin zu verneinen, weil § 845 BGB im Bereich der Gefährdungshaftung nicht anwendbar sei[15]. Hier muß vielmehr differenziert und im Einzelfall geprüft werden, ob und in welchem Umfang die Mitarbeit der Ehefrau zum Unterhalt der Familie gesetzlich *erforderlich* war (vgl. § 1360 S. 2 HS. 2 BGB). Insoweit sind auch nach den Sondergesetzen Schadensersatzansprüche des Ehemannes und der Kinder unter dem Gesichtspunkt entgangenen Unterhalts gegeben, wie der Bundesgerichtshof zu den §§ 3 Abs. 2 HaftpflG[14] und 44 LuftVG[16] entschieden hat. Soweit der Wegfall der Mitarbeit allerdings nicht als Unterhaltsschaden erfaßt werden kann — mag die Mitarbeit auch üblich und gesetzlich geschuldet gewesen sein (§ 1356 Abs. 2 BGB) — sind Ersatzansprüche des Ehemannes und der Kinder im Bereich der Gefährdungshaftung nicht begründet. Denn die dem § 845 BGB entsprechenden Ersatzansprüche sind in den Sondergesetzen — ausgenommen § 53 Abs. 2 LuftVG — *bewußt*[17] ausgeschlossen.

---

[12] BGHZ 51, 109 ff.
[13] BGHZ 51, 109 ff. (112) = NJW 1969, 321 f. (322).
[14] BGH FamRZ 1969, 407 f. (408), Urt. v. 15. 4. 1969; in gleichem Sinne hatte bereits am 10. 10. 1968 das OLG Celle entschieden (OLG Celle NJW 1969, 1353 f.).
[15] Ausnahme: § 53 Abs. 2 LuftVG.
[16] BGH Der Betrieb 1969, 1554, Urt. v. 24. 6. 1969 (VI ZR 60/67).
[17] Hierzu eingehend *Wilts*, VersR 1963, 305 ff. (306), ebenso — jedoch ohne nähere Begründung — BGH NJW 1969, 2005 ff. (2006 l. Sp.), Urt. v. 24. 6. 1969 (VI ZR 53/67).

IV. Die Begründung

1. Die den Umfang der Gefährdungshaftung erweiternde Rechtsprechung hat der BGH zu § 10 Abs. 2 StVG wie folgt begründet[18]: Grundlage dieser Bestimmung sei, ob und in welchem Umfang eine (gesetzliche) Unterhaltspflicht bestand. Trete in der Beurteilung dieser Frage im unterhaltsrechtlichen Bereich eine Änderung ein, sei es durch Gesetz oder auch, wie hier, durch verfassungskonforme Auslegung, dann ändere sich notwendigerweise auch der *„fremdbezogene Norminhalt"* im Rahmen des § 10 Abs. 2 StVG. Eine ähnliche Begründung hatte schon zuvor das OLG Celle[19] gegeben: Es führte aus, daß der Schadensersatzanspruch aus § 844 Abs. 2 BGB und die entsprechenden Vorschriften der Gefährdungshaftungsgesetze nicht durch ein bestimmtes Unterhaltsrecht festgelegt seien. Diese gesetzlichen Vorschriften knüpften weder ihrem Wortlaut noch ihrem Sinn nach an einen bestimmten, unveränderlich feststehenden Unterhaltsbegriff, etwa den des BGB bei dessen Inkrafttreten, an... Mithin habe jetzt durch die Änderung des § 1360 BGB auch die Bestimmung des § 3 Abs. 2 HaftpflG einen gegenüber dem früheren Rechtszustand anderen — erweiterten — Inhalt bekommen.

2. Die erweiternde Auslegung ist im *Schrifttum*[20] im Ergebnis nahezu einhellig[21] begrüßt worden. Allerdings — so bemerkt Bosch[22] — hätte man sich zu der „heiklen Problematik" vielleicht eine etwas tiefergehende Begründung gewünscht. Wird immer, wenn eine bestimmte Norm einen Begriff benutzt, der in einer anderen Norm näher umschrieben ist, bei Änderung dieser „Bezugsnorm" auch der Inhalt jener Bestimmung, die auf die Bezugsnorm verweist, mittelbar mit verändert? Bosch erwähnt den Gedanken der „einheitlichen Rechtsordnung" und stellt

---

[18] BGHZ 51, 109 ff. (112) = NJW 1969, 321 f. (322 a. E.).

[19] OLG Celle NJW 1969, 1353 f. (1353 a. E.).

[20] Zustimmend *Nüßgens*, LM Nr. 4/5 zu § 10 StVG; *Kropholler*, FamRZ 1969, 241 ff. (248 und Fußnote 87); *Kilian*, AcP Bd. 169 (1969), 443 ff. (458); *Bosch*, FamRZ 1969, 78 und FamRZ 1968, 507; *Hauß*, LM Nr. 16/17 zu § 845 BGB; *Berg*, JABl. 1970, ZR S. 39 ff. (41); dem „Einbruch in den Bereich der Gefährdungshaftung" (*Gernhuber*) hatten vor der neuen Rechtsprechung schon *Gernhuber*, *Eißer* und *Klingsporn* den Weg bereitet. Vgl. *Gernhuber*, FamRZ 1958, 243 ff. (250), *Eißer*, FamRZ 1961, 49 ff. (53) und *Klingsporn*, FamRZ 1961 54 ff. (56).

[21] *Wilts* gibt zu bedenken, die Gefährdungshaftung werde *gegen* den Willen des Gesetzgebers erweitert. Er begründet, daß die Auslassung der in § 845 BGB enthaltenen Regelung in den Gefährdungshaftungsgesetzen kein Redaktionsversehen sei. Den entgegenstehenden Willen des vorkonstitutionellen Gesetzgebers versucht *Wilts* mit Hilfe verfassungskonformer Auslegung (Art. 3 Abs. 2 GG) zu überwinden. — *Wilts*, VersR 1963, 305 ff. (306/307).

[22] *Bosch*, FamRZ 1969, 78.

die Frage: Besteht sie denn auch zwischen Zivil- und Strafrecht, etwa bei dem Begriff „Unterhaltspflicht" in § 170 b StGB im Verhältnis zum BGB?[23] Vielleicht könnte — so sei hinzugefügt — ein Vergleich mit dem Problem der sog. Blankettgesetze die Begründung tragfähiger machen. Die ausfüllende Norm ist Tatbestandsmerkmal des (Blankett-)Gesetzes. Im Strafrecht ist es durchaus geläufig, daß sich mit der ausfüllenden Norm (in unserem Falle: mit dem Unterhaltsrecht) der Inhalt der Blankettnorm (in unserem Falle: § 844 Abs. 2 BGB und die entsprechenden Vorschriften der Sondergesetze) ändert.

D. Der Referentenentwurf[24] zur Änderung und Ergänzung schadensersatzrechtlicher Vorschriften vom 16. 2. 1966

Der Referentenentwurf sieht u. a. auch für den Umfang des Schadensersatzanspruchs bei Personenschaden Änderungen vor. Er erstrebt eine Vereinfachung und größere Übereinstimmung mit dem BGB im Bereich der Sondergesetze des StVG und des HaftpflG. Der Entwurf bricht daher mit der herkömmlichen „Gesetzestechnik" der Gefährdungshaftungsgesetze und erklärt die Vorschriften des BGB über den Umfang der Schadensersatzpflicht im Falle einer unerlaubten Handlung anwendbar: Die §§ 9 bis 15 StVG werden durch die geänderte Vorschrift § 10 StVG, die §§ 3 bis 8 HaftpflG durch die geänderten §§ 3 und 4 HaftpflG ersetzt[25].

§ 3 Nr. 1 HaftpflG lautet im Entwurf:

„§ 3

Die Ersatzpflicht bestimmt sich nach den Vorschriften des Bürgerlichen Gesetzbuchs über die Verpflichtung zum Schadensersatz im Falle einer unerlaubten Handlung, jedoch mit folgenden Einschränkungen:

1. Der Ersatzpflichtige haftet im Falle der Tötung oder Verletzung des Körpers oder der Gesundheit eines Menschen wegen der in § 843, in § 844 Abs. 2 oder in § 845 des Bürgerlichen Gesetzbuchs bezeichneten Schäden nur bis zu einer Jahresrente von 15 000 Deutsche Mark."

---

[23] Soweit *Bosch*, FamRZ 1969, 78.

[24] Erschienen im Verlag Versicherungswirtschaft e. V. Karlsruhe (I. Wortlaut, II. Begründung).

8. Abschnitt: Schadensersatz bei Gefährdungshaftung

§ 10 Nr. 1 StVG lautet im Entwurf:

„§ 10

Die Ersatzpflicht bestimmt sich nach den Vorschriften des Bürgerlichen Gesetzbuchs über die Verpflichtung zum Schadensersatz im Falle einer unerlaubten Handlung, jedoch mit folgenden Einschränkungen:

1. Der Ersatzpflichtige haftet im Falle der Tötung oder Verletzung des Körpers oder der Gesundheit eines Menschen nur bis zu einem Kapitalbetrag von zweihundertfünfzigtausend Deutsche Mark oder bis zu einem Rentenbetrag von jährlich fünfzehntausend Deutsche Mark. Der Höchstbetrag ist auch im Falle der Tötung oder Verletzung mehrerer Menschen durch dasselbe Ereignis maßgeblich; diese Beschränkung gilt jedoch in den Fällen des § 8a Abs. 1 Satz 1 nicht für den ersatzpflichtigen Halter des Kraftfahrzeugs."

Die Verweisung auf die Rechtsfolgen des BGB im Falle einer unerlaubten Handlung bewirkt eine *Erweiterung* der Gefährdungshaftung im Bereich des HaftpflG und des StVG. Im einzelnen ergeben sich folgende sachliche Änderungen:

1. Ein erster sachlicher Unterschied gegenüber dem geltenden Recht liegt darin, daß nunmehr auch diejenigen Nachteile zu ersetzen sind, die eine Körperverletzung für das Fortkommen des Verletzten herbeiführt (§ 842 BGB). Diese bestehen — im Unterschied zum Erwerbsschaden — nicht in dem tatsächlich entgehenden Erwerb, sondern in dem durch die allgemeine Beeinträchtigung des Fortkommens in der Zukunft entstehenden Vermögensschaden. Der Referentenentwurf beseitigt damit einen sachlich kaum zu rechtfertigenden, überdies „eher kleinlich wirkenden" Unterschied, den bereits das LuftVG[26] und das AtomG[27] nicht mehr gemacht hatten[28]. Hinzuzufügen bleibt, daß der Referentenentwurf auch das Problem des sog. Konjunkturschadens[29] hinfällig werden läßt.

2. Ebenso wird § 845 BGB anwendbar. Die Übernahme dieser Bestimmungen in das Recht der Gefährdungshaftung empfiehlt sich, um

---

[25] Referentenentwurf I, S. 14 und 17.
[26] Vgl. §§ 36, 47 LuftVG.
[27] Vgl. § 28 Abs. 1 S. 1 AtomG.
[28] Referentenentwurf, Begründung S. 205.
[29] Vgl. RG DR 1940, 649 f., Urt. v. 7. 2. 1940. „Konjunkturschaden" ist derjenige Vermögensschaden, der dem Verletzten nach voller Wiederherstellung seiner Erwerbsfähigkeit deswegen entsteht, weil er infolge seines Unfalls seinen Arbeitsplatz verloren hat und infolge der Verhältnisse auf dem Arbeitsmarkt eine neue oder eine gleichwertige Erwerbsstellung nicht zu finden vermag. Die Frage, ob dieser Schaden als Erwerbsschaden nach § 3a KFG (jetzt § 11 StVG) erstattungsfähig oder als Nachteil für das „Fortkommen" anzusehen und daher im KFG (jetzt StVG) nicht zu ersetzen ist, hat das RG unzutreffend — um des billigen Ergebnisses willen — in ersterem Sinne entschieden. Vgl. die abl. Anmerkung *Kersting*, DR 1940, 650 f.

D. Der Referentenentwurf

Unterschiede im Umfang des Schadensersatzes, die sich aus den Meinungsverschiedenheiten[30] über den Anwendungsbereich des § 845 BGB ergeben und Unebenheiten und Unbilligkeiten zu vermeiden, die aus der Verschiedenheit der Regelung nach dem BGB und nach den Gefährdungshaftungsgesetzen entstehen[31]. Nach geltendem Recht ist ein Ersatzanspruch des Ehemannes im Bereich der Gefährdungshaftung nicht[32] gegeben, wenn die verletzte Ehefrau über ihre Unterhaltspflicht hinaus im Geschäft des anderen Ehegatten mitgearbeitet hat (§ 1356 Abs. 2 BGB)[33].

3. Eine beachtliche Verbesserung des zivilrechtlichen Schutzes im Bereich der Gefährdungshaftung bewirkt der Referentenentwurf — einer Anregung des 45. Deutschen Juristentages folgend — durch Zubilligung eines Schmerzensgeldes (§ 847 BGB). Für den Bereich der Gefährdungshaftung tritt die Genugtuungsfunktion mangels Verschulden in den Hintergrund; die Aufgabe des Schmerzensgeldes besteht alsdann ausschließlich in der Ersatzfunktion. Hierauf und auf die Angleichung der Verjährung an § 852 BGB sei noch der Vollständigkeit halber hingewiesen[34].

Die genannten Änderungen verwirklichen eine wesentliche Aufgabe des Entwurfs[35], die vorhandenen Lücken in der Gefährdungshaftung zu schließen, die Gefährdungshaftungsgesetze in ihrer Gesetzestechnik auf das BGB abzustimmen, sie von Vorschriften zu entlasten, die ihrem sachlichen Inhalt nach lediglich wörtlich oder fast gleichlautend Rechtssätze des BGB wiederholen, sachlich nicht gerechtfertigte Unterschiede zu beseitigen und einheitliche Grundsätze für das Zusammentreffen der Gefährdungshaftung mit der Verschuldenshaftung oder von Gefährdungshaftungen untereinander aufzustellen.

---

[30] Vgl. oben 2. Abschnitt B.
[31] Referentenentwurf, Begründung S. 206.
[32] Ausgenommen § 53 Abs. 2 LuftVG.
[33] Vgl. oben 3. Abschnitt C I und C II (jeweils 2. Fallgruppe).
[34] Referentenentwurf, Begründung S. 209, 219, 157/158.
[35] Referentenentwurf, Begründung S. 5.

Ergebnisse

1. Die durch eine unerlaubte Handlung *verletzte* Ehefrau hat einen eigenen Schadensersatzanspruch wegen ihrer Beeinträchtigung in der Führung des *Haushalts*. Problematisch ist die Begründung ihres Schadensersatzanspruchs: Die These, daß bereits die Beeinträchtigung des Nutzungswerts ihrer Arbeitskraft einen Vermögensschaden darstelle, ist ebenso fragwürdig wie der Versuch, den eigenen Schadensersatzanspruch der Ehefrau unter dem Gesichtspunkt der vermehrten Bedürfnisse (§ 843 Abs. 1 BGB) oder des Bedarfsschadens zu begründen. Demgegenüber läßt sich der eigene Schadensersatzanspruch der verletzten Ehefrau mit Hilfe des *normativen* Schadensbegriffs — anders als nach der Differenzmethode — selbst dann begründen, wenn die Ehegatten von der Einstellung einer Ersatzkraft abgesehen haben oder wenn die tatsächlich entstandenen Kosten von dem Ehemann bestritten worden sind. Die normative Schadensberechnung, eine durchaus systemgerechte Rechtsfortbildung, bleibt indes auf diejenigen Fallgruppen beschränkt, in denen Leistungen Dritter an den Verletzten kraft besonderer Wertung (§ 843 Abs. 4 BGB) außer Ansatz bleiben. — Für den Lösungsversuch mit dem Institut der Schadensliquidation im Drittinteresse besteht kein Bedürfnis.

   Neben dem Schadensersatzanspruch der verletzten Ehefrau wegen Beeinträchtigung in der Haushaltsführung ist ein Anspruch des Ehemannes (§ 845 BGB) nicht gegeben.

2. Für den deliktischen Schadensersatzanspruch des Ehemannes wegen *Tötung* der im Haushalt tätig gewesenen Ehefrau ist § 844 Abs. 2 BGB *alleinige* Anspruchsgrundlage.

3. Hinsichtlich der Schadensersatzansprüche bei Verletzung oder Tötung der im Beruf oder Geschäft des Mannes *mitarbeitenden* Ehefrau sind vorab die drei Stufen der zum Unterhalt erforderlichen (§ 1360 Satz 2 BGB), der üblichen (§ 1356 Abs. 2 BGB) oder der vertraglich vereinbarten Mitarbeit zu differenzieren, wobei „Überlagerungsfälle" auftreten können.

   a) Im Falle der *Verletzung* der Ehefrau ergibt sich:

   (1) War die Mitarbeit der Ehefrau zum Unterhalt erforderlich,

steht nur der Ehefrau selbst ein eigener Schadensersatzanspruch zu.

(2) War ihre Mitarbeit üblich, ist die Ehefrau ebenfalls zum Ersatz des gesamten Schadens berechtigt (BGHZ 59, 172 ff. — „Estil"). Die umstrittene Frage, ob bei dieser Fallgruppe für einen Schadensersatzanspruch des Ehemannes gem. § 845 BGB Raum bleibt, ist zu verneinen.

(3) Geht die Mitarbeit der Ehefrau über das Übliche hinaus, ist nur ein Anspruch der Ehefrau gegeben.

b) Im Falle der *Tötung* der Ehefrau ergibt sich:

(1) War die Mitarbeit der Ehefrau zum Unterhalt erforderlich, so folgt der Schadensersatzanspruch des Ehemannes ausschließlich aus § 844 Abs. 2 BGB.

(2) War ihre Mitarbeit üblich, wird die Frage der Anwendbarkeit des § 845 BGB relevant, die insoweit zu bejahen ist. Die Entscheidung BGHZ 59, 172 ff. hat die Frage offengelassen.

(3) Ging die Mitarbeit der Ehefrau über das Maß des Üblichen hinaus, ist ein Schadensersatzanspruch des Ehemannes nicht gegeben — es sei denn, daß die vertraglich gestaltete Mitarbeit gleichzeitig und zumindest teilweise zum Familienunterhalt erforderlich war.

4. Schadensersatzansprüche der *Kinder* sind nur im Falle der Tötung der Ehefrau begründet, sofern die Mutter im Haushalt tätig oder ihre Mitarbeit unterhaltsrechtlich geboten war (§ 844 Abs. 2 BGB).

5. Soweit ihre deliktischen Schadensersatzansprüche *konkurrieren*, sind Ehemann und Kinder nicht mehr Gesamtgläubiger, sondern Teilgläubiger. Hinsichtlich der Mitarbeit der Ehefrau steht eine höchstrichterliche Entscheidung hierzu aus.

6. Für die *Höhe* des Schadensersatzes sind die Kosten einer vergleichbaren Ersatzkraft Anhaltspunkt der Schadensberechnung. Zu den Bewertungsfaktoren im einzelnen sei auf die Ausführungen im 6. Abschnitt hingewiesen.

7. Bei der *Vorteilsausgleichung* kommt der Unterhaltsgewährung Dritter an die *verletzte* Ehefrau besondere Bedeutung zu. Die Bestimmung des § 843 Abs. 4 BGB — Ausdruck eines allgemeinen Rechtsgedankens — findet auch dann Anwendung, wenn der Unterhaltspflichtige zuerst geleistet hat. Eine Anrechnung der erbrachten Unterhaltsleistung auf den Schadensersatzanspruch verbietet sich namentlich wegen des Zwecks der Zuwendung. Die Lösung des Regreßproblems ergibt sich aus § 426 Abs. 2 BGB.

Im Falle der *Tötung* der Ehefrau ist zweifelhaft, ob ersparte Aufwendungen für den Unterhalt der Ehefrau, die mit ihrem Tode entfallen sind, auf den Schadensersatzanspruch des Mannes ganz oder lediglich teilweise anzurechnen sind. Das Urteil BGHZ 56, 389 ff. vom 13. 7. 1971, das eine Abkehr von der seit BGHZ 4, 123 ff. in ständiger Rechtsprechung vertretenen teilweisen Vorteilsausgleichung vollzogen hat, vermag sowohl im Ergebnis als auch in der Begründung nicht zu überzeugen. Auch in den Details (BGH NJW 1970, 1127 ff. zur Wiederverheiratung des Ehemannes und BGH NJW 1970, 2061 ff. zur Annahme von Unfallwaisen an Kindes Statt) läßt die Rechtsprechung eine sorgfältige Begründung vermissen.

8. Im Recht der *Gefährdungshaftung* hat die durch BGHZ 38, 55 ff. begründete sowie durch die Entscheidungen BGH GSZ 50, 304 ff. und BGHZ 51, 109 ff. fortgeführte Rechtsprechung eine Erweiterung des Unterhaltsschadens bewirkt (§§ 10 Abs. 2 StVG, 3 Abs. 2 HaftpflG). De lege ferenda wäre eine Beseitigung sachlich nicht gerechtfertigter Diskrepanzen zwischen dem Umfang der deliktischen Haftung und der Gefährdungshaftung entsprechend den Empfehlungen des Referentenentwurfs vom 16. 2. 1966 wünschenswert. Für eine Änderung des §§ 844, 845 BGB besteht hingegen kein Bedürfnis, nicht zuletzt mit Rücksicht auf die Kollisionsnormen des internationalen Privatrechts.

Schrifttum

Bach: Die Auslegung des § 843 Abs. 4 BGB, JW 1914, 730 ff.

Beitzke, Günther: Familienrecht, 12. Aufl. München und Berlin 1964.

— Anmerkung zu BGHZ 4, 123 ff., JZ 1952, 333 f.

Berg, Hans: Ersatzansprüche nach §§ 844 Abs. 2, 845 BGB bei Tötung oder Verletzung einer Ehefrau, JA 1970, 121 ff., JA 1970 ZR S. 39 ff.

— Anmerkung zum Urteil des LG Frankfurt vom 28. 3. 1969, NJW 1970, 515 f.

BGB — RGRK: Das Bürgerliche Gesetzbuch, Kommentar hrsg. von Reichsgerichtsräten und Bundesrichtern, II. Band, 2. Teil, 11. Aufl. 1960.

Böhmer, Emil: Zur Frage der Vorteilsausgleichung im Falle des § 845 BGB, VersR 1954, 160 f.

— Die zivil- und strafrechtliche Rechtsprechung zum Verkehrsrecht, JZ 1972, 116 ff. (119).

Boehmer, Gustav: Schadensersatzansprüche wegen Verletzung oder Tötung des im Haushalt oder Geschäft mitarbeitenden Ehegatten, FamRZ 1960, 173 ff.

Bökelmann, E.: Anmerkung zum Beschluß BGHZ 50, 304 ff., JR 1969, 101.

Bötticher, Eduard: Schadensersatz für entgangene Gebrauchsvorteile, VersR 1966, 301 ff.

Bosch, F. W.: Anmerkung zum Urteil des OLG Stuttgart vom 22. 6. 1954, FamRZ 1955, 173 f.

— Anmerkung zum Urteil des BGH vom 10. 11. 1959, FamRZ 1960, 23.

— Anmerkung zum Urteil des BGH vom 10. 3. 1959, FamRZ 1959, 203 ff.

— Anmerkung zum Beschluß des KG vom 6. 2. 1967, FamRZ 1967, 219.

— Anmerkung zum Urteil des BGH vom 26. 11. 1968, FamRZ 1969, 78.

— Anmerkung zum Beschluß des BGH GSZ vom 9. 7. 1968, FamRZ 1968, 507 f.

— Anmerkung zum Urteil des BGH vom 15. 4. 1969, FamRZ 1969, 408 f.

Burckhardt, Jürgen: Der Ausgleich für Mitarbeit eines Ehegatten im Beruf oder Geschäft des anderen (Bd. 67 der Schriften zum deutschen und europäischen Zivil-, Handels- und Prozeßrecht), 1971.

Bydlinski, F.: Probleme der Schadensverursachung nach deutschem und österreichischem Recht, in: Abhandlungen aus dem gesamten Bürgerlichen Recht, Handelsrecht und Wirtschaftsrecht (Beihefte der Zeitschrift für das Gesamte Handels- und Wirtschaftsrecht), 28. Aufl. 1964.

Caemmerer, Ernst v.: Wandlungen des Deliktsrechts, Karlsruhe 1960.

Cantzler, Klaus: Die Vorteilsausgleichung beim Schadensersatzanspruch, AcP Bd. 156 (1957), S. 29 ff.

Deubner, Karl G.: Rechtsanwendung und Billigkeitsbekenntnis (Entscheirezension BGH NJW 1971, 1883), JuS 1971, 622 ff.

Eckelmann, Hansgeorg: Schadensersatz bei Verletzung oder Tötung einer (berufstätigen) Frau oder Ehefrau wegen Beeinträchtigung oder Ausfalls in der Haushaltsführung und Kinderbetreuung und wegen Ausfalls eines Barbeitrags aus ihrem Einkommen zum Familienunterhalt und Schadensersatz bei Verletzung oder Tötung eines Ehemannes wegen Ausfalls des Barunterhalts und der Mitarbeit im Haushalt, 3. Aufl. 1970.
— Schadensersatz bei Verletzung oder Tötung einer Ehefrau, NJW 1971, 355 ff.

Ehmann, Horst: Die Gesamtschuld (Versuch einer begrifflichen Erfassung in drei Typen), Berlin 1972, Schriften zum Bürgerlichen Recht Bd. 7.

Eißer, Georg: Die Anerkennung der Persönlichkeit der Ehefrau im neuen Eherecht, FamRZ 1959, 177 ff.
— Zur Anwendung der §§ 843—845 BGB bei Verletzung oder Tötung der nichtberufstätigen Ehefrau, FamRZ 1961, 49 ff.
— Anmerkung zu BGHZ 38, 55 ff., JZ 1963, 220 ff.

Endemann, Friedrich: Das selbständige Recht der Ehefrau auf Schadensersatz wegen Aufhebung oder Minderung ihrer Erwerbsfähigkeit, Recht 1909, 286 f.

Engisch, Karl: Einführung in das juristische Denken, 2. Aufl., Stuttgart 1956.

Erman, Walter: Handkommentar zum Bürgerl. Gesetzbuch, 2. Band, 5. Aufl. 1972.

Esser, Josef: Schuldrecht. Ein Lehrbuch. Band 1, Allgemeiner Teil, 4. Aufl. 1970; Band 2, Besonderer Teil, 4. Aufl. 1971.
— Zur Entwicklung der Lehre von der Vorteilsausgleichung, MDR 1957, 522 ff.

Féaux de la Croix, Ernst: Anmerkung zu BGH NJW 1965, 1710 ff. (Urt. v. 18. 5. 1965), NJW 1965, 1710 f.

Fenn, Herbert: Anmerkung zu BGHZ 56, 389 ff. (Urt. v. 13. 7. 1971 — VI ZR 31/70), AP Nr. 17 Bl. 279 ff. zu § 844 BGB.
— Die juristische Qualifikation der Mitarbeit bei Angehörigen und ihre Bedeutung für die Vergütung, FamRZ 1968, 291 ff.
— Die Mitarbeit in den Diensten Familienangehöriger (Grenzbereiche des Familien-, Arbeits-, Steuer- und Sozialversicherungsrechts), Habil. Frankfurt/M. 1970.

Figert, Horst: Der Schadensersatzanspruch bei Verletzung der nichtberufstätigen Ehefrau, MDR 1962, 621 ff.

Ganssmüller, Helmut: Anmerkung zum Urteil des BGH v. 5. 2. 1963, NJW 1963, 1446 f.

Gaul, H. F.: Literaturbesprechung von Soergel-Siebert, BGB, II. Band, FamRZ 1962, 444.

Geigel, Reinhardt und Robert: Der Haftpflichtprozeß, 15. Aufl. München 1972.

Gernhuber, Joachim: Lehrbuch des Familenrechts, 2. Aufl. München 1971.
— Die Mitarbeit der Ehegatten im Zeichen der Gleichberechtigung, FamRZ 1958, 243 ff.

v. Gierke, Otto: Deutsches Privatrecht, 3. Bd. Schuldrecht, 1917.

Göppinger, Horst: Anmerkung zum Urteil BGHZ 38, 55 ff., JR 1964, 425 f.

Habscheid, Walther J.: Ersatzansprüche des Ehemannes und der Kinder wegen entgehender Dienste bei Tötung der Ehefrau und Mutter (Entscheidungsrezension BGH NJW 1965, 1710), JuS 1966, 180 ff.

Härchen, C. D.: Anmerkung zum Urteil des LG Münster vom 17.10.1967, MDR 1968, 587.

Hagen, Horst: Die Drittschadensliquidation im Wandel der Rechtsdogmatik, Habil. Kiel 1970.

— Fort- oder Fehlentwicklung des Schadensbegriffs? (Entscheidungsrezension BGH GSZ 50, 304 ff.), JuS 1969, 61 ff.

Hattenhauer, Hans: Die Kritik des Zivilurteils. Eine Anleitung für Studenten. Frankfurt 1970.

Hauß, Fritz: LM Nr. 1 zu § 842 BGB (= Anmerkung zu BGHZ 38, 55 ff.).

— LM Nr. 15 zu § 845 BGB (= Anmerkung zum Beschluß BGHZ 50, 304 ff.).

Hofmann, Max: Kommentar zum Luftverkehrsgesetz (unter Mitarbeit von Erwin Grabherr), München 1971.

Jayme, Erik: Die Familie im Recht der unerlaubten Handlungen, Berlin 1971, Bd. 9 der Schriftenreihe der Wissenschaftlichen Gesellschaft für Personenstandswesen und verwandte Gebiete m. b. H.

Josef: Ansprüche des Vaters aus Geschäftsführung und Bereicherung bei Ausheilung des verletzten Kindes, Geschäftsführung durch ärztliche Behandlung und Eigenhaftung der kraft Schlüsselgewalt handelnden Frau, AcP Bd. 118, S. 378 ff.

Kersting: Anmerkung zu RG DR 1940, 649 f., DR 1940, 650 f.

Kilian, Wolfgang: Schadensersatzansprüche wegen Beeinträchtigung der Haushaltsführung, AcP Bd. 169 (1969), S. 443 ff.

— Anmerkung zum Urteil des BGH vom 24.6.1969 (VI ZR 53/67), NJW 1969, 2005 f.

Klingsporn, Burkhard: Der Schadensersatzanspruch wegen Tötung oder Verletzung des im Haushalt oder Geschäft mitarbeitenden Ehegatten, FamRZ 1961, 54 ff.

Kollhosser, Helmut: Unternehmerlohn, Schadensersatz und Regreßinteressen beim Unfall eines geschäftsführenden Gesellschafters einer Personengesellschaft, ZHR Bd. 129 (1967), S. 121 ff.

Kropholler, Jan: Die Rechtsnatur der Familienarbeit und die Ersatzpflicht bei Verletzung oder Tötung des mitarbeitenden Familienangehörigen, FamRZ 1969, 241 ff.

Larenz, Karl: Der Vermögensbegriff im Schadensersatzrecht, in: Festschrift für H. C. Nipperdey zum 70. Geburtstag, Bd. I 1965, S. 489 ff.

— Die Notwendigkeit eines gegliederten Schadensbegriffs, VersR 1963, 1 ff.

— Lehrbuch des Schuldrechts, I. Band, Allgemeiner Teil, 10. Aufl. 1970; II. Band, Besonderer Teil, 10. Aufl. 1972.

— AP Nr. 7 zu § 249 BGB (= Anmerkung zum Urteil des BAG vom 24.8.1967).

Lieb, Manfred: Die Ehegattenmitarbeit im Spannungsfeld zwischen Rechtsgeschäft, Bereicherungsausgleich und gesetzlichem Güterstand. Zugleich ein Beitrag zur Rechtsfortbildung im Familienrecht. Habil. Tübingen 1970.

Mann, Robert: Rechtliche Betrachtungen zur Haushaltsführung und zur Mitarbeit der Frau im Beruf oder Geschäft des Mannes, Diss. Hamburg 1965.

Marcuse: Zur Auslegung des § 843 Abs. 4 BGB, JW 1915, 264 ff.

Marschall v. Bieberstein: Reflexschäden und Reflexrechte, Habil. 1967.

Maßfeller, F., u. *Reinicke*, D.: Das Gleichberechtigungsgesetz, Köln und Berlin 1958.

Medicus, Dieter: Bürgerliches Recht, 6. Aufl. 1973.

Mertens, Hans-Joachim: Der Begriff des Vermögensschadens im Bürgerlichen Recht, Habil. Mainz 1967.

Mommsen, Friedrich: Zur Lehre vom Interesse, Beiträge zum Obligationenrecht II, 1855.

Motive: Motive zu dem Entwurf eines Bürgerlichen Gesetzbuches für das Dt. Reich, Bd. II Recht der Schuldverhältnisse, 1888.

Motsch, R.: Rechtsvergleichende Betrachtungen zur Mitarbeit von Familienangehörigen in Deutschland und Italien, FamRZ 1966, 224 f.

Müller-Freienfels, Wolfram: Der Ausgleich für Mitarbeit im Beruf oder Geschäft des Mannes, in: Festschrift für H. C. Nipperdey zum 70. Geburtstag, Bd. I 1965, S. 625 ff.

— Anmerkung zu BGH JZ 1960, 371 f. (Urt. v. 10. 11. 1959), JZ 1960, 372 ff.

Neuner, Robert: Interesse und Vermögensschaden, AcP Bd. 133 = neue Folge Bd. 13 (1931), S. 277 ff.

Nüßgens: LM Nr. 4/5 zu § 10 StVG (= Anmerkung zu BGHZ 51, 109 ff.).

Oertmann, Paul: Recht der Schuldverhältnisse, 2. Aufl. 1906.

Pickartz, Josef: Die zivil- und arbeitsrechtliche Stellung der Ehegatten bei Mitarbeit im Familienverband, Diss. Köln, 1967.

Protokolle: Protokolle der Kommission für die 2. Lesung des Entwurfs des Bürgerlichen Gesetzbuchs, bearb. v. Achilles, Gebhard, Spahn, Bd. II Recht der Schuldverhältnisse, Berlin 1898.

Rabel, Ernst: Gesammelte Aufsätze, Bd. 1, Arbeiten zum Privatrecht, hrsg. von H. G. Leser, Freiburg 1965, S. 309 ff. „Ausbau oder Verwischung des Systems? Zwei praktische Fragen".

Referentenentwurf: Referentenentwurf eines Gesetzes zur Änderung und Ergänzung schadensrechtlicher Vorschriften, I Wortlaut, II Begründung, erschienen im Verlag Versicherungswirtschaft e. V., Karlsruhe, 1967.

Reinicke, G. u. D.: Die Vorteilsausgleichung bei den Ansprüchen aus den §§ 844, 845 BGB, MDR 1952, 460 ff.

Rinne, Eberhard: Mittelbarer Schaden, Diss. Göttingen, 1966.

Rother, Werner: Anmerkung zum Urteil des BGH vom 22. 9. 1970, JZ 1971, 659 ff.

Rudloff, Karl: Der Vorteilsausgleich als Gewinnabwehr und Glücksteilhabe (in: Festschrift für Fritz v. Hippel zum 70. Geburtstag, 1967, S. 423 ff.).

Schmidt, Rudolf: Besprechung der Studie von Walter Selb, Schadensbegriff und Regreßmethoden, 1963, AcP Bd. 163 (1963), S. 530 ff.

Schultze-Bley, Gertraud: Anmerkung zum Urteil des BGH vom 22. 9. 1970. NJW 1971, 1137.

Selb, Walter: Schadensbegriff und Regreßmethoden, Heidelberg 1963.

Soergel, Th. / *Siebert*, W.: Bürgerliches Gesetzbuch mit Einführungsgesetz und Nebengesetzen, Band 3, Schuldrecht II, 10. Aufl. 1969.

Staudinger, I. v.: Kommentar zum Bürgerlichen Gesetzbuch mit Einführungsgesetz und Nebengesetzen, IV. Band Familienrecht, Teil 3 a, 10./11. Aufl. 1966.

Stöcker, Hans A.: Das vermögenswerte Recht an der genutzten Arbeitskraft, RdA 1966, 121 ff.

Stoll, Hans: Abstrakte Nutzungsentschädigung bei Beschädigung eines Kraftfahrzeugs (Entscheidungsrezension BGHZ 45, 212), JuS 1968, 504 ff.

Thiele, Wolfgang: Gedanken zur Vorteilsausgleichung, AcP Bd. 167 (1967), S. 193 ff.

Trinkner, Reinhold: Anmerkung zum Urteil LAG Frankfurt/M. vom 5. 7. 1966, BB 1967, 162 f.

Vollkommer, Max: Armer Mann, Glosse zu BGHZ 50, 304 ff., JZ 1969, 528.

Wägenbaur, Rolf: Einige Bemerkungen zum Abschluß von Arbeitsverträgen zwischen Ehegatten, JZ 1958, 396 f.

Weimar, Wilhelm: Der Schadensersatzanspruch des Ehemannes bei Ausfall der Arbeitskraft seiner Ehefrau, MDR 1961, 662 ff.

Weitnauer, Hermann: Gedanken zu Stand und Reform des Schadensersatzrechts, VersR 1963, 101 ff.

— AP Nr. 1 zu § 252 BGB (= Anmerkung zum Urteil des BAG vom 14. 9. 1967).

Weychardt, Dieter Wilh.: Wandlungen des Schadensbegriffes in der Rechtsprechung, Frankfurt 1965.

Wilts, Walter: Schadensersatzansprüche bei Verletzung der im Haushalt tätigen Ehefrau, NJW 1963, 2156 ff.

— Gleichberechtigung und vermehrte Bedürfnisse im Sinne der §§ 843 Abs. 1 BGB, 11 StVG, 36 LuftVG und 3 a RHG, VersR 1963, 305 ff.

Wussow, Werner: Das Unfallhaftpflichtrecht, 11. Aufl. 1972.

— Die Höhe des Schadensersatzanspruchs bei Verletzung oder Tötung einer Hausfrau und Mutter, NJW 1970, 1393 ff.

— Ersatzansprüche bei Personenschaden (NJW-Schriften 5), München 1970.

— Konkurrenz von Ansprüchen verschiedener Familienmitglieder (§§ 842 bis 845 BGB), FamRZ 1967, 189 ff.

— Anmerkung zum Urteil des RG vom 4. 4. 1944, DR 1944, 774.

Zeuner, Albrecht: Schadensbegriff und Ersatz von Vermögensschäden, AcP Bd. 163 (1963), S. 380 ff.

Entscheidungsverzeichnis

1. Bundesverfassungsgericht

BVerfG 29, 104 ff.,	B. v. 22. 7. 1970
BVerfG 13, 290 ff.,	Urt. v. 24. 1. 1962

2. Bundesgerichtshof

a) Zivilsachen

— — —   — — —

BGH 59, 172 ff.,	Urt. v. 11. 7. 1972
BGH 56, 389 ff.,	Urt. v. 13. 7. 1971 (VI ZR 31/70)
BGH 56, 163 ff.,	Urt. v. 11. 5. 1971
BGH 54, 45 ff.,	Urt. v. 5. 5. 1970 (VI ZR 212/68)
BGH 51, 109 ff.,	Urt. v. 26. 11. 1968
BGH GSZ 50, 304 ff.,	B. v. 9. 7. 1968
BGH 46, 385 ff.,	Urt. v. 14. 12. 1966
BGH 45, 212 ff.,	Urt. v. 15. 4. 1966
BGH 40, 345 ff.,	Urt. v. 30. 9. 1963
BGH 38, 55 ff.,	Urt. v. 25. 9. 1962
BGH 29, 393 ff.,	Urt. v. 16. 3. 1959
BGH 27, 137 ff.,	Urt. v. 22. 4. 1958
BGH 26, 69 ff.,	Urt. v. 18. 11. 1957
BGH 22, 72 ff.,	Urt. v. 24. 10. 1956
BGH 22, 51 ff.,	Urt. v. 19. 10. 1956
BGH 21, 112 ff.,	Urt. v. 22. 6. 1956
BGH GSZ 9, 179 ff.,	B. v. 30. 3. 1953
BGH 10, 107 ff.,	Urt. v. 17. 6. 1953
BGH 8, 374 ff.,	Urt. v. 26. 1. 1953
BGH 7, 30 ff.,	Urt. v. 19. 6. 1952
BGH 4, 123 ff.,	Urt. v. 3. 12. 1951

— — —   — — —

BGH NJW 1974, 1651 ff.,	Urt. v. 7. 5. 1974
BGH NJW 1974, 1373 ff.,	Urt. v. 23. 4. 1974
BGH NJW 1974, 1236 f.,	Urt. v. 19. 3. 1974
BGH Betrieb 1974, 1157 f.,	Urt. v. 2. 4. 1974
BGH NJW 1974, 41 ff.,	Urt. v. 25. 9. 1973

Entscheidungsverzeichnis 153

BGH VersR 1974, 32 f.,	Urt. v. 10. 7. 1973
BGH FamRZ 1973, 535 ff.,	Urt. v. 12. 6. 1973
BGH NJW 1973, 1076 f.,	Urt. v. 9. 3. 1973
BGH JZ 1973, 427,	Urt. v. 27. 2. 1973
BGH VersR 1973, 84 ff.,	Urt. v. 17. 10. 1972
BGH FamRZ 1973, 22 ff.,	Urt. v. 25. 9. 1972
BGH NJW 1972, 1802 ff.,	Urt. v. 29. 6. 1972
BGH NJW 1972, 1130 f.,	Urt. v. 14. 3. 1972
BGH NJW 1972, 429 ff.,	Urt. v. 7. 12. 1971
BGH NJW 1972, 251,	Urt. v. 23. 11. 1971
BGH NJW 1971, 2069 ff.,	Urt. v. 13. 7. 1971 (VI ZR 260/69)
BGH NJW 1971, 1983 ff.,	Urt. v. 13. 7. 1971 (VI ZR 245/69)
BGH NJW 1971, 836 ff.,	Urt. v. 16. 2. 1971
BGH NJW 1970, 2061 ff.,	Urt. v. 22. 9. 1970
BGH NJW 1970, 1120 ff.,	Urt. v. 17. 3. 1970
BGH NJW 1970, 1127 ff.,	Urt. v. 16. 2. 1970
BGH VersR 1970, 41,	Urt. v. 21. 10. 1969
BGH NJW 1970, 95 f.,	Urt. v. 14. 10. 1969
BGH NJW 1969, 2007 f.,	Urt. v. 24. 6. 1969 (VI ZR 66/67)
BGH NJW 1969, 2005 ff.,	Urt. v. 24. 6. 1969 (VI ZR 53/67)
BGH Betrieb 1969, 1554,	Urt. v. 24. 6. 1969 (VI ZR 60/67)
BGH FamRZ 1969, 407 ff.,	Urt. v. 15. 4. 1969
BGH NJW 1968, 1778 ff.,	Urt. v. 7. 6. 1968
BGH VersR 1968. 194 = LM Nr. 58 zu § 1542 RVO,	Urt. v. 19. 12. 1967
BGH JZ 1967, 360 ff.,	Urt. v. 2. 12. 1966
BGH VersR 1966, 192,	Urt. v. 13. 12. 1965
BGH NJW 1965, 1710 ff.,	Urt. v. 18. 5. 1965
BGH NJW 1965, 1430 ff.,	Urt. v. 27. 4. 1965
BGH NJW 1964, 2007 ff.,	Urt. v. 30. 6. 1964
BGH NJW 1963, 1051 f.,	Urt. v. 5. 2. 1963
BGH FamRZ 1962, 357 ff.,	Urt. v. 28. 5. 1962
BGH JZ 1960, 371 f.,	Urt. v. 10. 11. 1959
BGH FamRZ 1959, 203 ff.,	Urt. v. 10. 3. 1959
BGH VersR 1958, 176 f.,	Urt. v. 29. 10. 1957
BGH NJW 1953, 97 ff.,	Urt. v. 9. 10. 1952

b) *Strafsachen*

BGH St 12, 185 ff.,	Urt. v. 21. 11. 1958

3. Oberlandes- und Landgerichte

LG Frankfurt/M. NJW 1969, 2286 ff.,	Urt. v. 28. 3. 1969
OLG Celle NJW 1969, 1671 ff.,	Urt. v. 6. 2. 1969
KG NJW 1970, 476,	B. v. 31. 10. 1968
OLG Celle NJW 1969, 1353 f.,	Urt. v. 10. 10. 1968
LG Münster FamRZ 1970, 415,	Urt. v. 31. 1. 1968
OLG Nürnberg VersR 1964, 954 f.,	Urt. v. 20. 3. 1964
OL GStuttgart FamRZ 1964, 267,	Urt. v. 21. 11. 1963
OLG Stuttgart VersR 1963, 73 ff.,	Urt. v. 5. 10. 1961
OLG Karlsruhe VersR 1958, 67,	Urt. v. 2. 10. 1957
OLG Düsseldorf MDR 1955, 358,	Urt. v. 3. 3. 1955
OLG Stuttgart FamRZ 1955, 172 f.,	Urt. v. 22. 6. 1954

4. Arbeitsgerichtliche Entscheidungen

BAG BB 1970, 1050 f.,	Urt. v. 24. 4. 1970
BAG NJW 1968, 221 ff. =	
AP Nr. 7 zu § 249 BGB,	Urt. v. 24. 8. 1967
BAG AP Nr. 14 zu § 252 BGB,	Urt. v. 14. 7. 1967
LAG Frankfurt/M. BB 1967, 162,	Urt. v. 5. 7. 1966

5. Reichsgericht (Zivilsachen)

RG 152, 208 ff.,	Urt. v. 1. 10. 1936
RG 151, 298 ff.,	Urt. v. 11. 6. 1936
RG 148, 154 ff.,	Urt. v. 20. 6. 1935
RG 148, 68 ff.,	Urt. v. 23. 5. 1935
RG 142, 291 ff.,	Urt. v. 20. 10. 1933
RG 141, 169 ff.,	Urt. v. 15. 6. 1933
RG 138, 1 ff.,	Urt. v. 4. 7. 1932
RG 133, 381 ff.,	Urt. v. 24. 10. 1931
RG 132, 223 ff.,	Urt. v. 26. 3. 1931
RG 92, 57 ff.,	Urt. v. 17. 1. 1918
RG 85, 81 ff.,	Urt. v. 23. 5. 1914
RG 73, 309 ff.,	Urt. v. 28. 4. 1910
RG 69, 340 ff.,	Urt. v. 12. 10. 1908
RG 66, 251 ff.,	Urt. v. 1. 7. 1907
RG 65, 162 ff.,	Urt. v. 7. 2. 1907
RG 64, 155 ff.,	Urt. v. 4. 10. 1906
RG 61, 50 ff.,	Urt. v. 29. 5. 1905
RG 58, 24 ff.,	Urt. v. 27. 2. 1904

RG Recht 1944, 771,   Urt. v. 23. 5. 1944
RG DR 1940, 649 f.,   Urt. v. 7. 2. 1940
RG JW 1910, 389[6] f.,   Urt. v. 24. 2. 1910
RG JW 1909, 137[15],   Urt. v. 4. 1. 1909

Printed by Libri Plureos GmbH
in Hamburg, Germany